—管理学—

# 海外装备保障能力生成机理及应用模式研究

HAIWAI ZHUANGBEI BAOZHANG NENGLI SHENGCHENG
JILI JI YINGYONG MOSHI YANJIU

陈国徽 ◎ 著

知识产权出版社
全国百佳图书出版单位
—北京—

图书在版编目（CIP）数据

海外装备保障能力生成机理及应用模式研究／陈国徽著. —北京：知识产权出版社，2024.5
ISBN 978－7－5130－8573－1

Ⅰ.①海… Ⅱ.①陈… Ⅲ.①装备保障—研究—中国 Ⅳ.①E246

中国国家版本馆 CIP 数据核字（2023）第 002003 号

责任编辑：张　荣　　　　　　　　责任校对：潘凤越
封面设计：智兴设计室　　　　　　责任印制：孙婷婷

## 海外装备保障能力生成机理及应用模式研究
陈国徽　著

| | | | |
|---|---|---|---|
| 出版发行：知识产权出版社有限责任公司 | 网　　址：http：//www.ipph.cn |
| 社　　址：北京市海淀区气象路50号院 | 邮　　编：100081 |
| 责编电话：010－82000860 转 8109 | 责编邮箱：107392336@qq.com |
| 发行电话：010－82000860 转 8101/8102 | 发行传真：010－82000893/82005070/82000270 |
| 印　　刷：北京中献拓方科技发展有限公司 | 经　　销：新华书店、各大网上书店及相关专业书店 |
| 开　　本：880mm×1230mm　1/32 | 印　　张：8.625 |
| 版　　次：2024 年 5 月第 1 版 | 印　　次：2024 年 5 月第 1 次印刷 |
| 字　　数：208 千字 | 定　　价：68.00 元 |
| ISBN 978－7－5130－8573－1 | |

出版权专有　侵权必究
如有印装质量问题，本社负责调换。

# 前　言

"只关心科学的结果,而不关心其背后的原理,将永远无法进步!"这是1883年美国第一任物理学会会长亨利·奥古斯特·罗兰说的一句话。[①] 历史发展到今天,如果我们做任何事,还是只求应用,不探究背后的原理,那么我们依然无法从根本上掌握发展规律和特性,依然只能在某一方面有所发展,而无法全面发展应用,我们更应该注重原理的探究。这也是我为什么要去开展本书所研究内容的初衷所在。百年前的这句话所描述的现状在我国已在众多仁人志士不懈努力下,有了很大改变,使我国的科技和基础理论发展都有了长足进步。虽然历史的欠账有所弥补,但还有更多未来发展的隐忧不能不引起我们警惕。

伴随着军事力量海外常态化部署和多样化运用,海外装备保障在支撑军事力量、维护国家海外利益、承担国际责任中发挥的重要作用日益凸显。为此,国家大力加强海外保障建设。2017年7月11日,我国首个海外保障基地——驻吉布提保障基地正式成立,揭开了我国海外保障具有深远意义的一页,这预示着我国将进入

---

[①] H. A. Rowland. A Plea for Pure Science [J]. Science, 1883, 2 (29): 242. Published by: American Association for the Advancement of Science Stable. http://www.jstor.org/stable/1758976. Accessed:28/01/2014.

海外保障建设的转型期、海外保障能力的快速发展期。如何科学、快速、系统地生成海外装备保障能力成为摆在我国面前一个亟待解决的课题。"走出去"发展的脚步越大，海外装备保障的实践越多，我们遇到的困难和复杂情况也越多。为什么相同的难题有时候可以解决，有时候却很难解决；海外保障到底跟哪些因素有关，背后到底隐藏着哪些运行的机理和规律。要解决这些问题，就需要通过深入开展海外装备保障能力生成机理与应用模式研究，积极探索海外装备保障能力生成的方法和规律，以期为我国海外装备保障能力建设的理论与实践提供有益的参考。

本书正是面对这样一个全新的课题，按照提出问题、分析问题、解决问题的思路展开。首先立足国家发展之需，回应国家崛起之问，提出贯穿全书的机理之问；然后从外部对海外装备保障能力生成需求、能力特性、体系结构和生成过程进行分析；再从内部对海外装备保障能力生成的影响因素展开分析，运用马尔科夫过程进行仿真；进而运用场效应理论、系统演化论、弹性力学等原理分析了海外装备保障能力的生成机理及应用模式；最后提出了加强海外装备保障能力建设的措施建议。

本书力求探寻机理，为国家海外发展提供参考支撑，但更重要的是引发广大读者思考，我们只有共同探寻机理，掌握规律，才能在面对海外发展纷繁复杂的局势时，统筹谋划，综合布局，有序发展。此外，我们在探讨海外发展的同时，也应该看到海外的范围不仅仅是疆域之外，未来还将拓展到更广阔的边界。2020年10月13日，美国与澳大利亚、加拿大、日本、卢森堡、意大利、英国和阿联酋等七个国家签订《阿尔忒弥斯协定》，组成太空联盟，为未来登月、采矿以至更远程的太空探索活动制定规则。也许从这种意义上讲，"海外"未来也许会更广阔，包括未来的太空保障能力。这不能不引起我们警醒，我们应注重海外局势的发展，既要关注当下能源和货物进出口通道，也要着眼长远，关注我们未来发展和生存空间，这才是一个负责任大国，一个有着五千年文化发展历史大国走向民族复兴，构建世界人类命运共同体应该具备的底蕴。

# 目录

## 第一章 概述 …… 1
### 一、研究背景 …… 1
(一) 国家发展之需 …… 1
(二) 国家崛起之问 …… 3
### 二、海外装备保障能力的重要作用 …… 6
(一) 指导海外装备保障实践 …… 6
(二) 探索海外装备保障规律 …… 7
(三) 拓展海外装备保障理论 …… 7
### 三、相关概念 …… 7
(一) 海外装备保障能力 …… 7
(二) 海外装备保障能力生成机理 …… 10
(三) 应用模式 …… 11
(四) 相关辨析 …… 11
### 四、研究思路与方法 …… 13
(一) 研究思路 …… 13
(二) 研究重点 …… 14
(三) 研究方法 …… 14
### 五、小结 …… 16

## 第二章 世界主要国家海外保障情况 …………………… 17

### 一、美国海外保障情况 …………………………………… 17
（一）美国海外保障发展历程 ………………………… 17
（二）美国海外保障理念发展 ………………………… 21
（三）美国当前海外部署情况 ………………………… 29

### 二、俄罗斯海外保障情况 ………………………………… 36
（一）俄罗斯海外保障发展历程 ……………………… 36
（二）俄罗斯海外装备保障发展理念 ………………… 40

### 三、英、法等国海外保障情况 …………………………… 41
（一）英国海外保障情况 ……………………………… 41
（二）法国海外保障情况 ……………………………… 42
（三）其他国家海外保障情况 ………………………… 43

### 四、小结 …………………………………………………… 44

## 第三章 海外装备保障能力生成需求分析 ……………… 45

### 一、未来海外行动发展趋势 ……………………………… 45
（一）拓展行动类型和样式 …………………………… 45
（二）加大力量部署和投入 …………………………… 50
（三）扩大行动空间和范围 …………………………… 52

### 二、未来海外行动运用的装备类型分析 ………………… 53
（一）国际军事交流行动运用的装备 ………………… 55
（二）国际救援行动运用的装备 ……………………… 55
（三）海外维稳行动运用的装备 ……………………… 56
（四）海外联合反恐行动运用的装备 ………………… 56
（五）海外自卫防护行动运用的装备 ………………… 56

三、海外装备保障能力体系需求分析 …………………… 57
　　（一）面向目标途径的能力需求构建法 …………… 57
　　（二）海外装备保障能力体系总体需求 …………… 57
四、小结 …………………………………………………… 59

## 第四章　海外装备保障能力特性及体系结构 …………… 61

一、海外装备保障能力的特性 …………………………… 61
　　（一）涉外性 ………………………………………… 61
　　（二）军事性 ………………………………………… 62
　　（三）集聚性 ………………………………………… 62
　　（四）协同性 ………………………………………… 62
　　（五）有限性 ………………………………………… 63
　　（六）广域性 ………………………………………… 63
　　（七）演化性 ………………………………………… 64
二、海外装备保障能力的体系结构 ……………………… 64
　　（一）综合集成的全要素能力体系 ………………… 64
　　（二）全维一体的装备保障能力体系 ……………… 69
　　（三）融合交织的全效应能力体系 ………………… 71
三、小结 …………………………………………………… 72

## 第五章　海外装备保障能力生成过程及影响因素分析 …… 73

一、海外装备保障能力生成过程 ………………………… 73
　　（一）生成阶段与转化过程 ………………………… 75
　　（二）保障能力状态 ………………………………… 77
　　（三）海外装备保障能力逻辑起点 ………………… 79

## 二、海外装备保障能力生成的影响因素 ………………………… 86
 （一）静态影响因素 ………………………………………… 86
 （二）动态影响因素 ………………………………………… 90
 （三）渗透性影响因素 ……………………………………… 93
## 三、海外装备保障能力影响因素分析 ……………………………… 98
 （一）影响因素之间关系及量化 …………………………… 99
 （二）海外装备保障能力生成动态模型 …………………… 103
 （三）海外装备保障能力生成影响具体分析 ……………… 104
## 四、小结 …………………………………………………………… 108

# 第六章　海外装备保障能力生成机理分析 ……………………… 109
## 一、基于场效应叠加的力量凝聚机理 …………………………… 109
 （一）场效应叠加符合方向性选择 ………………………… 109
 （二）力量凝聚应符合阶梯距离接力 ……………………… 112
 （三）阶梯距离内保障能力分析 …………………………… 114
## 二、基于系统结构优化的倍增放大机理 ………………………… 116
 （一）系统结构优化呈现涌现性 …………………………… 116
 （二）倍增放大基于系统相变 ……………………………… 117
 （三）不同状态下保障行动力分析 ………………………… 118
## 三、基于保障效能优化的集约发展机理 ………………………… 120
 （一）保障效能优化需克服集聚负面效应 ………………… 120
 （二）集约发展依靠协同约束实现 ………………………… 121
## 四、基于风险防护增强的余度备份机理 ………………………… 124
 （一）风险防护基于协同分散 ……………………………… 124
 （二）余度备份体现系统韧性 ……………………………… 125
## 五、小结 …………………………………………………………… 126

## 第七章　海外装备保障能力生成机理应用模式 …………… 127

一、力量凝聚机理应用模式 ……………………………………… 127
 （一）拓展海外保障区网模式 ………………………………… 127
 （二）打造多元融合保障模式 ………………………………… 131
 （三）设立基地锚点模式 ……………………………………… 133
 （四）维持常态化存在模式 …………………………………… 133

二、倍增放大机理应用模式 ……………………………………… 134
 （一）建立资源投送体系模式 ………………………………… 134
 （二）建立智能制造保障模式 ………………………………… 136
 （三）建立分级结构保障模式 ………………………………… 137
 （四）建立远程技术支援模式 ………………………………… 137

三、集约发展机理应用模式 ……………………………………… 138
 （一）建立梯次衔接布局模式 ………………………………… 138
 （二）建立功能互补保障模式 ………………………………… 140
 （三）开展国际装备众筹合作模式 …………………………… 141

四、余度备份机理应用模式 ……………………………………… 143
 （一）整体功能余度备份构建模式 …………………………… 143
 （二）预设保障网络重构功能模式 …………………………… 144
 （三）嵌入整体防卫体系保障模式 …………………………… 144

五、机理综合应用的典型模式 …………………………………… 145
 （一）海外装备保障模式演化分析 …………………………… 145
 （二）不同阶段对应的典型保障模式 ………………………… 147
 （三）机理应用与保障模式对应关系 ………………………… 148
 （四）机理应用与典型行动对应关系 ………………………… 150

六、小结 …………………………………………………………… 150

## 第八章　加强海外装备保障能力建设的主要措施 ………… 151
### 一、统筹制定海外装备保障发展规划 ………… 151
（一）与国家发展战略基调同频 ………… 151
（二）与军事力量"走出去"发展同步 ………… 153
（三）与维护海外利益能力需求增速相符 ………… 154
### 二、深化海外装备保障理论研究 ………… 156
（一）拓展海外装备保障理论体系 ………… 156
（二）追踪世界海外装备保障发展趋势 ………… 157
（三）开展海外装备保障数据分析 ………… 159
### 三、科学布局海外装备保障资源 ………… 160
（一）整合国内外装备保障资源 ………… 160
（二）建立海外装备保障基地网络 ………… 162
（三）构建合同制装备保障体系 ………… 164
（四）建立装备应急保障系统 ………… 166
### 四、打牢海外装备保障前端基础 ………… 168
（一）设计改进装备保障性能 ………… 168
（二）搞好海外装备保障信息化建设 ………… 170
（三）抓好海外装备保障人才建设 ………… 172
### 五、搞好海外装备保障配套建设 ………… 174
（一）改善海外装备保障外部环境 ………… 174
（二）构建海外装备保障实战化训练体系 ………… 177
（三）加强海外装备预置和投送能力建设 ………… 179
### 六、小结 ………… 181

## 结　语 ………… 182

# 目 录

附表1 2011—2019年世界十大武器出口国市场
构成情况 ……………………………………… 183
附表2 我国主要对外演习情况 ………………… 185
附表3 我国主要维和行动情况 ………………… 212
附表4 我国援外和参加国际救援情况 ………… 217
附表5 我国海军护航情况 ……………………… 229
附表6 海外装备保障能力影响因素关系调研表 ………… 241

参考文献 ………………………………………… 246

后　记 …………………………………………… 261

# 第一章 概述

随着我国经济发展和"一带一路"建设的深入推进，对海外保障需求日益迫切。2017年7月11日，我国首个海外保障基地——驻吉布提保障基地正式成立，揭开了我国海外保障具有深远意义的一页。这既是我国海外保障任务繁重的一个客观反映，也是实施海外保障转型的标志，更是加速推进海外保障建设的起点。适应转型建设的需要，科学构建海外装备保障体系，有效生成海外装备保障能力，为军事力量"走出去"、保障国家利益提供有效的支撑，是摆在我们面前的一个重要课题。理论是行动的先导，时代呼唤我们要深入开展海外装备能力生成机理研究，探索海外装备保障的方法和规律，为海外装备保障实践提供有效指导。

## 一、研究背景

### （一）国家发展之需

一是国家海外利益不断扩大，需要足够的军事能力维护支撑。随着我国经济的不断发展，我国国家利益早已超出本土范围。根据2023年中国统计年鉴数据显示，截至2021年年底，我国对海外国家和地区直接投资存量约达2.77万亿美元，相当于2021年我国全年国民生产总值的17%（2021年国民生产总值为114万亿元人民币，按汇率为7计算）。① 根据中华人民共和国文化和旅游部2019年文化和旅游发展统计公报显示：2019年我国出境游人数达1.54亿人次，是2011年出境人数的2.2倍。② 海外活动增加的同时，安全情况却堪忧。2007年以来，我国驻外使领馆处理涉及中国公民和机构的各类领事保护案件16万余起，涉及中国公民近百万人。③ 2011年，利比亚国内发生动荡，我国成功组织撤离35860名驻利人员及2100名外国公民，④ 却没能有效保护我国在利比亚的投资建设，直接经济损失超过200亿美元。⑤ 同时，随着"一带一路"建设的深入推进，我国与"一带一路"合作伙伴的经贸交流和相互依存度进一步提高。海外利益的拓展必然要求军事力量提供有效的安全支撑，这需要以海外军事行动为牵引、以海外装备保障能力为基础的各项能力统筹发展，为国家利益的拓展提供有效的安全屏障。

二是海外军事行动不断增多，亟须构建完善海外保障体系。随着我国国际地位的不断提高，越来越多地肩负起大国应有的国际责任，参与的国际维和、远海护航、国际救援等国际军事活动不断增多，特别是我国已经成为联合国安理会常任理事国中担负

---

① 国家统计局. 中国统计年鉴2023 [DB/OL]. [2024-02-08]. https://www.stats.gov.cn/sj/ndsj/2023/indexch.htm.
② 中华人民共和国文化和旅游部. 2019年文化和旅游发展统计公报 [EB/OL]. (2020-12-04). [2023-12-28]. https://zwgk.mct.gov.cn/zfxxgkml/tjxx/202012/t20201204_906491.html.
③ 于军，程春华. 中国的海外利益 [M]. 北京：人民出版社，2015：199.
④ 梅世雄，等. 2011年利比亚大撤侨 [N]. 解放军报，2017-08-19 (3).
⑤ 肖维，张晓璐. 中资公司在利比亚项目中的索赔 [J]. 国际经济合作，2011 (7)：61.

国际维和人数最多的国家。另外，随着我国军事交往的不断深入，联合军演等海外军事行动也不断增多，加之亚丁湾护航呈现海外常态化部署的趋势，亟须构建完善海外装备保障体系，提供持续有效的海外装备保障能力。

三是信息时代科技飞速发展，提供了海内外新的装备保障方式。一方面，随着信息技术的不断发展，大数据、云计算、物联网、智能制造技术在日益改变着我们的生活，也改变了武器装备科研、生产和制造方式，共享经济等的雏形已初步呈现在我们眼前，为我们改进装备保障方式提供了技术支撑。另一方面，伴随着新技术发展，装备信息化程度越来越高、无人化趋势越来越明显，人与武器装备系统回路形成的复合结构体和巨系统也越来越复杂，使得装备保障的重要性日益突出，装备保障不再仅是一个点的保障，而可能是对整个系统的支撑。因此，新技术的发展，对装备保障提出了更高要求，必然要求加强在信息时代条件下装备保障理论的研究，带动海内外装备保障方式变革。

（二）国家崛起之问

1. 军事力量"走出去"，需要多大规模的海外装备保障能力做支撑

随着我国军事力量"走出去"的步伐不断加快，参加国际护航、维和行动、联合军演、国际救援、海外撤侨等海外军事实践任务日益增多，对海外装备保障需求也日益紧迫。从 2008 年 12 月 26 日，我海军首次执行亚丁湾护航任务，到 2022 年 2 月共派出 40 批护航编队；从 2011 年，我国首次派出军舰和军机执行利比亚撤侨任务，到 2015 年也门撤侨；从 1990 年我们首次派出 5 名军事观察员参加国际维和行动，到 2017 年 9 月 28 日，中国组建 8000 人维和待命部队在联合国注册完毕，配备直升机、运输机、无人机、水面舰艇等 10 类专业力量 28 支分队。这一串串数字反映出我军事

力量在维护国家海外利益、保护我国公民海外安全、承担国际道义和责任的道路上发挥的作用越来越大。但这背后隐藏着我们海外军事任务保障能力的严重不足,我国首次执行亚丁湾护航任务时,护航编队2艘驱护舰在海上执行任务连续工作124天,无处可靠泊维护保障;我撤侨军用运输机任务中临时协调申请过境航线;我军新组建的维和待命部队在装备日益增多、专业化不断提高的情况下,还缺乏配套的海外装备保障能力。海外保障能力的严重不足,引发了一系列的应急措施。2017年7月,我国第一个海外保障基地成立,并投入使用,让我们看到了前进的曙光。随着"一带一路"建设的不断推进,以及我国海外军事力量使用需求的不断增加,也让我们不由地提出疑问,到底我们海外需要具备什么规模的海外保障能力,才能基本满足海外任务的需求?我们是需要跟着美国学,以自定的威胁来设立海外基地保障线,还是根据我们自身国情发展,保障海外利益需要来研究设立海外保障基地。如果说我们已经明确选择了后者,那设立多少呢?是需要1个吉布提,5个、10个,还是更多?海外基地是陆、海、空军以及战略支援部队各自建,还是统一规划综合建?还有,是不是海外装备保障基地数量规模越大,就能代表海外装备保障能力越强?这一切似乎都在叩问着我们,这也是伴随着军事力量"走出去",海外装备保障不可回避的一个现实问题。

2. 海外保障能力建设,有何种机理和客观规律可以参考借鉴

我国日益丰富的海外军事实践,带动海外保障能力建设步伐加速推进。除驻吉布提保障基地之外,从巴基斯坦的瓜达尔港到澳大利亚的达尔文港,从斯里兰卡的汉班托塔港到阿曼的萨拉莱港,都有我国对外合作开发的身影。通过对外合作、协议租用、合作共建、中资企业全权控股等多种方式获取的保障权,为我国海外行动提供了有力依托。应该说,加速推进海外保障能力建设

已成为不争的事实，这也成为国内外关注的焦点。以美国为首的西方国家将我国海外基地建设称为所谓的"珍珠链"计划，还有的欧洲学者描绘出我国海外基地部署图，预测我国将在日本海及印度洋建立若干个海外基地。热点就意味着需求，这也警醒我们必须思考如何规划海外装备保障能力建设，是否有什么共性的机理和规律可以借鉴？是根据现实需求，哪里需求哪里建？还是与国家发展战略同步，来统筹规划海外装备保障建设？这一系列问题值得我们思考，这也是海外装备保障"走出去"、走得远，必须回答的问题。

3. 如何与军队发展规划同步，实现海外装备保障现代化

我国进入社会主义新时代以来，各行各业都取得了巨大变化和可喜成就。在我们加速奋进的同时，党的十九大提出了实现军队现代化，建成世界一流军队的时间表。一支军队如果不能走向世界，不能经受世界发展洪流的考验，就不可能实现现代化，也不可能成为世界一流。现代化的军队就要有现代化的保障能力，我们开展海外装备保障能力研究正是实现军队现代化和建设一流军队的重要基础。而我们现在面临的问题是，什么是现代化？我们开展海外装备保障建设的方法符合现代化思路吗？现代化是如《现代汉语词典》所解释的，就是指具有现代科学技术水平吗？斯科特曾经讲过，现代化通常指一种新的社会组织形式和一种新的社会秩序。这也提醒我们不能只关注现代科学技术发展，也要关注现代的组织形式发展。我们的海外装备保障不能只是落入"发现能力不足—分析弥补措施—改进提高—随着发展再发现能力不足—再研究改进"的往复循环中（见图 1-1）。在努力改进不足的同时，也许我们更应该思考如何加强海外装备保障能力生成机理研究，如何能从更高层面把握和指导海外装备保障建设，如何能

增加对未来发展的预见力、洞察力，不断增强一个领域建设发展的科学性、领先性和适应性。也许这才是我们新时代军人应该去思考的问题。而这正是海外装备保障走向世界，迈向现代化必须探索研究的现实课题。

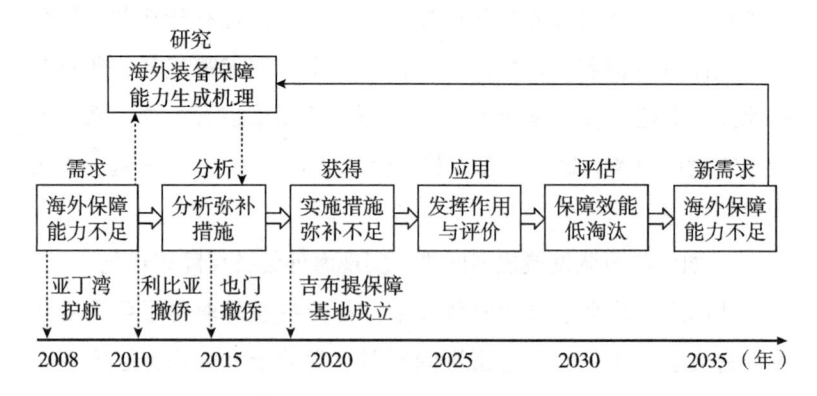

图 1-1　海外装备保障能力生成机理研究与现实发展路径融合示意

## 二、海外装备保障能力的重要作用

军事力量"走出去"需要强大的国家体系作支撑，海外装备保障能力是其中重要一环。开展海外装备保障能力生成机理及应用模式研究，主要目的是丰富完善我军海外装备保障理论体系，有效指导我军海外装备保障实践，为军事力量遂行海外军事任务提供可靠保证。

（一）指导海外装备保障实践

随着国家海外利益不断拓展，海外军事行动和装备保障实践将越来越丰富，这些实践亟须理论指导。与国内装备保障相比，海外装备保障从主体到军事需求，从体系结构到要素资源，从环境条件到保障时间和空间等都发生了重大变化，必然要求研究与之相应的装备保障能力生成机理，并转化应用为装备保障方式方法，从理性上提炼形成海外装备保障模式，从而为海外装备保障实践提供参考借鉴。

(二) 探索海外装备保障规律

通过研究，深化分析影响海外装备保障能力的构成要素和影响因素之间的相互关系，在定性分析的基础上，采取定量分析的方法，描绘海外装备保障能力从无到有、从小到大、从弱到强的过程，深入揭示海外装备保障能力生成的逻辑关系和方法。同时，科学分析海外军事行动装备保障能力生成和发挥过程中各因素对保障能力大小的影响，也为归纳凝练海外装备保障能力生成规律和方法进行一些有益探索。

(三) 拓展海外装备保障理论

海外装备保障是我国装备保障活动向海外的延伸与拓展。海外装备保障理论，也必然是我国装备保障理论的重要组成部分。由于海外装备保障具有鲜明的特殊性，海外装备保障理论的构成与以往的装备保障理论也存在一定差异，这种差异决定了本书的理论研究对装备保障理论的创新发展具有一定意义。本书将综合运用战略学、国际政治经济学、外交学、军事后勤学、军事装备学、运筹学等学科的理论，吸纳多学科交叉融合的研究成果，对我国海外装备保障能力生成机理与应用模式等基本问题进行较为深入的研究，丰富和拓展现有的装备保障理论体系。

## 三、相关概念

(一) 海外装备保障能力

1. 海外

古人以为我国四周环海，而用"海内"指国内，以"海外"

7

指国外。本书中"海外"指我国以外,即我国领土、领海以外。

2. 能力

在《新华字典》和《现代汉语辞海》中,对"能力"分别解释为"做事的本领"和"能胜任某项任务的主观条件"。在心理学上认为,能力不是表现在知识、技能本身上,而是表现在掌握知识、技能的动态上。动态是指操作的速度、深度、难度以及巩固程度。从以上解释可以看出,能力的定义是从主体具有的本领和条件向主体运用知识和技能的动态过程的转变。在《中国人民解放军军语》(以下简称《军语》)中没有专门的"能力"一词的解释。美军对"能力"进行了一系列定义,"能力是武装力量在规定的条件和标准下,使用作战要素执行一组任务并达成作战目标效果的本领"。美军将能力作为行动主体的一种本领,并赋予了量化条件,更利于考量。"能力"一词词义对比见表1-1。

表1-1 "能力"词义对比

| 出处 | 释义 | 出版信息 |
| --- | --- | --- |
| 《新华字典》 | 做事的本领 | 商务印书馆,2002年版第715页 |
| 《现代汉语辞海》 | 能胜任某项任务的主观条件 | 中国书籍出版社,2003年版第789页 |
| 《普通心理学》 | 能力不是表现在知识、技能本身上,而是表现在掌握知识、技能的动态上。动态是指操作的速度、深度、难度以及巩固程度 | 彼得罗夫斯基著,人民出版社,1987年版第485-486页 |
| 《美军军语》 | 武装力量在规定的条件和标准下,使用作战要素执行一组任务并达成作战目标效果的本领 | DOD, Dictionary of Military and Associated Terms, March 2017, 2 |

3. 装备保障能力

由表1-2可见,《军语》中对装备保障能力的解释为:装备保障机构组织实施装备保障的能力。包括装备调配保障能力、装备技术保障能力、装备经费保障能力等。《军事百科全书》中对装备保障能力的解释为:装备保障机构对军队建设、训练、作战和遂行其他军事行动实施装备保障所能达到的程度,是军队战斗力的重要组成部分。按保障专业,分为装备调配保障能力、装备技术保障能力、装备经费保障能力等。在《现代汉语词典》中,程度指文化教育、知识、能力等方面的水平,事物变化达到的状况。因此,《军事百科全书》中对装备保障能力的解释可以理解为装备保障机构实施装备保障所能达到的水平。

表1-2 装备保障能力词义对比

| 概念 | 出处 | 释义 | 出版信息 |
| --- | --- | --- | --- |
| 装备保障能力 | 《军语》 | 装备保障机构组织实施装备保障的能力。包括装备调配保障能力、装备技术保障能力、装备经费保障能力等 | 军事科学出版社,2011年版第545页 |
| | 《军事百科全书》 | 装备保障机构对军队建设、训练、作战和遂行其他军事行动实施装备保障所能达到的程度。按保障专业,分为装备调配保障能力、装备技术保障能力、装备经费保障能力等 | 中国大百科全书出版社,2014年版第944页 |

美军装备保障能力包含于后勤能力之中,分为一级能力和二级能力。其中一级能力是装备保障,其定义为:通过实现国家及多国间的资源共享,投送和维持一支装备保障准备就绪的联合部

队，以有效保障作战，延展作战范围（即作战持续能力和可达距离），并为联合部队司令官提供任务目标所必需的行动自由的能力。二级能力包括 6 项能力，分别是：部署与配送能力、补给能力、维修能力、装备保障勤务、作战合同保障能力、工程保障能力。①

由此可见，美军对实现能力的条件在前面进行限定，如果具备某种能力，是指在规定的条件下，可以达到预定标准，但不是在任何条件下都可以达到预定标准；我军对能力限定是在后面，具备某种能力，先期不限定条件，而在后面给出可实现这种能力的程度，如具备一个中队保障能力和整建制保障能力都叫具备保障能力，但从中可以看出具备此种保障能力的程度，即水平。综合以上概念，本书认为，装备保障能力有两层含义：一是实施主体所具有的一种本领；二是完成工作的水平，即效能。

4. 海外装备保障能力

海外装备保障能力是指装备保障系统（主体）在海外条件下，使用相关资源要素保障军队行动任务达到预定标准的本领。其中，条件表示影响任务执行的环境因素；标准表示任务执行的水平；资源要素不仅包括保障装备、设施等硬件资源，还有体制编制、训练等"软件资源"。

（二）海外装备保障能力生成机理

1. 机理

从字面意义理解是机制和原理。有的学者认为，机理主要是指为实现某种特定功能，系统内部要素按某种结构或流程运转的

---

① 于川信，刘志伟. 美国国防部装备保障路线图 [R]. 北京：军事科学出版社，2012：170.

规则或原理，也指系统功能、结构或过程变化的原理。[①] 从机理的概念分析，机理包括形成要素和形成要素之间关系两个方面，指为实现某一特定功能，一定的系统结构中各要素的内在组成以及诸要素在一定环境条件下相互联系、相互作用的运行规则和原理，即事物变化的理由与道理。

2. 海外装备保障能力生成机理

根据对以上概念的分析，海外装备保障能力生成机理是指在海外装备保障能力产生、发展、形成、巩固和提高过程中，所包含的要素和各要素相互逻辑关系、内在工作方式以及相互作用的运行规则和原理。

（三）应用模式

模式是指某种事物的标准形式或使人可以照着做的标准样式，即人们从丰富的生活工作实践中，寻找并总结完善出来的一套方式方法。建立模式，对于某一同类问题而言就可以照着去做，而不必再重复寻找解决问题的答案。在本书中，应用模式是指能力生成机理的应用模式，是将海外装备保障能力生成机理应用到海外保障实际工作中，建立一套机理应用的标准样式。通俗地讲就是设立如何让机理运行的触发条件，只要达到了这个条件，机理自然会运行。

（四）相关辨析

1. 海外装备保障能力与国内装备保障能力生成机理的区别

装备保障能力生成的影响因素，无论是国内还是海外基本是相同的，但海外装备保障能力生成与国内装备保障能力生成有三

---

[①] 盛靖，李剑. 美军海外救灾行动特点与战略谋划 [J]. 海军杂志，2014（6）：69–71.

点显著不同。一是海外装备保障能力生成的主体多元化。国内装备保障能力生成主要依靠本国保障力量，即使引进装备也将在引进保障期满后逐步实现本国自主保障；海外装备保障能力生成不再完全依靠本国装备保障力量，海外装备保障能力主体可由本国海外保障力量、驻在国保障力量、合作装备保障力量，以及联合国主导下的装备保障力量组成。二是影响海外装备保障能力生成的变量增多。海外装备保障除涉及本土装备保障中所有影响保障能力生成的因素外，还涉及本国驻海外机构和企业、海外合作国及代理机构、军贸国和有相同装备体制国家等众多变量影响。另外，由于海外装备保障远离本土，即使同一变量，影响的权重也会发生变化。如器材备件保障，由于保障距离的增大，流转周期增长，使其保障权重增大。三是保障环境不同。主要包括自然环境和社会环境，海外保障自然环境相对于国内保障自然环境更加复杂多变，保障环境的范围更加广阔；另外，社会环境对保障影响程度更加显著，涉及外交和海外驻在国民众支持程度等。

2. 在战争与非战争情况下共同生成的机理

海外装备保障能力生成机理是战争与非战争军事行动共同的保障能力生成机理。海外装备保障能力生成与军事需求紧密相连，因为不同类型的军事需求对装备保障的内容和保障能力需求程度不尽相同。如无论保障海外战争军事行动还是非战争军事行动，对海外装备保障能力的需求是有着较大差别的。但本书研究海外装备保障能力生成机理，重在讲能力生成之"理"，是讲能力生成中所以然的问题，即海外装备保障能力生成和影响因素组成及相互影响关系的问题。虽然海外战争军事行动和非战争军事行动对装备保障的内容和能力等级需求不同，但二者所需要的海外装备保障能力的生成之理是相同和相通的。

3. 机理、规律、原理

在《现代汉语词典》的相关解释中，原理是指带有普遍性的、最基本的道理。规律则是指事物之间的内在的本质联系，这种联系不断重复出现，在一定条件下起作用，并且决定着事物必然向着某种趋势发展。应该说原理和规律都与机理有一定的意思相近之处，不过规律更关注对已有现象的经验总结，如生老病死规律、潮汐规律，反映的是现象发生背后的周期性。原理则是最基础的道理，与机理相比，原理更具有普遍性，而机理与特定的环境、事物或系统结构的结合更紧密，反映的是这一特定领域、特定环境或特定结构内在工作原理。

**四、研究思路与方法**

（一）研究思路

本研究按照提出问题—分析问题—解决问题的思路来安排结构框架。

1. 提出问题

主要为第一章。概述为什么研究海外装备保障能力生成机理，交代研究的背景，提出问题，进行概念解释，明确研究的目的和意义，以及研究的思路方法。

2. 分析问题

包括第二章至第五章。第二章介绍世界主要国家海外保障发展情况，借鉴先进国外保障经验。第三、四章，先从海外利益维护分析对装备运用和保障能力的需求；再剖析海外保障能力的特性和体系结构。第五、六章，首先，从海外装备保障能力生成过程分析海外装备保障能力的三种状态，剖析海外装备保障能力的逻辑起点；其次，从内部对海外装备保障能力生成的各影响因素之间的关系进行分析，采取量化仿真方法分析各影响因素对海外装备保障能力生成和提高的影响；最后，运用场效应理论、系统演化论、弹性力学等原理分析海外装备保障能力生成和作用的机理。

3. 解决问题

包括第七、八章。其中，第七章提出了四种能力生成机理的应用模式，指明了机理运行的触发条件，为运用机理开展海外装备保障提供了参考借鉴；第八章提出了加强海外装备保障能力建设的措施和建议。

(二) 研究重点

一是开展海外装备保障能力逻辑起点研究。进行海外装备保障能力解析研究，剖析海外装备保障能力的本质，探寻海外装备保障能力的逻辑起点；另外，针对海外装备保障能力的众多影响因素进行分析，探寻何种影响因素对海外装备保障能力的影响最大。

二是开展海外装备保障能力生成机理研究。主要探索海外装备保障能力生成遵循何种方法和规律，背后蕴含何种生成机理。

三是通过机理研究为海外装备保障能力建设提供有益指导。计划通过机理研究，探索可最大限度生成海外装备保障能力的方法路径，力争为海外装备保障能力建设实践提供有益的措施建议。

(三) 研究方法

1. 需求导入法

在本书研究中将研究对象具体化是一个难点，一般都是通过概念定义来明确。本书在概念解释的基础上，以海外装备保障最终是为维护海外利益服务为出发点，从源头探讨海外利益的分布，逐步引出对海外装备保障能力的需求，进而剖析海外装备保障能力的特性和体系结构。通过需求引入法，使研究对象更加具体化，便于分析研究。

2. 溯源分析法

为探求海外装备保障能力的逻辑起点，针对的逻辑起点应具有简单性、公理性、规范性和本质规律性的特点，本书采取由繁到简，层层简化保障能力组成要素的分析方法，追溯海外装备保障能力逻辑本源，探讨海外装备保障能力状态和逻辑起点，为海外装备保障理论研究奠定基础。

3. 理论结合法

本书采用场效应理论、系统演化论、弹性力学等理论与海外装备保障实践相结合的方式，分析海外装备保障的力量凝聚、系统相变、科学布局等方面的机理，使原本抽象的机理描述更加生动清晰。同时在理论分析的基础上，进行应用模式拓展，使理论与实践相结合，实现通过理论分析深化理论认识，以理论创新指导海外装备保障实践的研究。

4. 扩展问题研究法

本书采取定性分析与定量分析相结合，将真实事例组合，进行问题扩展，增加相关要素，形成案例构想，从而使客观理论与实践问题的对应更加鲜明，为论文从理论研究向定量分析找到合理的研究路径，增加分析的可信度。

5. 空间分析法

本书通过空间数据和空间模型的联合分析，对地理空间要素进行定量研究，将空间目标的空间数据和属性数据相结合，挖掘空间目标在位置、分布、形态、距离、方位等方面的特征，为海外装备保障能力的数据分析提供直观的表现方法。

## 五、小结

本章交代了研究背景，提出了问题，说明了本书研究的目的和意义，对"海外""海外装备保障能力""海外装备保障能力生成机理""应用模式"等相关概念进行了界定；对国内外的研究现状进行了总结，根据研究中发现的不足和疑问，按照提出问题、分析问题、解决问题的思路，确定了本书的研究主线和研究范围。

# 第二章 世界主要国家海外保障情况

### 一、美国海外保障情况

提到美国海外保障情况,大多数读者最容易想到的是美国遍布全世界的基地网络,那是不是要了解美国海外保障能力,只要知道海外基地有多少就够了呢?其实不尽然,用现象和本质来说,存在海外基地只是一种外在表象,其实本质是反映的是海外保障思路。但是要了解海外保障,我们还是要二者统一来看,从现象到本质进行逐步研究。美国海外基地的发展情况和其背后反映的规律如下。

(一) 美国海外保障发展历程

美国从1776年建国至今,只有不到三百年的历史,那从何时起美国开始成为海外保障能力的强国呢?人们一般认为美国受阿尔弗雷德·塞耶·马汉在《海权对历史的影响1660—1783》中提出的海权论的影响,引导美国发动美西战争,是其海外扩张和控制海洋的能力增长的起点。其实,美国在很早就已具有海外保障思想的雏形和实践。刚刚建国不久,美国先后发动了1801—1805年的第一次巴巴里战争和 1815 年的第二次巴巴里战争，美国临时占领了利比亚的德尔纳（Derna）港，这是美国对地中海地区的海港首次占领。19 世纪中叶，美国海军在乌拉圭、日本、荷兰、墨西哥、厄瓜多尔、巴拿马和朝鲜等地使用临时军事基地为军事行动提供支援。①

　　1812 年美英战争结束后，美国海军在五大洲的重要战略性地区建立了一系列的舰队基地。巴西的里约热内卢、智利的瓦尔帕莱索（Valparaiso）、安哥拉的卢安达（Luanda, Angola）、墨西哥的马格达莱纳湾（Magdalena Bay）、巴拿马城、葡萄牙的佛得角（Cabe Verde）、西班牙的巴利阿里群岛（Balearic Islands）以及我国澳门等地的港口都有美国海军的巡逻基地。这些简易租来的基地通常只能容纳小型舰船，其主要是使用租来的仓库和维修设备，成为美国海军通过海外基地提供装备保障最初缩影。1853 年，在日本黑船事件中，美国海军中将马休·佩里在西太平洋硫磺岛（Iwo Jima）附近的父岛（Chi Chi Jima）购买了一块土地，准备以此建立美国海军的燃料供给站，这可以看出美军在海外保障的实践很早就已存在。

　　在马汉出版《海权论》后，美国对海洋、海军以及海外保障有了更加系统的认识，引导美国不断向海洋强国迈进，此后美国的海外基地发展经历了三个重要时期。

　　第一个时期是 1898 年美西战争时期。美国迫使西班牙签订了《巴黎协定》，夺取了西班牙的关岛、菲律宾、古巴等殖民地，这是美国历史上第一次通过条约获得海外领地，使其成为具有控制重要海洋通道的国家。从美西战争后，直至第一次世界大战，美国的海外基地和保障能力平缓增长。1917 年美国加入第一次世界大战，与英国一同占领了亚速尔群岛。同年，还购得了维尔京群岛。直

---

① Pettyjohn. U. S. Global Defense Posture [R]. 2010: 17 – 18.

至第二次世界大战前，美国控制着巴拿马运河，并在大西洋区域的维京群岛和古巴的关塔那摩，太平洋区域的威克岛、中途岛、萨摩亚群岛、菲律宾的苏比克和克拉克以及我国上海都有驻军。

第二个时期是第二次世界大战扩张时期。1940年9月2日，时任美国总统罗斯福通过签订协议，向第二次世界大战中濒临破产的盟友英国提供50艘第一次世界大战时期的驱逐舰，以换取美国对英国殖民地中的一系列海空基地的控制权，获得了巴哈马（Bahamas）、牙买加（Jamaica）、圣卢西亚（Saint Lucia）、圣托马斯岛（Saint Thomas）、安提瓜（Antigua）、阿鲁巴－库拉索（Aruba－Curacao）、特立尼达（Trinidad）、英属圭亚那（Guyana）等基地99年租借权。同时，美国还获得了百慕大和纽芬兰基地进入权，这使得美国借英国之力拥有了更强的海外保障能力和更多的海外基地。在第二次世界大战中，美国在盟国广泛建立基地，如使用法国的殖民地新喀里多尼亚岛和英国控制下的斐济、新赫布里底群岛，并于1942年进驻澳大利亚。在第二次世界大战后期美国还使用了从日本手中夺取的塞班岛、硫磺岛和冲绳群岛上的基地，有些基地持续使用至今。据统计，1940年以后，美国仅海军就在全世界拥有几百个海军和海军航空基地，194个在太平洋区域，228个在大西洋区域，63个分布在英、法、德三国，67个分布在巴拿马湾和加勒比海地区，55个在南非和地中海地区，11个在印度洋和中东地区，18个在北大西洋地区。[1] 到第二次世界大战结束时，美国已在大约100个国家和地区建立了2000多个基地，大小军事设施高达3万余个。[2] 当时美国在战争中的海外基地体系扩张和海外

---

[1] Buel W. Patch. American Naval and Air Bases [J]. Editorial Research Report, 2010 (7): 445.

[2] David W. Tarr. The Military Abroad [J]. Annals of the American Academy of Political and Social Science, Americans Abroad, 1966 (368): 33.

保障能力增长是任何一个国家无法达到的。

第三个时期是冷战调整时期。在第二次世界大战后，随着民族独立和各驻在国的抵制，美军大量撤军，美国的海外基地逐步减少，从1945年至1949年，海外基地数从1139个减至582个。[①]此后，随着冷战对抗形成，美国又不断扩大其全球军事部署，拓展其海外军事基地。1953年朝鲜战争结束后，美国海外基地数量达到815处。冷战结束后，1988年、1991年、1993年和1995年，美国对军事基地进行了较大幅度的调整。到2006年，有海外基地766个，2011年有海外基地611个；[②] 2013财年《基地设施报告》显示，美国各类海外军事基地共598个，分布在世界40个国家。[③] 2007年10月1日，美国驻非洲司令部正式在德国斯图加特挂牌。2011年12月15日，美国把驻伊拉克505个军事基地中的最后一个交给了伊拉克，结束了对伊拉克的占领。2011年美国在对海外基地调整中，减少了海外基地155个，增加本土基地1239个。[④] 海外基地的调整，带来驻军的变化，如美军陆军驻欧洲从1989年21.3万名士兵、41处驻军，约分布在850个地点，到2015—2017年则缩减为3万名士兵、7处驻军，约分布在90个地点。[⑤] 根据2020年《美国海外军事基地》报告，美国全球共有800多个军事基地，17.3万人部署在159个国家，遍布欧洲、亚洲、中东等地。[⑥]

---

[①] 徐瑶. 美国海外军事基地体系的演变 [M]. 北京：时事出版社. 2018：45.
[②] 樊高月，官旭平. 美国全球军事基地览要 [M]. 北京：解放军出版社，2014：1.
[③] 张军，李伟刚，刘帅. 美军海外基地研究 [M]. 北京：社会科学文献出版社，2018：220.
[④] 樊高月，官旭平. 美国全球军事基地览要 [M]. 北京：解放军出版社，2014：9-10.
[⑤] 迈克尔·J. 罗斯唐博，迈克尔·J. 迈克勒雷. 美国海外基地战略利益及成本评估 [M]. 封少娟，苏星，陈军，译. 北京：国防大学出版社，2016：33.
[⑥] 美国的胁迫外交及其危 [EB/OL]. 新华网，2023-03-18[2023-12-10]. http://www.news.cn/2023-05/18/c_1129625774.htm.

（二）美国海外保障理念发展

美国实行"大后勤"的保障理念，其装备保障蕴含于后勤工作之中，本书中所指装备保障也包含于美军后勤工作部分。美军的军事力量作为全球部署型，海外保障理论和运行机制比较成熟，可以从其海外理念的发展来深入了解其海外保障能力的发展之路。

美国的海外保障虽然很早就有实践，但缺乏系统的海外保障思想指导，其海外保障多是出于进行殖民统治、打击海盗、保障侨民以及发展商业等需求在很多地点建立了海外保障点，这些保障点比较零散，因为这只是从实际需求出发而采取的行动。而在马汉的《海权论》出版之后，人们从马汉大量实例的清晰分析总结中，看到了一个国家发展海权应重视位置、地形、国土大小、人口数量、国民性、政府的政策等因素。如马汉特别指出，最理想的位置是居中央位置的岛屿，靠近主要的贸易通道上，有良好的港口和海军基地；海权国家不仅应有相当数量的从事航海的人口，而且其中直接参加海洋生活的人数更应占相当高度的比例；海商与海军的结合才能持久繁荣；政府必须明智而坚毅，才能对海权做长期发展规划。应该说马汉的系统论述，使美国的海外发展有了一条清晰路线，这也使美国由散点状的小型海外保障点分布，向夺取重要位置海外军事基地发展。因此，美西战争成为美国海外发展的重要节点，反映出其系统的海外保障思想的形成。此后，这一思想定位在保护既有利益不受侵犯，因此第一次世界大战到第二次世界大战期间，美国都是相应的在大西洋和太平洋保持一定的海外驻军和保障能力，形成相对战略制衡。第二次世界大战时期，大规模的作战，无论是投入的人员、装备，还是弹药的消耗量都数量惊人，保障工作量急剧增加，这对海外的保障基地需求巨大。因此，这一时期，美国在后勤保障上的理论主要是无限供应理论，这一理论在美军后勤保障发展中发挥了重要作用。从第二次世界大战到越战，直至现在所有的理论都可以分为两大类，一个是无限制供应理论，另一个就是聚焦后勤理念——其实质是精确保障理论。美军的保障理论变化主要有以下特点：

1. 注重创新保障理念

美军的装备保障属于后勤保障的一部分，考察其后勤理念的变化，可看出对装备保障的影响。其发展轴线如图1-2所示。

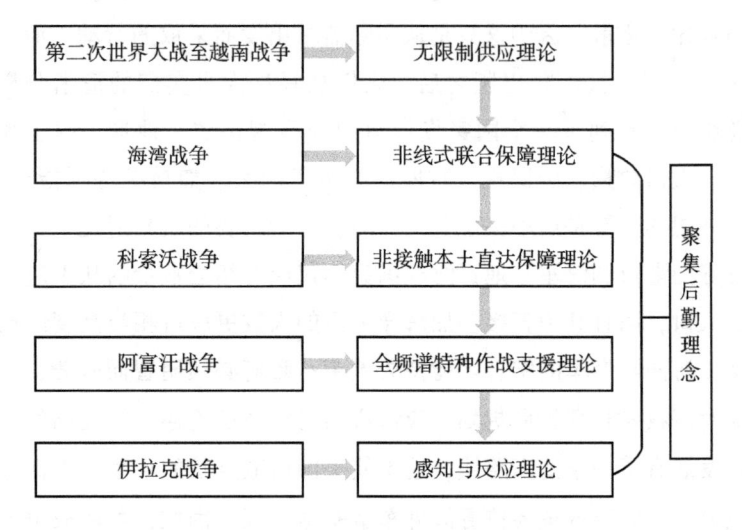

图2-1　美军保障理论发展示意

在无限制供应理论指导下，美军在保障前沿部署大量海外基地，分梯次储备大量保障资源，采取逐级前送式的被动保障，其特点是储备资源量大、保障周期长、保障效率低，且要依托大量海外基地，最多时美国有5000多个海外基地。无限制供应理论到聚焦后勤理念之间还有一个过渡期。美军从越战中发现无限制供应理论保障效率低的问题,进而逐步改进并采取力量投送保障,缩减部分前沿基地部署,并将信息技术应用到装备保障中,但这只是少量的改变,没有取得实质性效果。海湾战争中无限供应理论受到了挑战。在战争结束后,美军仍有 101 艘物资补给船停在公海上。① 另外,海湾战争期间美军运抵战区的集装箱有 4 万多个,到战争结束时还有 8 千多个集装箱没有打开,不得不重新清理分类空运回国。② 针对海湾战争暴露的问题,美军在《2010 年联合构想》③ 中提出了"聚焦后勤"的概念,其核心思想是依托信息技术,精确感知全球的保障资源和一线作战需求,依托投送力量,实现适时适量的快速配送式保障。这一保障理念,是美军从机械化保障理念向信息化保障理念转变的重大突破,是精确保障理论确立的标志,直接带来的就是减少了大量的前沿部署基地,节省了大量的梯次储备保障资源,实现了由原来的前沿部署向"前沿存在+力量投送"的转变。因而无论是科索沃战争、阿富汗战争,还是后来的伊拉克战争,都是在这一理论的指导下进行的保障,只不过信息技术发展水平不断提高,采取的模式不断更新,到伊拉克战争时出现了感知与反应保障理论,其本质是依托信息化水平不断提升,将装备保障与网络中心战联为一体。应该说 2020 年前,美国装备保障理论发展基本都是沿着这条主线进行的,实现了由数量型保障向速度型保障、被动补给型保障向主动配送

---

① 任骥.战场后勤物资供应与补给中心选址优化问题研究 [D].长沙:国防科技大学,2014:1.
② 王诺贝.当代外军后勤保障及其对我军的借鉴价值研究 [D].武汉:武汉大学,2010:79.
③ 乔林.美军如何使 2010 年联合构想成真 [J].当代海军.1998(4):25.

型保障的转变。2008年美国发布《装备保障路线图》，对应《军力发展指南》提出了装备保障建设三项总体目标：一体化、全面可见、快速精确反应①；路线图进一步明确了提高装备保障能力的22项分目标，并将这些分目标与特定的保障能力领域（补给、维修、部署与配送）有机联系起来，对如何实现进行了细化梳理。同时，路线图还明确了实现的关键支撑条件。

美国在2018年《国防战略》②中明确指出：我们面对的不再是资金有限且能力低下的极端暴力组织，而将面对的是大国竞争间的对抗，虽然任何国家都不想与美国进行全面战争，但如果事态确实升级为武装冲突，大国将试图通过空中或导弹打击摧毁美国最近的前沿基地，以造成足够的破坏，以至于几乎不可能进行报复。这是俄罗斯战略的基石，称为"摧毁关键目标的战略行动"。为此，美军提出了敏捷作战使用（Agile Combat Employment，ACE）概念，其侧重在对抗性或严峻的环境中分散、恢复和迅速行动的能力。2015年，史派西和格洛弗共同撰写的文章《不受限的行动》(Untethered Operations)中提出了一个场景，其中战斗机可以利用前沿作战点（Forward Operating Location，FOL）网络进行加油和装弹，从而减少或消除这些飞机返回主要作战基地的需求。这些战斗机和前沿作战点不是由驻扎在长期运营基地的永久地勤人员进行保障，而是由乘坐货机的团队从一个地点飞到另一个地点以提供后勤支持，并根据需要临时激活相关站点。美国空军"快速猛禽"作战概念即由此演变而来。这一概念分为两种实

---

① 于川信，刘志伟. 美国国防部装备保障路线图 [R]. 北京：军事科学出版社，2012：170.
② 许芳铭. 世界军事发展年度报告（2018年版）[M]. 北京：军事科学出版社，2020：292.

施模式，一种是稳态模式，另一种是生存性模式。稳态模式是美军力图将其原来集中的部队分散部署到具有不同规模和持久性的众多前沿作战地点来发挥威慑和战斗作用，从而使对手的风险计算变得复杂。生存性模式是指在敌对行动开始前得到有限预警（最多 12 小时）的情况下，美军将部队从前沿主要作战基地（Main Operating Base，MOB）分散到不同的地理位置前沿作战点，这样即使主要作战基地即使被毁，这些分散的部队也能迅速重组、分工，并在敌对行动开始后的 24～48 小时内转移到预先计划好的作战地点，以向作战指挥官提供空中战斗力量。在这种模式下，原有的集中控制调拨备件开展装备保障将受到严重限制，美军预计原来集中控制状态，日常运作情况下，一个零件从位于美国本土基地仓库发出需 20 分钟，从美国本土运到欧洲战区需 5.4 天。在严重对抗条件下，如供应系统数据损坏，甚至导致后勤网络系统关闭时，其保障人员需使用退化的作业程序进行发放保障，其耗时将比正常时增加两倍多；如果对抗更加激烈，系统退化更为严重，则其保障不得不采用非传统的通信方式，并且采购时间将再次增加 3 倍。正是基于此种考虑，美军提出了敏捷作战运用概念，以分散风险，应对在严重对抗条件下的装备保障。美军通过前沿位置使用分散的供应套件，这些成套装备长时间部署在前沿位置，从而减少作战前期的临时供应投送工作量，主要依靠前方预置的套件解决作战初期的保障问题。从此种情况看，美军似乎又回到了最初无限制供应理论中大规模预置的道路上，但灵敏保障与无限制供应保障的不同之处是：无限制供应保障是分级梯次大量储备，逐级前送供应，这将带来作战前期和作战中的供应保障工作量极度增大；而敏捷保障，力主减少保障投送的工作量，主要通过前沿预置的套件解决作战前期的保障问题，并且减小预置工作量，其不是将后方基地的全部装备都预置在前方，而只是将最常用和对任务执行最关键的部件和套件储备在前沿位置，即影响作战核心能力生成的关键部件。另外，灵敏保障为达到隐蔽效果，其前方预置点尽量隐蔽，而不是经常使用的作战地点，美国考虑用开发一些仅需保持最小和最少的保障设施即能保障作战的前沿地点，如一些靠近极地低温地带区域、一些具有简陋设施的小岛等保障环境，以及开发一些不经常合作的国家和地区保障设施，从而实现前沿的分散和隐蔽。

2. 以技术发展提升保障效能的理念

美国针对海外保障远离本土，保障资源受限的现实矛盾，注重通过发展维修技术，提高装备维修效率和效能。先进的技术不仅在日常工作中得到大量应用，也被广泛应用在海外保障实践中。

一是在战时维修中推广"基于状态的维修"。通过安装先进传感器、状态监控、故障诊断系统等软硬件设备，提高战时维修效率。

二是扩大"基于性能的保障"应用范围。其核心是全寿命保障模式，将一个型号装备或者一个分系统的装备保障任务交给一个装备保障集成方，明确性能指标以衡量保障成效，从而使装备保障集成方自己来调动一切保障资源和力量，以最大提高各项保障水平。阿富汗战争时，美国军方以海军辅助动力装置和空军联合监视目标雷达系统为试点，辅助动力装置零部件等待时间由35天缩减至5.5天，缩短了近85%；联合监视目标雷达在阿富汗战争294个战斗架次中，系统实现了近100%的出动架次率。

三是注重以网络为中心的维修技术。美国2002年就提出了

"以网络为中心的维修",并于 2008 年首先在潜艇上付诸实施。"以网络为中心的维修"其实质是最大限度地利用网络资源,使分散的维修力量可以集中在一起共同解决某一系统装备问题,实现真正意义上的远程支援维修,从而降低维修费用,提高维修效率。

四是注重智能维修技术。智能维修技术是在维修过程和维修管理环节中,在大数据自主学习基础上,使人工智能具备装备维修专家的技术水平、经验和智能,以实现辅助决策和功能。

五是注重虚拟维修技术。采用虚拟现实技术进行武器装备保障特性设计和验证,利用混合现实技术组织维修训练。

六是注重快速制造系统。发展以新材料、新工艺,以及以 3D 打印为代表的增材制造技术,发展战场上可迅速生产零件的机动式制造系统。

3. 采用多种方式提升海外保障能力的理念

美国海外保障能力主要是依靠其相对完善的海外基地网络和其交通安全能力来实现的。美国为实现其应对突发事件的快速反应速度,设立了大量海外基地,实现前沿部署。随着保障理念的改变,前沿部署向"前沿存在+力量投送"转变后,虽然缩小了基地规模,但前沿还是分布着不同类型的基地。据统计,美国在本土之外拥有 686 个基地[1]。通过美国海外基地的变迁可以看出其海外保障能力的变化过程。

美国将基地定义为军队或国防部下属部门所拥有、租借或占有的实体地点,即土地或设施。粗略可分为三种类型,第一种是

---

[1] U. S. Department of Defense. Base Structure Report – Fiscal Year 2014: A Summary of the Real Property Inventory [R]. Washington, D. C., 2014.

大型基地，可驻军和随军家属，规模与城市相当，如德国的拉姆施泰因基地；第二种是中型基地，没有随军家属，但生活设施便利，如洪都拉斯的索托卡诺空军基地；第三种是小型基地，又称"安全合作点"，这种基地驻军较少，主要存放无人机、侦察机或预置武器。小型基地有时甚至只依靠私人承包商就能运行。美国认为其在海外展开军事行动的后勤保障能力，关键取决于三大要素：运输能力、基地网络、保障能力。[1] 这使美国围绕这三大要素，采取多种手段来提升海外保障能力。仅在获得海外基地方面，美国就采取多种形式规避所在国法律，以谋求搭建海外基地网络。主要方式有：①签订条约。通过与所在国签订安保和共同防卫条约来合法设立基地。如在北约和日本、韩国等地建立了大量大型基地。②借壳租用。如美国在巴基斯坦租借了一个法律上属于阿联酋的基地，从而可以否认有"美国基地"出现在该国领土上。③私人转租。由私人承包商在海外租用设施，再租借给美军，如泰国乌塔堡（U-Tapao）机场中的海军设施被私人承包商转租给美军。④签订使用协议。在更多的国家，美国以"使用协议"获得机场、港口和基地的常规使用权。如在前国防部长拉姆斯菲尔德在任期间，美国空军与非洲国家签订了 20 多个"补给协定"，使美国战斗机能够在非洲进行燃料补给和维修。从 20 世纪 90 年代初至 2007 年，美国签署的允许美军出现在外国领土上的协议从 45 个增加到 90 个，增加了一倍。[2] ⑤只提使用权。为了规避所在国法

---

[1] 迈克尔·E.欧汉伦.战争的科学：防务预算、军事技术、后勤保障和作战效果 [M]. 任海燕，周小春，李晓霞，等译. 北京：军事科学出版社，2014（1）：159，176.

[2] 大卫·韦恩.美军海外军事基地：它们如何危害全世界 [M]. 张彦，译. 北京：新华出版社，2016：42.

律限制，美国采取只提使用权，不提建立基地的方法获得基地。1992年，美国被迫关闭菲律宾的克拉克空军基地和苏比克湾海军基地。为了重新获得基地，又可以规避菲律宾不允许外国在菲境内设立基地的法律，美国采取只提使用权，而不提建立基地，使美国自2002年年初开始在菲律宾南部获得了7个执勤"地点"使用权。

（三）美国当前海外部署情况

美国当前海外部署主要采取前沿存在和预置物资两种形式，这贯穿美军在欧洲、亚洲、大洋洲等各地区的军事力量部署。美国当前在欧洲、亚洲部署有所不同，特别是在中东地区和东亚地区。

1. 欧洲部署情况

1953年正值美苏冷战高峰期，由于苏联对西欧的威胁，美国在欧洲部署了规模为大约45万人的兵力，这些人员遍布于1200个地点。20世纪90年代早期，由于俄罗斯威胁的减少，以及作为冷战结束后所谓的"和平红利"的一部分，美国削减了在欧洲的驻军数量。截至2021年，美国驻欧洲军队的规模大约为7.2人。驻欧洲兵力主要由美国欧洲司令部领导，其下设4个军种司令部［美国欧洲海军司令部（NAVEUR）、美国欧洲陆军司令部（USAREUR）、美国欧洲空军司令部（USAFE）、美国欧洲海军陆战队司令部（MARFOREUR），以及一个下属联合司令部（美国欧洲特种作战司令部（SOCEUR）］。

（1）美国欧洲—非洲陆军司令部。美国欧洲—非洲陆军司令部的总部位于德国威斯巴登，其所属部队规模约为3.8万人。美国在欧洲的前沿，主要是部署一支旅级装甲部队、一支航空旅，并保持相应的海外装备保障能力，按照每9个月进行轮换部署。常设部署力量包括第 2 骑兵团（驻扎在德国维尔塞克）、第 173 空降旅（驻扎在意大利），以及对这两支部队提供支援的第 12 战斗航空旅（驻扎在德国安斯巴赫）。此外，2018 年 11 月，第 41 野战炮兵旅再次部署到欧洲，其司令部设在德国格拉芬沃尔。

2019 年 10 月，部署的旅战斗队包括 3500 人规模的兵力、85 辆坦克、120 辆步战车。美国自 2017 年 2 月以来，在欧洲维持了一支轮换的航空旅。2019 年 10 月，驻扎于乔治亚州亨特军用机场的第 3 步兵师第 3 战斗航空旅到达欧洲，实施为期 9 个月的轮换部署，主要包括约 1700 人的兵力；50 架 UH-60 和 HH-60 "黑鹰"直升机；10 架 CH-47 "支努干"直升机；20 架 AH-64 "阿帕奇"直升机；2000 多部轮式车辆和装备。[①] 为了支撑这些装备保障任务，美国也持续通过来自 11 支陆军后备队和国民警卫队的单位，实施规模为 900 人的维持特遣部队轮换，这支维持特遣部队重点工作是后勤与维修，以增进战备水平。维持特遣部队包括军事警察、弹药管理员、输送控制小组、卡车驾驶员，以及维修、补给、加油和邮政服务。同时也通过与相关国家签订合作协议，派驻保障力量，为海外装备保障支持。如 2020 年 8 月，美国和波兰签署了一项防务合作协议，按照协议规定，美国将向波兰增派 1000 人的轮换兵力，包括美国第五军司令部和一个师司令部的前沿分队，提供情报、监视和侦察能力，以及对装甲旅战斗队和战斗航空旅提供支援的基础设施。

另外，美国驻欧洲部队还包括一些作战支援单位：如，第 21 战区维持司令部、第 7 陆军训练司令部、第 10 陆军防空和导弹防御司令部、第 2 战区信号旅、第 66 军事情报旅、美国陆军北约旅、

---

① 美国传统基金会. 美国军力指数 2022 [M]. 龚学礼，陈国徽，高虹，等译. 北京：国防工业出版社，2023：36.

美国欧洲陆军设施管理司令部、美国欧洲陆军地区医疗司令部，为所有部队发挥作用提供必要的技能与服务。

(2) 美国欧洲海军司令部。美国欧洲海军司令部目前由司令部设在那不勒斯的美国第6舰队掌管。美国在欧洲的一些知名海军基地包括：驻意大利西戈内拉的海军航空站、驻希腊苏达湾的海军支援行动基地、驻西班牙罗塔的海军基地。

(3) 美国欧洲空军司令部。美国欧洲空军司令部的总部位于拉姆斯坦空军基地，拥有1支编号空军、7个主要作战基地和114个分布于不同地理位置的场所。7个主要作战基地包括：英国莱肯希斯和米尔登霍尔皇家空军基地；德国拉姆施坦因和斯潘达勒姆空军基地；葡萄牙亚速尔群岛拉日什航空基地；土耳其因吉尔里克空军基地；意大利阿维亚诺空军基地。2020年3月，B-2轰炸机和KC-10加油机被部署到葡萄牙亚速尔群岛拉日什航空基地，实施战区整合和飞行训练。

(4) 美国欧洲海军陆战队司令部。美国欧洲海军陆战队司令部建立于1980年。它最初只是一个"指定"的组成部队司令部，意味着它在和平时期只是一个"空壳"，但是在战时可以得到加强。它最初部署于英国伦敦，当时仅有40人。到1989年，美国欧洲海军陆战队司令部拥有180多名海军陆战队队员，分布于欧洲战区19个国家45个不同的地区。如今，美国欧洲海军陆战队司令部的总部设在德国伯布林根，驻扎在欧洲的1500名海军陆战队队员中，大约有140人被分配到了美国欧洲海军陆战队司令部。美国海军陆战队在挪威有充足的预置物资，能够为一支由上校领导的规模为4600人的海军陆战队战斗力量，提供除飞机和台式电脑以外的其他任意物资。非洲危机响应特种用途海军陆战队空地特遣部队（SPMAGTF-CR-AF）目前部署于西班牙和意大利，能够提供

31

一支规模为 850 人的海军陆战队、6 架 MV-22"鱼鹰"直升机、3 架 KC-130 加油机。①

（5）美国欧洲特种作战司令部。自 1967 年以来，美国欧洲特种作战司令部的总部一直设在德国斯图加特附近的潘泽尔·卡塞因基地。它也在英国皇家空军米登霍尔基地行动。2018 年 6 月，美国特种作战司令部前司令托尼·托马斯表示，美国计划"将战术层面的特种作战部队从日益拥挤且遭受侵占的斯图加特潘泽尔·卡塞因基地转移到更加开放的鲍姆霍尔德训练场"。

（6）关键基础设施和作战能力。美国在欧洲驻扎部队的主要优势之一在于，可以使用后勤基础设施。比如，美国欧洲司令部运用其在整个欧洲的空军基地和港口的使用权，对美国运输司令部（TRANSCOM）提供支持。在这些基地中，罗马尼亚科加尔尼恰努空军基地是美国向中东地区输送装备与人员的主要后勤与补给枢纽。

在欧洲（不包括俄罗斯）有 16.6 万英里（26.72 万千米）以上铁路线，据估计欧洲 90% 的公路都是铺设好的，美国在整个欧洲大陆享有许多机场和港口的使用权。

2. 中东部署情况

（1）科威特。美军大约有 1.6 万人驻扎在科威特，分布于阿瑞坎军营、艾哈迈德·贾比尔空军基地、阿里·萨利姆空军基地。在科威特还部署了大量预置装备，以及配备战斗机和"爱国者"导弹系统的中队。

（2）阿联酋。美军驻阿联酋大约有 4000 人，主要部署于杰贝·阿里港口、达夫拉空军基地，以及位于富查伊拉的海军场所。

---

① 美国传统基金会. 美国军力指数 2022 [M]. 龚学礼，陈国徽，高虹，等译. 北京：国防工业出版社，2023：69-70.

杰贝·阿里港口是美海军最为繁忙的港口，主要用于航空母舰停靠。部署于阿联酋的美空军人员主要使用部署于达夫拉空军基地的战斗机、无人机、加油机和侦察机。美国还定期向达夫拉空军基地部署F–22"猛禽"战斗机和F–35战斗机。

（3）阿曼。1980年，阿曼成为第一个对美国军事基地表示欢迎的海湾国家。当前，阿曼以每年提供超过5000架次飞机飞越领空、600架次飞机着陆、80次沿途到港停靠的形式，为美军提供重要的使用权支持。美军在阿曼的人数已减少到约200人，主要是空军人员。美国能够针对特定目的使用阿曼马斯喀特（首都）、迈里特、马西拉岛和穆萨纳赫等地的军事机场，同时，依据2019年3月签署的战略框架协议，还能够使用杜库姆和塞拉莱的港口。

（4）巴林。美国大约有5000名军事人员驻扎在巴林。巴林是巴林海军支援设施和美国第五舰队的所在地。美国空军大量人员在沙伊赫·伊萨空军基地活动，那里驻扎着F–16战斗机、F/A–18战斗机以及P–8侦察机。美国在巴林也部署了"爱国者"导弹系统。哈利法·本·萨勒曼深水港是海湾地区为数不多的能够容纳美国航空母舰的港口之一。

（5）沙特阿拉伯。美国于2003年从沙特阿拉伯撤出了大部分军队。2019年10月沙特阿拉伯的石油和天然气设施遭受袭击后，美国向该国增派了规模为3000人的军队，并且部署了雷达和导弹系统，用于增强防空能力。

（6）卡塔尔。美军约有1万人部署在卡塔尔，以美国空军为主。美国使用了位于乌代德空军基地的联合空中作战中心，该基地是美国在世界范围内最重要的空军基地之一。重型轰炸机、加油机、运输机、情报监视与侦察飞机都从该基地起飞。该基地也是美国中央司令部的前沿司令部，其库房预置了美军装备。

（7）约旦。美军在约旦没有基地。

（8）吉布提。吉布提是美国在非洲的唯一永久军事基地莱蒙尼尔营的所在地，该基地可容纳多达4000人。

除在中东各个国家驻扎部队外，美军中央战区的各军种司令部也分散部署在中东各个国家。比如，美国中央陆军司令部驻扎在科威特，中央海军司令部的前沿司令部设在巴林，中央空军司令部驻扎在卡塔尔，中央海军陆战队司令部驻扎在巴林，中央特种作战司令部驻扎在卡塔尔。

美军在中东地区的保障和力量投送主要依靠空运和海运，因此，其在中东拥有该地区许多机场和港口的使用权。比如，美国空军的主要空中枢纽是卡塔尔的乌代德空军基地。其他机场包括：科威特的阿里·萨利姆空军基地，阿联酋的达夫拉，阿联酋的阿明哈德，巴林的伊萨，沙特阿拉伯的伊斯坎村空军基地，阿曼的马斯喀特，阿曼的图姆赖特，阿曼的马西拉岛，以及阿曼锡卜的商业机场。过去，美国曾在伊拉克使用主要机场，包括巴格达国际机场、巴拉德空军基地，以及沙特阿拉伯的苏丹王子空军基地。同样，美国也有权使用中东地区诸多港口，最重要的是在巴林，中央战区海军司令部就驻在巴林，可使用的港口包括巴林的哈利法·本·萨勒曼深水港和阿联酋富查伊拉的海军设施。阿联酋开放的杰贝·阿里商业港口供美国战舰访问，并供美国在该战区行动预置装备。2019年3月，阿曼和美国签署了《战略框架协议》，扩大了美国在阿曼设施的使用权协议的范围，允许美军使用杜库姆港、塞拉莱港等港口。此外，美军在中东还依托盟国的海外基地，如英属印度洋的迭戈加西亚岛，拥有迭戈加西亚美国海军支援设施，保障预置舰船为中东地区应急行动中部署的陆军或海军陆战队部队提供补给。

3. 亚洲—太平洋部署情况

（1）日本。美国在日本保留了约 5.4 万名军事人员与 8000 名国防部文职人员。这些力量包括前沿部署的以"罗纳德·里根"号为主的航母战斗群；位于佐世保的两栖战备大队，主要编配优化了航空设置的"美利坚"号两栖攻击舰；以及大部分位于冲绳的第 3 海军陆战队远征军（ⅢMEF）。

（2）韩国。美国承诺在朝鲜半岛维持规模 2.85 万人的军队。其部署的军事力量主要包括美国陆军第 2 步兵师、轮换的旅战斗队，以及大量战斗机。

（3）澳大利亚。在连续 7 年增大轮换部署后，美国海军陆战队的轮换兵力规模达到 2500 人（轮换期为 6 个月）。2019 年，派出的特遣队是迄今为止能力最强的。海军陆战队编配的装备包括 22 架"鱼鹰"倾转旋翼机、直升机和先进雷达。2020 年，部署的海军陆战队兵力规模仅有 1200 人，编配的装备较以往也有所减少。

（4）新加坡。2015 年通过的《美国与新加坡防务合作协议》（DCA）和 1990 年签署的关于美国使用新加坡设施的谅解备忘录，均为美新两国的安全合作关系提供支持，前者是 2005 年签署的类似协议的升级版，后者于 2019 年再次进行更新，续签了 15 年。根据这些协议和其他谅解备忘录规定，新加坡可以容留美国的海军舰船和飞机，并且可以充当美国第 7 舰队的主要后勤支援节点。

（5）太平洋岛国。太平洋岛国除东南亚岛国和大洋洲澳大利亚、新西兰等国家外，共有 12 个相关国家。从第二次世界大战结束到 1986 年马绍尔群岛和密克罗尼西亚以及 1994 年帕劳获得独立为止，这 3 个国家都是由美国管理的联合国托管领土。在独立后，他们签订了《自由联合条约》（Compacts of Free Association），这使得美国有责任保卫他们的领土,以换取在他们的领土上部署军队的专属权。多年来,这3个国家得到了美国的大量经济援助,美国对马绍尔群岛和密克罗尼西亚的援助计划在2023年后结束,对帕劳的援助计划在2024年后结束。美国对太平洋岛国年度援助拨款已经用于创建信托基金,这些基金将继续提供收入,以拓展美在相关国家进行军事行动的能力。援助情况如表2-1所示。

表 2-1 2018 年美国援助太平洋岛国情况

| 序号 | 太平洋岛国 | 美国援助(百万美元) | 备注 |
| --- | --- | --- | --- |
| 1 | 库克群岛 | — | |
| 2 | 斐济 | 2.5 | |
| 3 | 基里巴斯 | — | |
| 4 | 马绍尔群岛 | 42.2 | 1986 年独立 |
| 5 | 密克罗尼西亚 | 64.3 | 1986 年独立 |
| 6 | 瑙鲁 | — | |
| 7 | 帕劳 | 68.4 | 1994 年独立 |
| 8 | 萨摩亚 | 1.9 | |
| 9 | 所罗门群岛 | 1.2 | |
| 10 | 汤加 | 1.4 | |
| 11 | 图瓦卢 | — | |
| 12 | 瓦努阿图 | 3.6 | |

## 二、俄罗斯海外保障情况

### (一)俄罗斯海外保障发展历程

俄罗斯基本沿袭苏联的海外保障理念。在冷战时期苏联与美国争霸,实行全球布局,为保障其在重要利益区和主要对手国家周边具有相应的作战保障能力。苏联在全世界曾最多建立了100多个海外基地,从中欧的波兰、民主德国、匈牙利、捷克向东到叙利亚地中海的塔尔图斯、也门的亚丁港、伊拉克、阿富汗、印度、老挝、越南金兰湾以及蒙古国;向南到非洲的阿尔及利亚、利比亚、安哥拉、莫桑比克、刚果、马里、埃塞俄比亚、埃及和索马里;向西到达美洲的古巴、尼加拉瓜、秘鲁等地都有苏联的落脚点。当时,苏联在海外有空军基地机场70多个,海军基地31个,这也极大地提高了苏联的海外保障能力,成为支撑其与美抗衡争霸的重要基础。苏联解体前后,由于经济的衰落,继承苏联主要衣钵的俄罗斯在海外保障上实行紧缩政策,撤回了大量海外驻军(见表2-2)。直至2002年,俄罗斯海外保障总体呈收缩之势,海外保障能力的减弱直接影响其对关键地区的控制能力,而此时美国正借"9·11"事件后发动阿富汗战争之机,向俄罗斯的传统后院中亚渗透,这引起了俄罗斯的强烈不满。

从2002年后,俄罗斯开始局部扩展其海外保障布局。2002年10月,俄罗斯、哈萨克斯坦、白俄罗斯、塔吉克斯坦、亚美尼亚和吉尔吉斯斯坦等6国在原来独联体框架下《集体安全条约》的基础上,签订了《集体安全条约组织章程》等相关法律文件,成立区域性国际组织。这为俄罗斯重新在原来的基础上设立海外基地,提高海外驻军和保障能力奠定了基础。俄罗斯先后延长了哈萨克斯坦拜科努尔发射基地的使用年限,由2014年延长到了2050年;在吉尔吉斯斯坦开设了坎特空军基地,并与吉缔结了多项军事协议;在塔吉克斯坦扩大了201军事基地规模并将部署时间延长30年,实现师级以上规模部队的驻扎;在乌兹别克斯坦建立汉纳巴德军事基地,并向乌提供武器、装备和培训军事人员。2008年爆发了俄格战争,导致阿布哈兹和南奥塞梯独立,俄罗斯在阿布哈兹设立了海外军事基地。同时,俄军极力维护其在海外关键利益区的保障能力。2011年叙利亚爆发动乱，而且愈演愈烈，直接威胁俄在叙利亚的塔尔图斯港，这是俄军在地中海的军事存在和保障的关键节点。为此，俄军2015年9月30日开始派兵对叙境内"伊斯兰国"进行突袭，直至2016年3月14日俄军宣布从叙撤军，俄军帮助叙利亚政府控制了国内局势，其在叙的利益和相应地区的保障能力也得以保存。塔尔图斯海军基地目前成为俄罗斯远离本土的唯一海军基地，充当了俄罗斯在地中海与美国及北约对抗的前进基地，既能够保障俄罗斯的战略利益，又可以对叙利亚的国家安全起保护作用，对俄罗斯海军具有极其重要的战略意义。随着俄罗斯与北约对抗的不断加深，俄军也一直在谋求重新塑造大国的地位，相应地需要不断扩大其海外保障能力。2015年以来，俄罗斯与21个非洲国家签订了军事合作协议，并对相关国家进行武器支援、军事培训。2017年1月，吉尔吉斯斯坦境内的俄罗斯海外设施被赋予联合基地的地位。2020年8月，据美国媒体报道，俄罗斯希望在非洲建立6个军事基地。同年11月，俄罗斯与苏丹签署在苏丹建立军事基地的协议。这是苏联解体后俄罗斯首次在非洲拥有军事基地，在重返世界大国道路上迈出了重要一步。

表2-2 俄罗斯（苏联）海外驻军变化情况表[1][2]

| 序号 | 海外驻军国家和地区 | 撤离（设立）时间 | 备注 |
| --- | --- | --- | --- |
| 1 | 阿富汗 | 1989年撤离 | |
| 2 | 匈牙利 | 1990年撤离 | |
| 3 | 捷克斯洛伐克 | 1990年撤离 | |

---

[1] 杜潮平. 欲进先退——俄罗斯海外大撤退[J]. 现代兵器, 2002（8）: 6-9.
[2] 王春生, 王睿. 俄海外军事基地只剩25家[J]. 环球军事, 2010（7）: 17-19.

续表

| 序号 | 海外驻军国家和地区 | 撤离（设立）时间 | 备注 |
| --- | --- | --- | --- |
| 4 | 蒙古国 | 1992年撤离 | |
| 5 | 德国 | 1994年撤离 | |
| 6 | 波兰 | 1994年撤离 | |
| 7 | 古巴 | 2001年撤离 | |
| 8 | 越南 | 2001年撤离 | 金兰湾 |
| 9 | 亚美尼亚 | 1992年设立 | 4100人（1个基地——久木里基地） |
| 10 | 格鲁吉亚 | 1992年设立 2008年撤出 | 9200人（3个基地——巴统、阿哈尔卡拉等基地） |
| 11 | 吉尔吉斯斯坦 | 2003年设立 | 海军远程通信站、苏联解体后俄在境外设立的首个军事基地（坎特空军基地） |
| 12 | 塔吉克斯坦 | 2004年设立 | 1万人（含坦努列克"窗口"光电子太空监测系统枢纽站） |
| 13 | 南奥塞梯 | 2009年设立 | 1700人 |
| 14 | 阿布哈兹 | 2009年设立 | 3000人 |
| 15 | 摩尔多瓦 | 保留 | 2500人 |
| 16 | 阿塞拜疆 | 保留 | 加巴拉"达利亚尔"雷达枢纽站 |
| 17 | 白俄罗斯 | 保留 | 海军远程通信枢纽站、巴拉诺维奇"伏尔加"雷达枢纽站 |

续表

| 序号 | 海外驻军国家和地区 | 撤离（设立）时间 | 备注 |
|---|---|---|---|
| 18 | 哈萨克斯坦 | 保留 | 吉利沙德"第涅伯河"雷达枢纽站、拜科努尔航天发射场中心、卡拉甘达航空场站 |
| 19 | 乌克兰 | 保留 | 塞瓦斯托波尔港 |
| 20 | 叙利亚 | 保留 | 塔尔图斯港 |
| 21 | 苏丹 | 2020年 | 苏联解体后俄罗斯首个非洲基地 |

注："达利亚尔"早期预警雷达侦察范围为6000千米、"伏尔加"型4500千米、"第涅伯河"型3000千米、"窗口"型40000千米。

（二）俄罗斯海外装备保障发展理念

俄罗斯紧跟战争发展趋势来调整和发展其海外保障理论。海湾战争后，俄军认为，未来战争将是武装力量各军兵种建立起紧密协同的作战体系，进行统一指挥和统一计划的联合作战。根据这些作战特点，俄军提出了平时实行区域（驻区）装备联合保障。1995年第一次车臣战争后，提出战时也实行此种区域装备联合保障。1998年提出战时以区域联合保障为主，军兵种视情独立保障为辅。1999年第二次车臣战争后，俄军认为未来联合作战中，各军兵种之间只有实行联合装备保障才能满足作战高效保障的需要，而平时也应按照战时需求去建设和运行。因此，正式提出了"平战结合的联勤保障"思想。随后，俄军又在各区域内，整合后勤保障力量与装备保障力量，提出了后装合一的一体化联勤保障理论。2008年俄格战争后，俄罗斯进行"新面貌"改革，其在装备保障中一个突出变化就是，加快武器装备现代化进程，提高武器装备的发展比例。在这一改革思想的指导下，俄军将军队日常维持费和发展费比例由原来的 7∶3 调整为 1∶1，并且在 2020 年前进一步增加装备更新投入，达到国防投入的 70%。装备的改进将直接提高装备保障效益，从而提高装备保障能力。

### 三、英、法等国海外保障情况

#### （一）英国海外保障情况

英国作为老牌资本主义国家，其海外保障发展历程带有殖民色彩。从 16 世纪后半叶伊丽莎白女王时代起，英国就开始海外殖民扩张。英国于 1600 年成立东印度公司，其依托该公司于 1613 年开始侵入印度。17 世纪，法国、荷兰、丹麦等国竞相在印度建立商站。在激烈角逐中，英国加快了吞并印度的步伐。1757 年英国征服莫卧儿帝国，1857—1859 年镇压印度人民的反英起义，完全占领印度。维多利亚女王于 1876 年加冕为印度女王，从而加强对印度的控制。1824 年英国侵入缅甸并占据它的沿海地区，同年英国占领新加坡。1886 年缅甸沦为英国殖民地，1897 年成为英属印度的一个省。英国在新加坡的势力扩张到整个马来西亚，控制了马六甲海峡。1839 年占领红海出口亚丁（Aden）；英国于 1840—1842 年和 1858—1861 年先后对中国发动两次鸦片战争，迫使清政府签订了《南京条约》、《天津条约》和《北京条约》，使中国不仅赔款还割让了香港、九龙，开放了通商口岸。1900 年英国参加的八国联军发动侵华战争，迫使清政府签订了《辛丑条约》，赔款 4.5 亿两白银，允许外国军队在北京和由北京至山海关沿线 12 个重要地区驻军。英国鼎盛时期，海外殖民地遍布全球各地，号称日不落帝国。随着第一次世界大战和第二次世界大战爆发，英国的军事实力受到重创，随之而兴起的世界各地民族独立的热潮，使英国的海外殖民地急剧减少。

21世纪以来，英国的大型海外军事基地只剩下文莱、直布罗陀、福克兰群岛、塞浦路斯和大洋上的一些托管地等，英国在北约和联合国框架内还于利比里亚、塞拉利昂、埃塞俄比亚、伊拉克、格鲁吉亚、科索沃等地区临时部署了军事力量，建立了小型军事基地。在中东，英国与曾经被其统治的许多国家之间有密切的联系，并且在该地区已经实施了数十年的军事行动，大约有1350名英国军事人员遍布于中东地区。英国在该地区的军事力量以皇家海军为主，永久驻扎的海军力量包括4艘扫雷舰和1艘皇家舰队辅助补给舰。通常情况下，在海湾或阿拉伯海也有其护卫舰或驱逐舰执行海上安全任务。2018年4月，作为在该地区长期海上存在的标志，英国在巴林开设了一个基地，这是其40多年来在中东的第一个海外军事基地。英国已经在阿曼的杜库姆综合性港区现代化项目上进行了数百万美元的投资，以容纳新的"伊丽莎白女王"号航空母舰。英国在该地区也拥有一定规模的皇家空军，主要部署于阿联酋和阿曼。由于英美两国之间的特殊关系，英国在塞浦路斯的主权基地阿克罗蒂里和德基利亚也对美国的军事和情报行动提供支持。除此之外，英国在中东地区的存在不仅限于士兵、舰船和飞机，其在卡塔尔开办了一所参谋学院，还在培训沙特阿拉伯和约旦军队方面发挥了非常积极的作用，这些海外军事交往相应增强了英国海外保障的能力。

（二）法国海外保障情况

法国目前海外基地规模与数量仅次于美国，法国军队在塞内加尔、科特迪瓦、加蓬、吉布提、阿联酋分别驻有350人、950

人、350人、1450人、650人的兵力（含军人和文职人员）。法军在法国海外领地和海外省的驻军情况是：在位于拉丁美洲的海外省法属圭亚那驻有2100人、马提尼克驻有1000人；在位于南太平洋的法属新喀里多尼亚驻有1450人，法属波利尼西亚驻有900人；在印度洋的法国海外省留尼汪岛，以及法国属地马约特岛驻有1600人。① 法国于2009年在海湾地区开设了首个军事基地。该基地位于阿布扎比酋长国，是法国50年来建造的第一个海外军事机构。法国在阿联酋驻扎了650人的兵力和6架"阵风"战斗机，并且在科威特和卡塔尔实施了军事行动。法国舰船可以进入阿布扎比的扎耶德港，该港足够大，可以容纳除"戴高乐"号航空母舰外的法国海军所有舰船。

（三）其他国家海外保障情况

世界各国基本通过加强本国国内装备保障能力、建立海外基地、提高投送保障能力，以及加强国际合作，获得海外准入权来提高海外装备保障能力。其中在海外设立基地是提高海外保障能力的一个重要手段。日本自卫队在吉布提建立了其第二次世界大战后的第一个海外军事基地。除此之外，韩国、印度、澳大利亚、荷兰、智利、土耳其和以色列也各自拥有一个海外基地。这些国家总共拥有大约30个海外基地，形成其海外装备保障能力。此外，一些国家对周边国家能发挥主导性作用，如印度通过带领塞舌尔、马尔代夫、毛里求斯和斯里兰卡等国家地区开展海上监视项目，而在这些国家设立雷达站，相应也增加了其海外保障能力。

---

① 美国传统基金会. 美国军力指数2022［M］. 龚学礼，陈国徽，高虹，等译. 北京：国防工业出版社，2023：53-54.

## 四、小结

本章主要介绍了美国、俄罗斯、英国、法国等世界军事强国海外保障情况，重点介绍了美、俄两国海外保障发展历程、海外保障思想和当前的海外部署情况。从世界各国发展情况看，都注重海外保障建设发展，立足本国国情和维护海外利益发展需要，投入并维护一定规模的海外保障能力。

# 第三章　海外装备保障能力生成需求分析

任务与保障、需求与能力是一一对应出现的。需求是能力生成的依据，也是研究能力生成的起点，从源头上探求能力的组成，有助于能力生成机理的探析。

## 一、未来海外行动发展趋势

随着我国不断发展壮大，国家安全的内涵已经由疆域安全扩展到"疆域安全＋利益安全"，这就意味着国家利益拓展到哪里，安全保障就必须跟进到哪里。军队作为国家安全的提供者、守护者，在保护海外利益上负有不可推卸的责任，必须适应我国全方位拓展海外利益的发展趋势，积极推动我军海外军事行动能力快速发展尤为重要。

### （一）拓展行动类型和样式

1. 海外利益分布情况

海外利益是国家利益的海外延伸，主要包括对外贸易、能源和资源获取等方面的海外经济利益，人员和财产保护等方面的海外安全利益，以及能源通道、海外市场等方面的海外战略利益。根据中国 2018—2022 年统计数据，2020 年我国石油可供量为 67554 万吨，其中进口石油达 61272 万吨，占 90.7%。我国的石油获取主要集中在中东、非洲、南美，以及俄罗斯等国家和地区，占我国石油进口 75% 以上。从对外贸易总量上看，这五年来我国货物贸易进出口总额累计为 26.17 万亿美元，是全世界最大的出口国。对外贸易主要集中在亚洲、欧洲、北美、拉丁美洲和非洲［见图 3 – 1（a）］，这是我国在国际上拓展海外利益的重要市场；从对外工程建设投资看，我国这五年来承包工程累计完成额 8077 亿美元，主要集中在亚洲和非洲［见图 3 – 1（b）］，这是我国拓展海外利益，深化战略布局的重要基础。同时，随着对外经济合作的加深，海外派驻人员不断增多，五年来对外承包工程和劳务合作派出人数累计约 185.7 万人，主要分布在亚洲、非洲和欧洲［见图 3 – 1（c）］。[1] 以中东、北非和东南亚等地区居多。海外人员安全不仅牵动着国内众多家庭的心，而且在一程度上影响着人民对祖国海外安全保障能力的信心。可以看出，随着国家海外利益的不断扩大，海外利益主要分为三类：维护国家发展命脉和保障重要战略通道畅通的核心利益区，保护海外投资建设和我国公民安全的重大利益区，拓展未来经济增长点的潜在利益区。三类海外利益区交织在一起，存在的形式和类型也在不断变化，这就要求在维护海外利益时也要跟随海外利益的形势变化而变化。

---

[1] 国家统计局. 中国统计年鉴（2022）[DB/OL]. [2023 – 12 – 25]. https：//www.stats.gov.cn/sj/ndsj/.

# 第三章 海外装备保障能力生成需求分析

（a）2018—2022年海关货物进出口贸易总额统计

（b）2018—2022年对外承包工程完成额统计

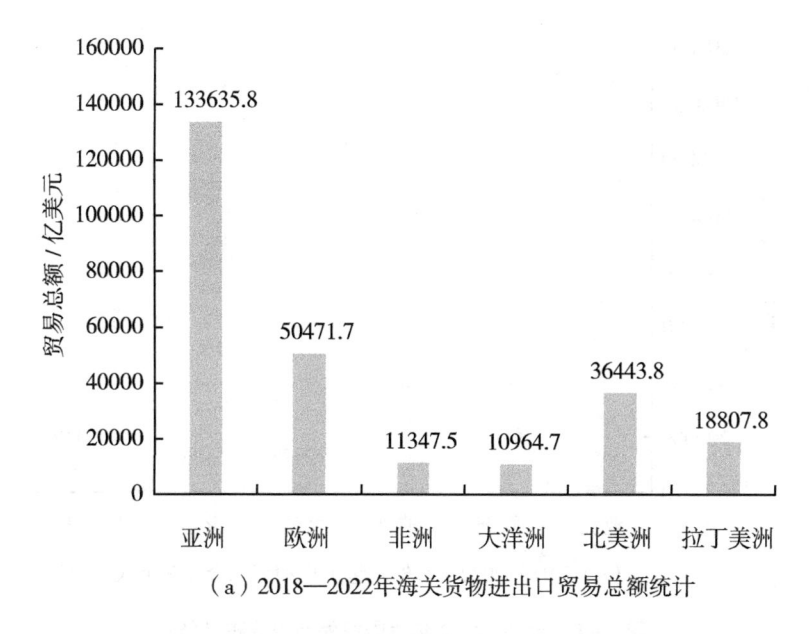

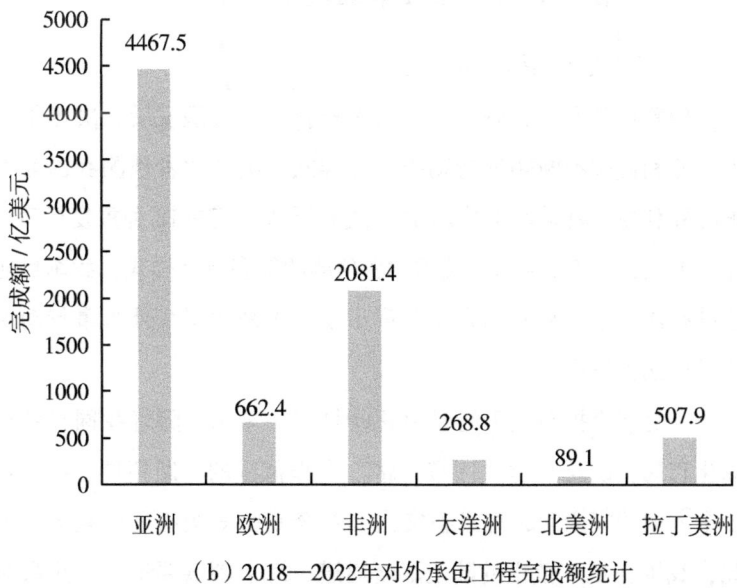

图 3-1 2018—2022 年我国海外利益分布

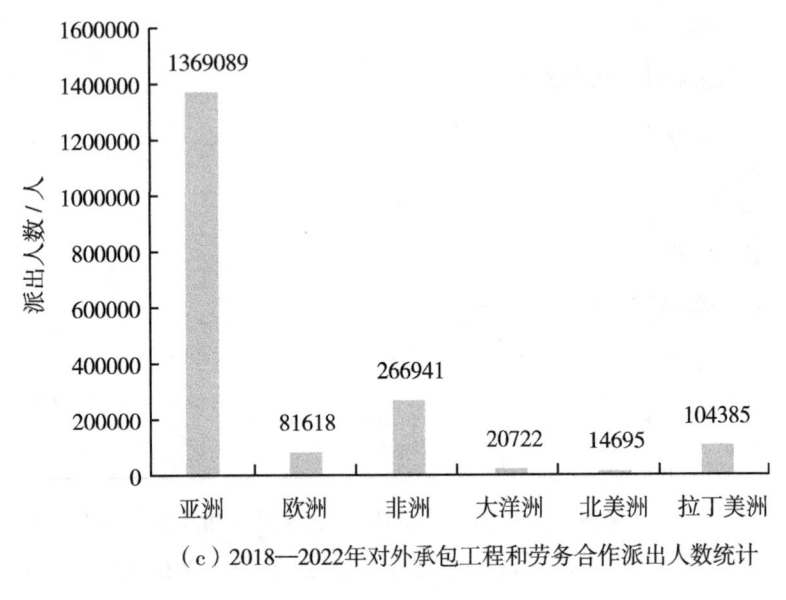

```
1600000
1400000  1369089
1200000
1000000
 800000
 600000
 400000           266941
 200000    81618         20722  14695  104385
      0
         亚洲  欧洲  非洲 大洋洲 北美洲 拉丁美洲
```
（c）2018—2022年对外承包工程和劳务合作派出人数统计

**图 3-1 2018—2022 年我国海外利益分布（续）**

2. 行动类型和样式的拓展

随着经济发展，海外利益向多样化、复合型发展，决定了维护海外利益应不断拓展行动类型和样式。美国学者预测我国为维护海外利益，将采取4类25种样式的行动（其中18种重复行动只计算1次，见表3-1）。美国学者预测的很多行动样式，我军目前还没有遂行过。从我国自身角度出发，未来我国海外军事行动主要呈现四种发展趋势。

一是保交护航类型行动将逐步增多。未来，随着我国经济全球化布局，以及共建"一带一路"合作范围的不断拓展，我国在多个方面的安全问题将日益突出，安全威胁等级将逐步增大。因此，我国在更广范围的陆上战略通道、海上咽喉要道，防止敌对国家或海盗干扰破坏，所采取的保驾护航类型行动将逐步增多。

目前，这类行动，我国只有部分保护能力，还缺乏持续保障能力，但未来海外环境复杂多变，对于影响我国能源运输和战略海洋通道等核心利益攸关区，需增加力量和部署，具备持续保障能力。

二是将不断创新以反恐为主题的海外行动样式。在未来，恐怖主义对我国的威胁可能逐步由分裂破坏向危害我国海外利益和公民安全转变，这要求创新反恐行动形式，由现在海外联合反恐演习向实质意义上的海外反恐行动转变。

三是将逐步增加海外撤侨护侨行动的样式。未来，随着我国与更多国家签订入境许可协议，可能会改变临时沟通才可出境的行动方式，将增加出境撤侨护侨的频率和方式。对于一些被敌对势力控制的国家，当发生国内动荡和大规模排华事件时，我国应具备为保护本国公民安全而采取相应行动的能力。

四是海外自卫防护能力。未来，域外大国对中国崛起的遏制将越来越严重，海外恐怖势力活动也越来越猖獗，不可预知的危害事件发生概率将逐步增大，当危害我国核心利益时，我国应具备维权和自卫的能力。

表3-1 美国学者认为中国军队维护海外利益可能采取的行动

| 不断拓展的<br>中国海外利益 | 中国军队可能的军事行动 |
| --- | --- |
| 海外公民保护<br>（8种） | 非战斗撤离行动；人道主义救援与灾害救助行动；反恐、反骚乱行动；伙伴关系培训与构建行动；岸上特种作战行动；河上行动；军事外交行动；军事犯罪调查 |

续表

| 不断拓展的中国海外利益 | 中国军队可能的军事行动 |
| --- | --- |
| 海外中国财产/资产保障（9种） | 反恐、反骚乱行动；伙伴关系培训与构建行动；人道主义救援与灾害求助行动；岸上特种作战行动；军事犯罪调查；河上行动；军事外交行动；显示存在行动；实体安全/部队防护行动 |
| 中国船只海盗威胁及其他非传统安全威胁保护（14种） | 伙伴关系培训与构建行动；岸上特种作战行动；人道主义救援与灾害求助行动；军事犯罪调查；实体安全/部队防护行动；河上行动；军事外交行动；反海盗行动；区域巡航行动；护航行动；海上拦截行动；海上登临、拿捕行动；海外补给保障行动；海上运输后勤保障行动 |
| 敌对国家破坏海上运输通道保护（12种） | 护航行动；海上拦截行动；海上运输后勤保障行动；军事外交行动；反潜战；防空战；反水面战；搭载人员出击行动；离船空中军事行动；直升机行动；海上垂直补给及其他补给行动；扫雷行动 |

（二）加大力量部署和投入

我国作为一个发展中的大国，在逐步走向世界中心的同时，承担的国际责任也越来越大，参与国际救援、国际维和等行动的身影将越来越多。

一是参与国际救援的行动规模将不断增大。由于世界气候变化，洪水、飓风等自然灾害频发；加之世界发展不平衡，疾病等大规模疫情突发和危害性不断增大；还有随着人们改造自然能力的增强，水库大坝、核电站等人工设施不断增多，这些大型设施一旦发生损坏就会引发重特大事故灾难，这使得全世界面临的、不可抵御的风险不断增大。我国作为一个负责任的大国，在自身崛起的同时，必将为世界提供更多公共安全产品，也将加大遂行人道主义救援任务的投入力度，执行海外国际救援的规模将不断增大。从目前海外人道主义救援行动看，我军遂行的主要是常规领域的自然灾害和事故灾难救援等行动，如在尼泊尔地震、日本福岛核电站爆炸等事故中，主要遂行的是运送发放救灾物资、搜救遇险遇难民众、协助安置灾民、开展医疗救助、防疫等。随着世界人口不断增加，人类建设设施不断增多，引发灾难事故诱因也不断增多，未知影响不可预测，为更好地履行国际责任，我国必然加大国际救援方面的投入，从常规领域逐步向核生化应急救援、极地搜救、深海远洋救援等高技术方向扩展，救援任务将逐步向无人救援、智能化救援拓展，救援过程将逐步向事故前预警撤离到灾后重建的全过程发展。

二是参加国际维和行动的投入规模将越来越大。自1990年以来，我国已参加24项联合国维和行动，累计派出维和官兵约35000人次。[①] 从最初的派5名军事观察员，到成建制步兵营派遣，规模不断加大；2015年我国按照联合国维和待命机制，建立了8000人的维和待命部队，并于2017年在联合国注册完毕。我国参加维和的装备规模也逐渐扩大，从原来的工程、运输、医疗等装备向舰艇、运输机、直升机等装备扩展。2017年6月第一支直升机维和部队进驻非洲，进一步完善了我国参加维和行动的装备种类，丰富了维和行动部署形式。未来，维和行动的职能和使命任务将向政治、经济、军事、社会等多元化方向拓展，同时也与我国在当地利益结合将更加紧密，我军的维和任务将由维护地区稳定、武装护卫等形式，向保护联合国、友好国家，以及我国海外

---

① 罗铮，邹菲. 首支维和直升机分队举行出征誓师大会 [N]. 解放军报，2017－05－20（4）.

人员、财产和设施安全领域拓展。

三是将出现主动型维和行动。目前，我国遂行的国际维和行动主要是事后进入的维持和平行动，尚未参与以事前塑造安全态势为目标的主动型维和行动。随着我国海外利益与世界安全形势的不断变化，在出现严重影响世界安全形势走势或严重损害我国海外利益等极端情况下，应有效控制事件发生的规模和强度，实施主动型维和行动。

（三）扩大行动空间和范围

积极开展双边、多边、多领域的军事安全合作，为我国营造了良好的国际安全环境。我军的足迹也基本覆盖全球（见图3-2），维和行动多集中在非洲和中东地区，从军事隔离到专业保障行动，从安全防卫到维护稳定行动，都有我军的身影。上合组织、中俄、中巴、中泰等国家和国际组织之间的联合演习已机制化，演习范围从中亚、中国周边扩展到鄂霍次克海和波罗的海地区，空间和范围不断扩大；参加环太平洋联合军演，先后组织环球航行、和平方舟号"和谐使命"行动，将中国和平的声音传向世界；亚丁湾护航10多年来已经保持了印度洋常态化存在，并逐渐形成"护航+联合演习+友好访问"的模式，结合护航行动与沿线国家开展联合军事演习，护航任务结束后，开展与世界各国的访问交流，加深了中国与世界各国的沟通理解；参与马航MH370搜救、参加飞行表演等形式的国际合作，将活动空间进一步拓展，与世界各国的交流程度进一步加深。

未来，我国的国际军事合作将呈现出以下发展趋势：一是活动空间将进一步分散。随着我国对周边国家外交重视程度的提高，以及"一带一路"倡议的推动，我国海外军事行动将会逐步增多，行动空间将覆盖许多以前未曾涉及的国家和地区，呈现出日益分散的状况。二是国际军事合作的范围将进一步扩大。当前，我国多是与友好国家、战略伙伴进行国际军事合作和联合军事演习，未来我们应更加开放。三是国际军事合作的空间将进一步深化。我国参与国际军事合作将从国际救援、反恐等非传统威胁向传统威胁拓展，使国际军事合作更好地与维护国家利益结合起来，这必然使我国对外的国际军事合作从陆地、海洋向太空、极地拓展，从周边向远洋、深海拓展，合作的空间更加广阔。

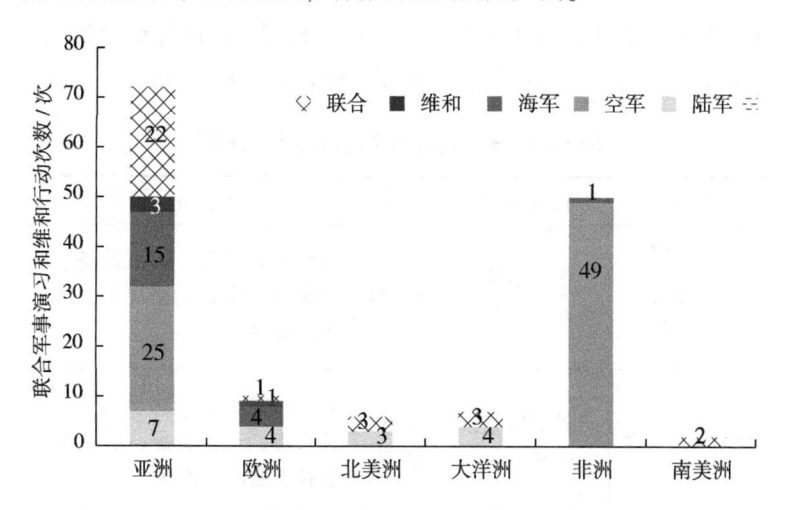

**图3-2 我国联合军事演习和维和行动分布示意（截至2017年）**

数据来源：中国军事百科全书编审委员会. 中国军事百科全书（第二版）：附录分册 [M]. 北京：中国大百科全书出版社，2014：283-308，2012年以后联合军事演习、维和等军事行动数据来源于中国人民共和国国防部官网，http://www.mod.gov.cn/gfbw/jsxd/index.html（2017年3月31日查询）。

## 二、未来海外行动运用的装备类型分析

装备是遂行海外行动的重要物质基础，海外行动多种多样，运用的装备也不尽相同，有的是单一军种装备进行定位区域保障，有的则是多军兵种装备的联合保障。

从我军参与的海外军事行动类型分析看，既有承担国际责任的国际维和、国际救援、海外护航、海外反恐行动，也有直接维护海外利益的海外撤侨行动，以及为维护海外利益而进行的政治和军事外交活动，如国际联合军事演习、国际竞赛交流、军舰出访等行动。未来，还包括应对海外国家突发政变或敌对势力执政对我国海外利益攸关区、能源通道以及战略通道构成威胁而进行的自卫防护行动。这些行动对抗强度各不相同，性质和持续时间也不相同，因此，运用的装备自然也不相同。依据行动对抗的强度不同，按以下五类行动来分析运用的装备（表3-2）。

表3-2 未来海外军事行动所需装备类型

| 类别 | 行动类型 | 强度 | 动用装备及资源 |
| --- | --- | --- | --- |
| 国际军事交流 | 国际竞赛 军舰出访 | 低强度 | 装甲车辆装备、航空装备、舰艇装备，保障支援装备，弹药器材保障等 |
| 国际救援行动 | 自然灾害救援 事故救援 | 中低强度 | 航空运输装备、舰艇装备，医疗装备、工程装备、情报侦察装备、通信装备等 |
| 海外维稳行动 | 国际维和 海外护航 | 中等强度 | 情报侦察装备、通信装备，装甲车辆装备、航空装备、舰艇装备，保障支援装备、工程装备、医疗装备，弹药器材保障及相关保障设施 |
| 海外联合反恐行动 | 联合军演 海外反恐 | 中高强度 | 情报侦察装备、通信装备，舰艇装备、航空装备、两栖装备、特战装备，航空运输装备、医疗装备、工程装备，弹药器材保障及相关保障设施 |

续表

| 类别 | 行动类型 | 强度 | 动用装备及资源 |
| --- | --- | --- | --- |
| 海外自卫防护行动 | 撤侨<br>利益攸关区保护 | 高强度 | 战略预警装备，情报侦察装备、通信装备，装甲车辆装备、舰艇装备、航空装备、两栖装备、特战装备，医疗装备、工程装备，弹药器材保障及相关保障设施 |

（一）国际军事交流行动运用的装备

这类行动主要以军事活动进行对外交往，如参加国际竞赛、军舰出访等活动。这类行动虽然在正常情况下没有具体任务背景，但其具有战备功能，装备可以在行动中迅即转换任务。因此，属于低强度的军事行动。该类行动动用的装备主要是我国各专业兵种的专用装备，如航空飞镖比赛需用航空装备，跳伞比赛需要伞降装备，军事五项竞技则主要是轻武器装备。另外，军舰出访主要是作战舰艇装备及随行的保障舰船装备。

（二）国际救援行动运用的装备

国际救援属于人道主义救援行动，主要有自然灾害救援和事故救援。救援行动具有时效性要求，且相对紧急，属于中低强度军事行动，因此，动用的装备也多数是航空运输、航空搜救、工程建设等支援保障装备。此外，国际救援行动由于事故灾害发生突然，灾害现场危险性大，救援行动又要求及时获得灾害现场信息和快速到达灾害现场，有时需要动用军用的情报侦察装备进行事故灾害现场的情报获取。如2011年，日本大地震时，美国就出动了U-2侦察机、"全球鹰"无人侦察机和P-3巡逻机等大量情报侦察装备进行现场侦察。另外，有时一些事故灾害救援行动需要快速携带救援物资抵达，因此，舰艇装备、航空运输装备将被大量投入使用。如2005年印度洋海啸时，美国投入了3艘航母参与救援行动。

（三）海外维稳行动运用的装备

这类行动主要是在联合国授权下进行的行动，以国际维和与护航行动为主，主要是维持地区和平稳定和任务区域不受袭扰，一般不具有主动进攻性，但有攻击能力。因此，此类行动属于中等强度的军事行动。从我国在联合国新注册的维和部队性质看，包括装甲车辆、直升机、航空运输、舰艇、工程机械等各类装备。

（四）海外联合反恐行动运用的装备

现在我国与国外进行的联合军演基本具有战术背景，如联合反恐、联合应对突发事件等行动。这类行动对参与者反应能力要求比较高，高度依赖信息支援能力，具有中高强度特点。因此，未来我国与国际力量共同执行的联合反恐行动和应对突发事件行动时所需装备类型会有所拓展，除了包括前面维稳行动装备，还应针对反恐要求增加两栖和特战装备，另外对侦察、预警、情报、通信等信息支援装备需求更多。

（五）海外自卫防护行动运用的装备

目前，这类行动我军还未执行过，但未来海外环境复杂多变，我军应具备海外自卫防护能力。自卫防护应按照应对多种复杂威胁挑战而准备。因此，所需装备类型和数量将更多，几乎涵盖所有类型装备和保障装备，从战略预警到侦察监视装备，从地面装备到海、空军装备，以及两栖特战装备等，还包括相应的装备保障资源。

## 三、海外装备保障能力体系需求分析

### (一) 面向目标途径的能力需求构建法

海外装备保障能力需求，是指海外装备保障要满足海外军事行动任务要求所应具备的能力要求或条件。站在不同的出发点思考问题，需求也不尽相同。海外装备保障能力需求是以国家军事战略为原始出发点，从国家军事战略格局来明确军队在海外的使命任务，根据使命任务来确定具体军事行动，再进一步提出海外装备保障能力需求。因此，根据最初的使命任务可以更准确地厘清海外装备保障能力需求，减少中间环节的转换关系。这种方法可以称为面向目标途径的能力需求制定法，即根据最顶层的目标使命，从宏观把握某一子系统的整体能力需求。这相对于针对单一任务制定的能力需求法，更利于从总体把握需求。单一需求法是根据具体任务来分解需求，然后根据分解的需求，采取任务能力映射的方法，来确定各个要素的能力需求，对于某一项具体海外保障任务有什么海外保障能力需求相对比较明确。但海外保障任务形式多样，各个任务映射得到的要素能力需求，会出现重复和叠加，不利于从总体把握装备保障需求。因此，本书采取面向目标途径的方法来解构海外装备保障能力需求。

### (二) 海外装备保障能力体系总体需求

国家军事战略是海外装备保障能力体系的最初出发点，因此，各国也都是根据军事战略来调整海外装备保障体系能力的。如冷战时期，美国在防务战略上一直以进行大国对抗为出发点，因此为获得灵敏高效的海外保障能力，构建了全球的海外军事基地和保障体系。建立"全球体系"以后，美国防务安全判断发生了转变，2005年，在其发表的《美国国家防务战略》中认为：美国安全利益要同时应对由地区强国和"流氓国家"等国家行为体和恐怖分子等非国家行为体构成的挑战。为此，美国不断调整海外基地体系布局，以保持既可以应对强劲对手带来的挑战，又可以敏捷应对非传统威胁的能力。2015 年，我国发布的国防白皮书《中国的军事战略》中明确军队要"有效维护海外利益安全"。为此，我们要具备有效维护海外利益安全的军事行动能力，也要具备相应的装备保障能力，这是我们需求的出发点。

有效维护我国海外利益安全，主要是保护我国海外经济投资建设安全，为我国能源通道和海外公民提供有效的安全防护，这就要求具备整体的、持久的、具备一定规模的海外装备保障能力，而且这个能力应该是一个能力体系。无论何时，从总体目标构建海外装备保障体系能力考虑的都是：保障多大的范围，建设什么样的规模，达到什么样的效果。回答这个问题需要很多量化工作，我们按照由简到繁、由浅入深的思路来解决这个问题，先从最理想情况出发制定目标，再根据实际情况来优化目标。因为无论是具体的量化，还是理想的假定，求导能力需求的方法和原则是相同的。海外装备保障能力体系需求与能力映射关系如图 3-3 所示，通过以下四层内容简析：第一层是最理想目标。要保障区域最广、保障最灵敏、保障成本最优、适应性最强。第二层是如何实现最理想目标，找到实现的途径。对于保障区域最广就要合作国多，全球全域保障是最高层次。这个目标即使是实行全球力量部署的美国也很难做到，对于我国更难实现，但是我们可以在重点区域进行保障部署。无论是保障几个重点区域，还是保障全球全域，实现的方法途径都是相同的，都需要有更多的合作国，在海外的保障能够得到各合作国家的支持，允许在其境内实施保障。第三层是实现这一途径的方法。需要各合作国有共识度，无论是采取军事外交、建立伙伴关系、成立合作组织的方法，还是采取依据联合国授权的方法，都是在双方或者多方有一致共识的基础上实现的，双边或者多边有共同意愿相互合作。第四层是应具备的能力。要让其他国家与我国有更高的共识度，需要横向的国际协调能力，通过协调沟通达成共识，奠定合作的基础，逐步扩大合作国家，以逐渐实现保障区域最广的目标。其他能力也可以按照"目标—途径—方法—能力"的映射关系，逐个目标推导出各自应具备的能力需求，分别为国际协调力、保障行动力、经济约束力、风险防护力等四个分力组成的海外装备保障能力体系。

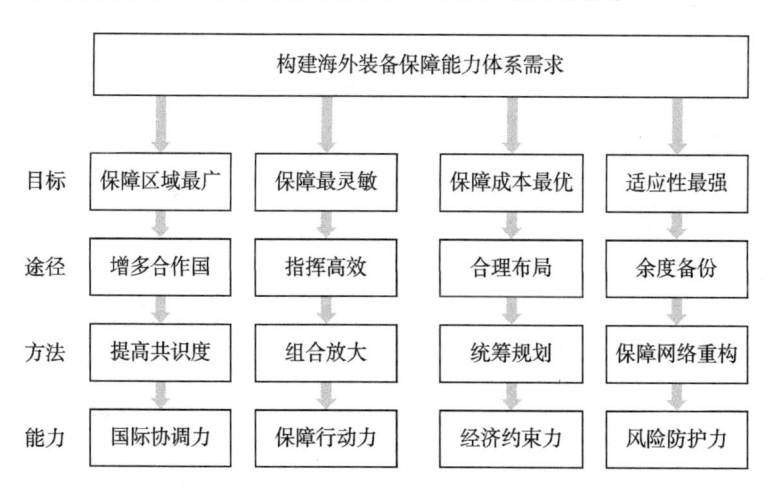

图 3-3 海外装备保障能力体系需求与能力映射关系

## 四、小结

未来海外军事行动发展趋势以及运用的装备类型会直接影响海外装备保障能力需求的规模和发展的空间，从两个方面展开发展趋势分析，有利于把握海外装备保障能力未来作用环境和作用对象。同时，运用面向目标途径的需求分析法可以减少单一任务分析法所带来的重叠因素影响，从极限条件提出对保障能力的总体需求，并按照"目标—途径—方法—能力"的映射关系，推导出海外装备保障能力应包括国际协调力、保障行动力、经济约束力、防护适应力这四个分力构成的海外装备保障能力体系，为下一步分析海外装备保障能力的特性和体系结构奠定了基础。

# 第四章　海外装备保障能力特性及体系结构

海外装备保障能力特性是在能力产生、发展、提高的过程中，作用于保障对象时反映出来的特有属性。认识能力特性是准确理解和把握海外装备保障能力性质、特征等外在形式的重要方法手段，有利于进一步分析海外装备保障能力的外在属性。体系结构是指在海外装备保障能力体系中各个组成部分的搭配和排列。通过特性和体系结构分析，可以由外向内逐步分析海外装备保障能力的特点和组成。

## 一、海外装备保障能力的特性

### （一）涉外性

一方面，海外装备保障由于是在本国领土、领海以外实施的，故海外环境客观上决定了其保障能力具有涉外性。另一方面，由于既有本国装备保障机关和保障实体，也有联合国保障机构，还有其他合作国或驻在国装备保障机构，多元主体使海外装备保障能力生成必然具备涉外性。如在执行联合国维和行动和海外执行联合军演时，都不可避免地要与国际组织和驻在国、合作国等相关机构进行协同保障。

(二) 军事性

首先,海外装备保障能力目的很明确,就是充分利用海内外资源,满足海外行动的保障需求。这是海外装备保障能力生成的根本出发点,也是最终目标,决定了海外装备保障能力是海外军事能力的重要基础和组成部分,具有军事属性。其次,海外装备保障的对象和运用的保障资源具有鲜明的军事性,如保障的对象为军事装备,以及补充弹药等保障资源,这些都是军事对抗行动的基础,决定了海外装备保障能力具有军事性。最后,海外装备保障面临着对抗,需要在随时可能遭受打击的条件下完成保障任务,决定了海外装备保障能力的军事性特点。

(三) 集聚性

海外装备保障能力是由国际协调力、保障行动力、经济约束力、风险防护力四个分能力组成的能力体系,每一分能力又可细分成很多子能力,因此可以将海外装备保障能力看作是各项分能力及各项分能力所包含的子能力综合集聚作用的结果。能力的集聚性决定了,每一分能力和子能力所特有的性质在海外装备保障能力中都有体现和反应;同时能力的集聚性决定了各分能力和子能力集聚综合作用在一起,形成了其特有性质,不再是任何一个分能力和任何一个子能力,而是一个综合形成的集合体,有着其本身特有的性质。另外,海外装备保障能力的集聚性,决定了各分能力和子能力的不可或缺性,如果缺少任何一项能力,都不完备,也必将影响海外装备保障效率。因此,海外装备保障能力不是任何一项能力的显现,而是多项分能力综合的结果。

(四) 协同性

协同本义是指各方相互配合。这里指海外装备保障能力的主体众多，相互配合。如海外装备保障能力主体不仅涉及驻在国、区域国、合作国，还涉及本国内相关各个部门、各个企业，以及海外企业、海外基地、建制保障力量、伴随保障力量等众多主体因素，是一个多国、多部门、多系统协调配合的过程。因此，这也决定了只有具备协同性才能有效发挥各主体因素的作用。要具备协同性，应有统一的目标和行动，这是协同的基础，否则难以发挥装备保障能力的整体效能。另外，协同性不代表各主体都是完全平行的主体，要分清主次搭配，这样才能有效配合。

(五) 有限性

首先，海外装备保障远离本土，保障资源相对稀缺，而执行海外任务要求具有持续保障能力，形成了二者之间的矛盾。从某种程度上来说，海外装备保障能力只有依靠有限的保障资源来最大限度发挥其保障能力，因此，资源的有限性决定了保障能力的有限性特点。其次，海外执行装备保障任务，由于驻在国或所在区域国家的特有规定，对保障行动存在一定制约，使得海外装备保障能力呈现一定的有限性。最后，从内部看，不同级别的海外装备保障能力所能保障的对象是有限的，低层级的维修能力叠加也无法完成高层级的维修任务，即多个保障单元的基层级维修能力组合在一起依然无法具备基地级维修能力。同样，高层级的维修能力所能完成的任务规模是有限的，超出其承受的规模一样无法完成保障任务。所以，各级装备保障能力都具有限性，无法完成超出的保障任务。因此，在生成海外装备保障能力过程中应充分考虑有限性进行保障资源布局。

(六) 广域性

海外装备保障涉及海外行动的广大地域，所处的自然环境相对国内更加多样，环境对装备性能的影响也更加广泛，因此海外装备保障能力要具有更强的广域环境适应性。另外，海外装备保障要适应海外军事行动的需要，在全球区域快速高效地实施装备保障任务，这就要求装备保障能力要具有广域可达性，随时满足海外装备保障任务需求。

（七）演化性

海外装备保障能力并不是生来具备的，而是有一个发展变化的过程，即从海外装备保障潜力经过训练和要素建设的聚能过程，并经过实践释放体现出海外装备保障能力。能力的每一次应用释放都会反馈给主体要素和对象，形成"反馈—改进—提高"的闭环。因此，海外装备保障能力就是在一次次的反馈提高过程中不断演化形成的，在同一保障能力级别下实现螺旋式上升。另外，海外装备保障能力也是一个由保障资源和保障主体技术结合的过程，包含保障设施建设、保障资源配置、保障行动实施等一系列活动。因此，海外装备保障能力在资源要素投入不断加大情况下，具有从初级向高级、由潜力向实力转化的演化特性。

## 二、海外装备保障能力的体系结构

海外装备保障能力是海外军事行动能力的重要组成部分，其能力体系结构既有军事能力体系结构的共同特点规律，又有其在海外特殊环境下保障能力体系结构的自身特点。

（一）综合集成的全要素能力体系

按照前文的目标途径法，推导出构建海外装备保障能力体系应具备国际协调力、保障行动力、经济约束力、风险防护力等四项分能力，这也是组成海外装备保障能力体系的四个要素。

1. 国际协调力

国际协调力是为提高海外保障能力，运用军事外交、经济合作、国际环境塑造等手段，营造良好的国际环境，最大限度地争取海外保障资源的能力。国际协调力是形成和提高海外装备保障能力的基础，是将海外保障资源转化为我军事行动保障资源的有力举措，是生成海外装备保障能力之初的重要准备行动，其渗透海外装备保障能力生成中的各个环节。主要包括军事外交能力、经济合作能力，以及运用国际法和驻在国法律获得国际社会和驻在国民众认可的国际环境塑造能力等三项子能力。

2. 保障行动力

保障行动力是海外装备保障能力的主要体现，是完成海外装备保障任务的主体能力，主要包括指挥决策能力、技术保障能力、储供能力、信息应用能力和动员能力等五项子能力。指挥决策能力是保障行动力的统领，根据实际任务需求，运用装备保障指挥理论对保障任务进行规划，对保障人员和保障资源进行调度。技术保障能力是海外装备保障能力的主体，主要通过一定数量规模和不同技术等级的保障人员、保障设施设备来实施技术保障和装备维修。储供能力是海外保障能力的重要支撑，主要通过常态维持海外军事行动任务所需的器材弹药储量，并根据与保障需求点的距离采取不同投送供应方式来保障海外军事行动任务。信息应用能力主要包括信息获取、传递、分析、应用四个环节，是将分散的保障资源通过信息手段有机连接，从而提高保障反应的敏捷性，增强保障行动力，是保障行动力的倍增器。动员能力是海外装备保障行动力持续发挥的基础，主要包括海外人员动员和保障资源动员。从整体看，保障行动力与国际协调力相比，国际协调力更注重横向保障范围的扩大，保障行动力更注重纵向保障环节的顺畅高效。

3. 经济约束力

经济约束力主要包括统筹规划能力、结构布局能力和经费保障能力三项子能力。此项能力主要是统筹资源布局、优化保障结构，充分发挥现有经费保障的作用，在控制总体成本的基础上，最大限度提高保障的效费比。经济约束力主要受主体成本、资源建设布局和现有经费保障因素的影响。经济约束力是海外装备保障能力的重要经济支撑，是保障海外装备保障能力建设与国家战略布局、国民经济、国防投入协调发展的重要保证，是决定海外装备保障能力长远可持续发展的重要因素。

4. 风险防护力

风险防护力主要包括海外装备保障能力体系的防卫能力、保障力量布局重构能力和抵御环境变化的环境适应力三项子能力。海外装备保障能力是一种军事能力，具有对抗性，要充分考虑军事对抗环境下保障能力的发挥，以及遭受打击时保障能力的承受度。因此，海外装备保障能力体系应具有余度，可在海外某一保障基地遭到破坏时，迅速进行保障网络重构，替代原有保障网络体系，满足海外军事任务保障需求。

根据前面海外装备保障能力体系结构分解，可以将海外装备保障能力表示为国际协调力、保障行动力、经济约束力、风险防护力的合力，可以用式（4-1）来表示。

$$C_{合} = U_{协} + U_{保} + U_{经} + U_{防} \quad (4-1)$$

式中，$C_{合}$为海外装备保障能力；$U_{协}$为国际协调力；$U_{保}$为保障行动力；$U_{经}$为经济约束力；$U_{防}$为风险防护力。式（4-1）表明海外装备保障能力是各力综合的结果。

由于每一项能力都由产生能力效应的多种要素构成，因此，这四项分力也必然由相关的多个子能力构成。逐层分解后，可以得出构建海外装备保障能力体系应具备的各项子能力，见表4-1。

由此可见，海外装备保障能力体系是一个层层递进的组织架构。为便于后面分析能力生成机理，本书将海外装备保障能力体系的四个分力作为一级指标,四个分力各自分解得到的子能力作为二级指标。二级指标后不再按照力的层次分解,而是按照评估量化分解为三级指标,三级指标可为后续研究的量化评估提供参考,本书不进行具体的量化评估。

表4–1　海外装备保障能力体系结构分解

| 一级指标 | 二级指标 | 三级指标 |
| --- | --- | --- |
| 国际协调力 | 军事外交能力 | 签订军事进驻保障协议数量 |
| | | 在海外国家军事演习装备保障情况 |
| | | 军事合作组织成员国数量 |
| | | 执行国际维和任务数量 |
| | 经济合作能力 | 两国经济贸易情况 |
| | | 军援军贸情况 |
| | | 海外控股港口机场数量 |
| | 国际环境塑造能力 | 法律完备情况 |
| | | 国家关系密切度 |
| | | 领土边界情况 |
| 保障行动力 | 指挥决策能力 | 保障指挥理论水平 |
| | | 保障任务规划 |
| | | 保障行动协调控制 |
| | 技术保障能力 | 维修人员数量 |
| | | 维修人员专业等级 |
| | | 维修设施设备等级 |
| | 储供能力 | 弹药、器材储备量 |
| | | 投送方式 |
| | | 距离本土距离 |

续表

| 一级指标 | 二级指标 | 三级指标 |
|---|---|---|
| 保障行动力 | 信息应用能力 | 信息获取能力 |
| | | 信息传递能力 |
| | | 信息分析能力 |
| | | 信息应用能力 |
| | 动员能力 | 保障人员动员 |
| | | 保障资源动员 |
| 经济约束力 | 结构布局能力 | 保障基地距海外利益攸关区距离 |
| | | 基地可保障军种 |
| | 统筹规划能力 | 海外装备保障建设规划 |
| | | 海外装备保障需求与民用建设配套 |
| | 经费保障能力 | 海外装备保障基地经费增长比例 |
| | | 海外维修经费占海外基地建设费用的比例 |
| 风险防护力 | 防卫能力 | 防空能力 |
| | | 防袭扰能力 |
| | | 机动防卫能力 |
| | | 保障网络防御能力 |
| | 保障力量布局重构能力 | 保障力量抗打击能力 |
| | | 保障力量重组能力 |
| | | 保障资源复建重组能力 |
| | 环境适应能力 | 自然环境适应力 |
| | | 当地群众认可度 |
| | | 所在国当地基础设施可用率与保障设施支撑配套率 |

## （二）全维一体的装备保障能力体系

全维一体的装备保障能力体系由以下四点构成。

一是国内体系延伸的海外基地保障能力。从现实和未来的发展来看，海外保障基地是海外军事行动的锚点，也是长期遂行海外任务、实施海外装备保障的有力依托（图4-1）。海外保障基地建设应用在海外，但根基在国内。海外装备保障能力从根源上说，是为满足武器装备随着军事力量"走出去"的保障需求而产生的。武器装备的科研、生产、制造都在国内，其先天的装备可靠性等特性都是在设计和生产制造环节决定的。因此，其在海外环境，以及

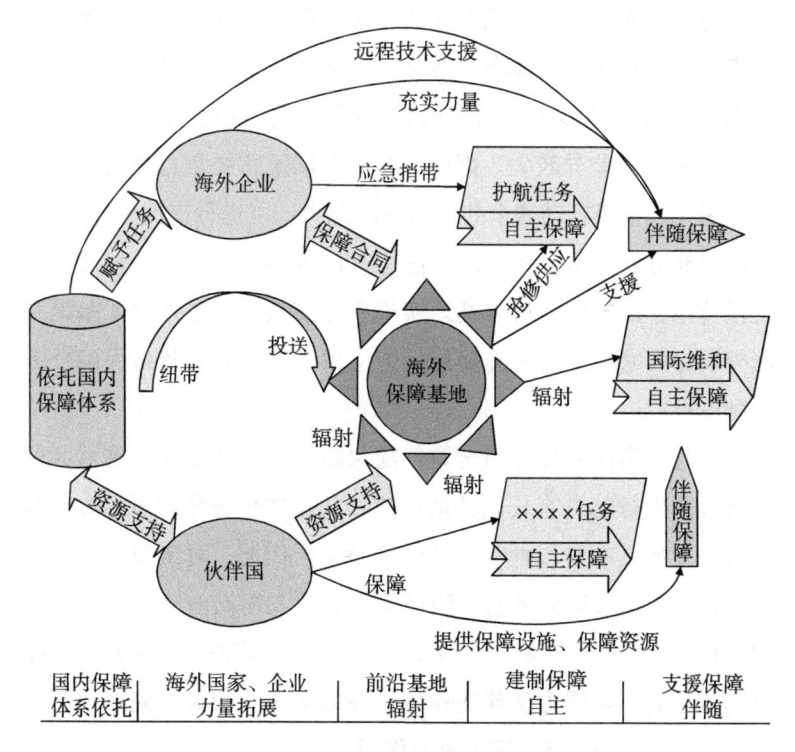

图4-1 海外装备保障关系示意

海外军事行动的运用中所提出的装备保障需求，都是装备设计阶段的预设结果，这与装备在国内保障需求属同根之源。海外军事行动所应用的武器装备一般都是在国内应用后性能相对稳定的装备，在国内应用时暴露的问题，国内的装备保障体系也已经根据各型装备的特点进行了相应的完善。因此，海外保障基地能力的构建首先应以国内装备保障能力体系为蓝本进行建设，也可以将海外基地装备保障能力看作国内装备保障能力结构的拓展和延伸部分。

二是重点地区广域支援的机动保障能力。海外保障基地只能在关键节点布局，数量相对较少，而且都属于固定保障，无法满足海外广阔地域遂行军事任务装备保障的需要。另外，海外军事行动受自然环境影响和国家地域范围限制，行动区域相对割裂，装备保障条件差异较大。因此，在有关国家重要利益攸关区，应具有满足战役级行动需求的机动保障能力，以遂行支援保障任务。同时应充分发挥信息化手段，搭建"国内—海外"为一体的保障支援体系，以国内为后方基地实施后方支援，以海外保障基地和海外友好国家为前沿实施前沿接力支援，确保海外装备保障任务顺利遂行。

三是依据任务加强的全球伴随保障能力。从未来发展看，保障海外军事行动具有长期性的特点；从具体任务分解看，海外军事行动任务具有阶段性和接替性的特点。因此，对于单项任务保障来讲，队属保障力量的伴随保障能力对及时高效完成海外装备保障任务作用明显。从我国海军 2008 年亚丁湾护航以来装备保障情况统计看，队属力量伴随保障排除故障占比很高，充分说明了海外装备保障中伴随保障的重要作用。

四是依据协议赋予任务的拓展力量保障能力。从海外保障实践看，依托军队系统进行海外保障远远无法满足海外行动任务的需求，这就需要采取与海外国家签订协议、赋予海外企业任务、签订合同购买服务保障等方式，拓展海外保障力量。通过海外国家和企业为海外装备保障提供保障设施、设备等保障资源，进行装备技术保障，为海外军事行动采用捎带、专送等形式进行装备器材备件供应保障，这不仅可拓展海外装备保障力量，丰富海外装备保障形式，也有助于大大提高海外装备保障能力。

（三）融合交织的全效应能力体系

融合交织的全效应能力体系包括以下四点。

一是国际化装备保障能力。国际化装备保障能力是指海外装备保障采用国家协议、企业合同、军援军贸、军事合作等方式获取国际资源，适应国际化环境的保障能力。国际化是海外保障的客观要求，也是海外保障的突出特点，更是未来保障的重要目标。实现国际化保障就要在保障理论、保障体制、保障标准上与国际接轨，通过国际维和、联合军演等多种军事合作方式开展与世界各国的交流，加强保障对接，不断改进装备保障性能，不断提高与国际化保障接轨能力。

二是综合化装备保障能力。综合化装备保障能力是指适应海外多军兵种、多种类型装备、多种型号器材弹药保障需要，能够综合一体实施保障任务的能力。海外装备保障资源有限，因此在建设海外装备保障基地时应从综合建设、综合开发、综合利用的角度出发，统筹陆、海、空、战略支援部队的各型装备保障需要，集成一体构建海外装备保障体系，满足各军兵种任务部队各型装备综合保障需要，从而提高保障资源的利用效率，形成保障能力的综合集成释放。

三是智能化装备保障能力。智能化是信息化时代发展的必然产物。智能化装备保障能力是指适应未来后信息化时代战争需要，运用人工智能技术、信息技术、大数据技术、机器人技术进行海外装备保障分析、决策和行动能力。智能化装备保障能力是在充分适应海外装备保障远离本土，装备保障力量和保障资源高度分散，保障信息量庞大的情况下，依靠人工智能帮助保障指挥人员进行科学决策的能力。另外，未来海外装备保障将随着海外军事行动向极地、远海等领域拓展，面临着保障环境恶劣，这就要求依靠智能机器人实行无人化、智能化的保障。

四是精确化保障能力。精确化保障能力是指海外装备保障过程中，能够为海外任务部队提供精准到位、质量可靠的保障活动能力。依托保障资源可视化和信息技术，海外装备保障人员可以清晰直观地掌握装备器材、弹药的调配供应位置和时间，从而精准控制保障行动。借助装备状态监控、故障智能诊断等技术，可以及时掌握装备的性能状态，及时做好保障任务规划，从而具备装备工作运行和维修保障时间的精准控制能力。

## 三、小结

通过对海外装备保障能力特性分析，进一步掌握海外装备保障能力七个方面的外在特有属性，有利于下一步分析和运用。同时，分别按照海外装备保障能力要素组成、运用维度、作用效应对海外装备保障能力体系结构进行分析，在海外装备保障能力四个分力基础上，进一步分解为14个二级子能力，并探讨性提出三级评估指标。

# 第五章　海外装备保障能力生成过程及影响因素分析

理论是在实践过程中形成的系统化、抽象化的理性认识，是对客观事物的本质和规律的正确反映。研究海外装备保障能力生成机理，就应从抽象化的海外保障能力生成过程去寻找，从影响保障能力生成因素的相互作用关系规则中去探寻，只有这样才能更好地挖掘海外装备保障能力生成过程背后所蕴含的机理。

## 一、海外装备保障能力生成过程

海外装备保障能力生成过程是从潜能到势能，从聚能到释能，最后显现保障效能的一系列过程。整个生成过程可以分为潜能、势能和效能三个阶段，以及聚能和释能两个转化过程。图 5-1 展示了海外装备保障能力生成的过程。

图5-1 海外装备保障能力生成过程

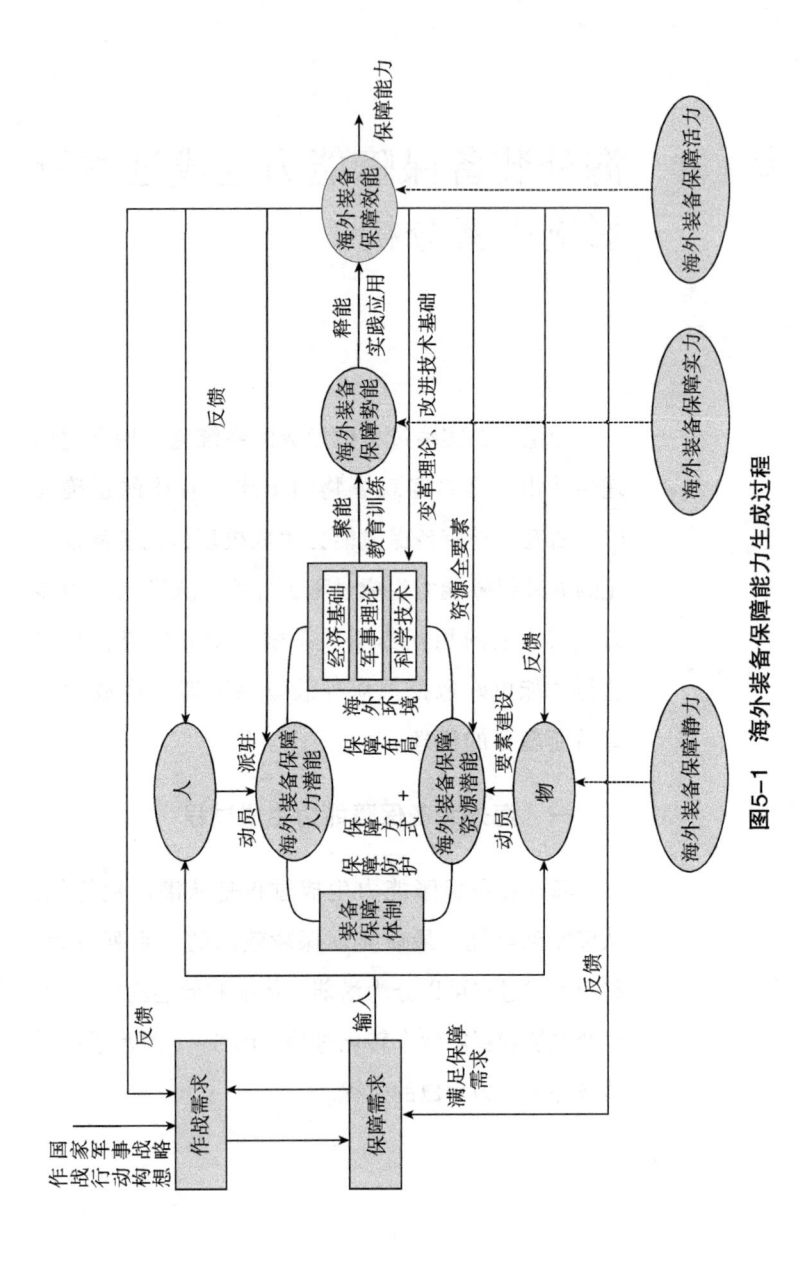

## (一) 生成阶段与转化过程

在三个阶段中保障能力处于相对稳定的状态，即处在原有质的时期或达到新的质的时期。转化过程是保障能力由一个阶段向另一个阶段转化的过程，是量的积聚累加时期，是一个动态变化的过程，具体如下所述。

一是海外装备保障潜能阶段。在《现代汉语词典》中，"潜"有隐藏；不露在表面的意思。潜能有两种含义，分别是潜在的能量和潜在的能力。由词义分析可以看出，潜能是隐藏、不露在表面的能量和能力，这说明潜能具有能量和能力，但还未应用于实践，还需要开发和转化。如图 5-1 所示，海外装备保障能力生成的潜能，主要指人力潜能和资源潜能。其中，人力潜能按人员类别可以分为专业保障人员技术潜能、操作人员体力潜能和决策指挥人员的智力潜能。根据潜能可以明确保障能力实施的主体和未来动员的对象，即未来动员的海外派驻人员应具有相应的专业潜能。资源潜能按照资源区域与类别可以分为保障设施设备所具备的平台功用潜能和器材弹药所具备的物质潜能，这些资源潜能主要通过要素建设和动员等方式获得。

二是海外装备保障聚能过程。聚能阶段是能量和能力的丰富与聚合的过程，是量的积累过程。这主要体现在人力潜能与资源潜能按照最佳配比的体制编制进行结合，并在科学技术、军事理论、经济基础的影响和支撑下，进行资源要素的扩充和人员能力的提升，达到能量和能力的聚合式增长，为形成海外装备保障势能奠定了基础。聚能过程是为实现未来质的变化而进行的量的累加，这是一个海外装备保障能力主动转化的可控阶段，应注重按照需求层次和适当的比例进行建设，以达到通过聚能达到最大量的积累。

三是海外装备保障势能阶段。势能通常是指相互作用的物体由于所处的位置或弹性形变而具有的能量。海外装备保障势能阶段是经过前期聚能过程使保障潜能阶段升华到了能量和能力的新高度，成为海外装备保障重要的能量和能力储备阶段。主要是在前期资源要素建设和人员教育培训的基础上，形成了装备保障所必需的基础设施和保障设备，采取静态和动态方式储备了必要的器材弹药等保障资源，人员经过教育训练逐渐具备装备保障的决策指挥能力和技术保障必备素质。在保障理论的指导下，对装备保障人员和保障资源进行合理布局，根据体制编制有效的编组，把装备保障机构和人员所具备的能力推向一个新的高度，为完成海外军事行动装备保障任务做好一切准备。

四是海外装备保障释能过程。释能是针对海外军事行动任务，筹划和运用海外装备保障人力与保障资源，最大限度地满足任务的需要，进行能量和能力可控性释放的动态过程。释能过程是由前期能量和能力的准备与储备向实际应用的投放，是由需求转化为能力的重要动态变化过程。释能过程面临着军事能力要求的集中释放与保障能力自身要求的持续释放这样一对矛盾，而且受到在军事行动中各项因素变化的影响。因此，其具有很大的可变性，这是保障能力生成的最重要环节。在释能阶段，能力初步运用，海外各保障资源能量向保障对象聚集，持续保障各类型装备的完好可用，但保障能力释放所产生的效果并没有立即显现，而是需要缓慢的过程进行检验。

五是海外装备保障效能显现阶段。显能阶段与潜能阶段相对应，即海外装备保障所具备的能量和能力不再隐藏，而是经过释放后将实际达到的效果不断显现的阶段。显能阶段背后蕴含着海外装备保障能力释放后，与保障对象、保障环境、保障需求不断适应调整的过程。此时，保障能力与保障需求在动态转化中，相对达到了一种动态平衡，使得海外军事行动任务达到及时有效保障的阶段。

(二) 保障能力状态

按照海外装备保障活动静止时、平时训练时以及执行海外军事行动保障或海外作战保障时三种不同状态，将海外装备保障能力划分为保障静力、保障实力和保障活力。

一是保障静力状态。保障静力是指静止时保障能力的状态，是保障机构所具有的各种保障资源的数量和质量，主要表现为各种保障设施设备数量和性能。保障静力是最初潜能状态进行物的资源要素积累，这是一切装备保障活动的基础，如海外作战飞机，可以用机库的机位和检测设备的数量来衡量完成保障的工作时间，即保障能力的强弱；又如保障所需时间，可以用器材备件、弹药的储备数量及调配保障时间来估算。那么保障静力是否只包含资源要素的能量呢？并不是，飞机修理厂房和检测设备，以及飞机维修备件都需要人去操作安装，因此，保障静力中也包含人的因素。为了更好地衡量保障静力，将人的因素进行理想化处理，把保障人员都设定为标准操作人员，消除等级差别，不考虑技工、高级工程师的差别，而都想象成同一标准的装备保障操作人员。

二是保障实力状态。保障实力是指平时训练保障能力状态，是海外保障机构所拥有的各种物质和能量的总和，既包括资源要素，也包括人的要素。保障实力状态是经过聚能阶段，形成保障势能后，保障能力所处的状态。通常保障实力也可用保障人员、保障资源的数量和质量来表示。我国装备保障部门每年都要进行装备实力统计，就是将保障机构能够投射到海外的建制保障单位、人员、保障装备设备，以及在海外建立的保障基地、保障设施等的数量与质量进行汇总统计，这是构成海外装备保障能力的重要因素。保障实力相对于保障静力增加了教育训练水平和智力等影响因素的作用结果，即保障实力考虑保障人员等级的差别，不再把所有保障人员按标准操作人员来衡量，而是根据参加保障实践训练的时间和人员技术级别来统计实力。因此，海外装备保障实力比海外装备保障静力所涵盖的范围更大。海外装备保障实力是制定海外保障发展规划的基础，也是制定海外军事行动任务装备保障方案预案的依据。保障实力虽然也是静态的能力，但相比保障静力，其包含了人员的等级差别和训练状态，相比保障静力所包含的能量更高、能力更强。

三是保障活力状态。保障活力是指海外军事行动或海外作战时的保障能力状态，是保障机构及保障人员将保障资源具有的化学能、机械能和保障人员体能、智能转化成装备完好和执行任务的能力。保障活力是在动态任务行动中表现出的保障能力，如海外军事行动任务中，装备的可靠性特性、环境影响以及海外军事行动任务中的对抗损伤、消耗都对装备保障能力产生了需求。因此，在实际行动中满足这些需求所显现的能力都是装备保障活力，如弹药、器材的补充能力，战损装备的抢修抢救能力，日常维护保养能力，以及装备或保障设施遭受打击后的重组恢复保障能力等，因为战时对抗性强，全部保障人员都将最大的保障能力释放出来，远远超过平时训练和静止时的保障能力，因此保障活力是保障能力最活跃的状态。同时，保障活力是动态变化的，如在海外军事行动任务中，随着弹药和器材备件储备不断消耗，保障活力也在呈动态下降，而随着保障需求信息及时反馈，保障资源不断调配到位，保障活力又不断得到提高。另外，保障活力与保障实力不——对等变化，也就是说保障实力高，保障活力不一定就强。如英阿马岛战争中，虽然阿根廷空军攻击机数量约为英国舰载机的 6 倍，但完好率仅为 60%，能实施远程突袭的仅有 1/3 至 1/2，加之单机日最大出动仅为 2 架次，战斗力大打折扣；英军虽然舰载机数量少，但完好率却保持在 90% 以上，单架日出动 6～7 架次，最高可达 9 架次。因此，在战争期间，英军共出动 2535 架次，飞行 2855 小时，超过阿军的 1780 架次，飞行 2782 小时，实现了通过保障活力提升，提高作战能力的效果。[①]

（三）海外装备保障能力逻辑起点

一是为什么研究逻辑起点。逻辑起点是一门学科理论研究的起点。对于本书的逻辑起点来说，就是海外装备保障能力生成机理研究的初始概念，从这一概念出发，可以展开对海外装备保障能力影响因素的分析和推理。这里可能会产生一个疑问，如果此处是初始概念，那么第一章概述中海外装备保障能力的概念又与此是什么关系？这两个概念主要有以下区别：海外装备保障能力的概念是从外部对能力的作用过程、作用效果等本质特征进行界定，使之与其他研究对象的概念区别开来；这里的海外装备保障能力逻辑起点是从能力的内部最小的单元展开研究，这个单元也具有整体概念的本质特征，由逻辑起点可以发展演化成整体概念，但逻辑起点只是能力整体概念缩小部分。说到这里又有第二个疑问，既然二者都有本质特征，无非一个从外部、从整体进行研究论述；另一个从内部、从局部进行论述，那为什么还要从内部一个单元进行研究？因为，海外装备保障能力的逻辑起点要比海外装备保障能力更简单，同时还具有海外装备保障能力所具有本质

---

[①] 徐田成, 张立松, 任民. 英阿马岛战争装备保障情况述评（教学研究资料）[Z]. 国防大学训练部, 2004 (14): 24.

特征，这样就使一个简单研究对象具有了理论研究的基本矛盾，便于追溯海外装备保障能力的本质；另外，逻辑起点更具有物化性，即现实存在，是可具体分析的问题，而整体概念是抽象的描述。因为理论就是研究本质、探寻规律的过程，研究逻辑起点就是便于我们探寻，到底什么是海外装备保障能力这座整体建筑最下面的那一块砖，摸到这块砖，也就有了机理研究的起点，从这一起点扩大影响要素变量，即可得到能力的发展过程。

二是逻辑起点分类方法。研究海外军事行动装备保障能力的逻辑起点，是本书的一个难点。《军语》中对装备保障能力的解释为：装备保障机构组织实施装备保障的能力。[1] 其包括装备调配保障能力、装备技术保障能力、装备经费保障能力等，这是按照专业分工进行划分的。上文在海外装备保障能力生成过程中又按其不同状态分为海外装备保障静力、海外装备保障实力和海外装备活力三个阶段不同表现形式。那么究竟是按照《军语》进行的装备保障能力专业划分来探寻海外装备保障能力的逻辑起点，还是按照能力生成过程不同状态力的表现形式来分析呢？作者认为应该按照能力生成过程中不同阶段表现形式来分析。因为按照《军语》的专业分类法，我们只是把装备保障能力拆分开，分为三个分力，它们之间是相互平等的，任何一个力都不能代表另一个力。按照能力生成过程法，海外装备保障能力由静力、实力、活力不断发展起来，三种能力是包含与被包含的关系，每一种能力都包含前一能力形式的全部要素，并且活力是海外装备保障能力的最终表现形式，这就形成了能力不断迭代发展的逻辑过程，因此，可以推断出逻辑起点应包含于最初的海外装备保障静力形式中，

---

[1] 全军军事术语管理委员会，中国人民解放军军事科学院. 中国人民解放军军语[Z]. 北京：军事科学出版社，2011：545.

如图 5-2 所示。

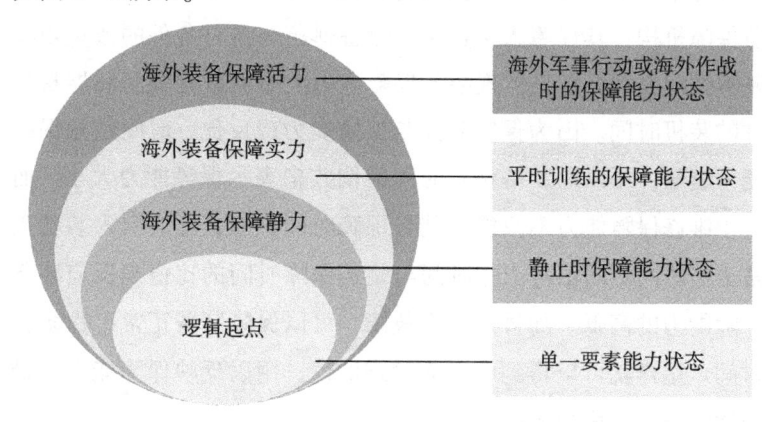

**图 5-2　海外装备保障能力状态发展示意**

（同心圆由外至内）海外装备保障活力——海外军事行动或海外作战时的保障能力状态；海外装备保障实力——平时训练的保障能力状态；海外装备保障静力——静止时保障能力状态；逻辑起点——单一要素能力状态。

三是逻辑起点分析。海外装备保障静力是指保障机构所具有的各种保障资源的数量和质量，主要表现为各种保障设施设备的数量和性能。这样分析海外装备保障静力比较复杂，我们需进一步分解。判断海外装备保障能力强弱有两种方法。第一种是看保障等级的高低。如航空装备保障能力可以分为五级：第一级日常维护保障能力，即对航空装备进行基本检查、简单故障排除和充填加挂能力；第二级专用性维护保障能力，即周期性专项检查工作能力；第三级定期预防性维修能力，即定期检修能力；第四级改进性维修能力，即加改装能力；第五级战场修复性维修能力，即基地级维修能力。这主要是以技术保障为主，在海外装备保障静力中，因为不考虑人的技术水平差异，而按统一标准进行考虑，那么维修等级的差异主要是维修设备设施的完善情况和器材备件的供应情况。第二种是看保障规模的大小和发挥效能的高低。以可保障的作战装备的数量和保障时间为指标。同样在消除人的技术水平差别后，主要衡量保障人员数量、储备弹药与器材备件的数量、持续供应时间，以及每次保障完好的时间长短。在装备保障静力中，按照上述两种方法进行衡量分析，如果是一个建制装备保障机构，其保障人员数量、储备弹药与器材备件的数量规模基本恒定，那么真正体现装备保障静力大小的就是弹药和器材备件的装机时间。因为保障时间与保障能力成反比，时间越短保障能力越强，可以取装备保障时间的倒数来表示保障能力大小。而对于维修保障能力不只能看装备保障时间长短，还应引入装备正常工作时间，即正常工作时间与装备保障时间的比值来反应装备保障能力的高低。如排除一个故障，可以保障装备正常工作多长时间。这样就可以得到一个无量纲的值，用以反映保障能力的最初始状态，计算如下：

$$保障能力 = \frac{装备正常工作时间}{装备保障时间} = \frac{装备正常工作时间}{器材弹药供应时间 + 装机时间}$$

由于人员技术能力不同，故障定位和安装机件时间都有所差别，但排除人能力高低因素，且考虑为一般工作者，故安装器材弹药时间是一个常数 $C_1$，可以忽略；另外装备正常工作时间是由装备设计时可靠性指标决定的，因此通过技术保障恢复和保持装备的可靠性，其装备正常工作时间是一个常数 $C_2$，也可以忽略。因此得到下式：

$$保障能力 = \frac{装备正常工作时间}{装备保障时间} = \frac{装备正常工作时间}{器材弹药供应时间 + 装机时间}$$

$$= \frac{C_2}{器材弹药供应时间 + C_1}$$

故可以看出器材弹药供应时间直接决定保障能力的大小，这就是保障能力的逻辑起点。

由于应用保障时间与正常工作时间之比，得到的是保障效率的表示方法，没有量纲。这样会造成缺乏客观性，如两个保障大队，分别排除两种复杂程度不同的装备故障，如果简单装备的器材送达时间比送达复杂装备器材时间快,就会显示送达简单装备器材保障大队的保障能力强,这不能充分反映保障能力大小。因此,考虑引入量纲来科学衡量保障能力,可以用"器材弹药的能量/器材弹药供应时间"来表示,即单位时间内供应能量的大小来表示保障能力大小。由于装备自身的复杂程度一般跟功率相关,功率越大,其复杂程度越高,因此可以用装备的功率来反应装备的复杂程度。但各型装备的功率千差万别,不便于比较,可设定一型通用装备功率作为参考值,每一型装备与通用参考装备功率的比值可反映出该装备复杂程度的相对值,即完成该型装备保障工作所需工作量和复杂程度相对于完成通用参考装备所需工作量和复杂程度的倍数。比如,空客 A380 飞机发动机总功率约为普通家用小型汽车的 980 倍,简单衡量空客 A380 维修保障能力就可以将 980 倍作为对比公用参考装备保障能力的系数,即维修一架空客 A380 飞机相当于维修 980 辆普通家庭小汽车。这种方法可以将复杂装备进行简易对比。但是同一型装备,两个单位可以完成的保障深度不同,其保障能力也不同,如两个保障大队维护同型战斗机,一个仅可以日常维护保养,而另一个单位可以进行更换发动机,则显然两个单位的保障能力是不同的。因此,还应引入保障工作等级系数这一参数。以航空装备为例,保障工作等级系数可以划分为五级,第一级日常维护保障能力(充填加挂)0~0.2;第二级专用性维护保障能力(周专检能力)0.2~0.4;第三级定期预防性维修能力(定检能力)0.4~0.6;第四级改进性维修能力(加改装)0.6~0.8;第五级战场修复性维修能力(基地级维修能力)0.8~1。

故保障能力计算的完整公式表示应为:

$$保障能力 = \frac{\dfrac{被保障装备功率}{通用参考装备功率} \times 维修等级评估系数 \times C_2}{器材弹药供应时间 + C_1}$$

$$= \frac{P \times K \times C_2}{t + C_1} = \frac{P \times K \times C_2}{t + C_1}$$

式中，$P$ 为被保障装备功率/通用参考装备功率系数；$K$ 为维修等级评估系数；$t$ 为器材弹药供应时间。

四是逻辑起点的意义。通过推导，用器材弹药供应的效率表示出装备保障能力的逻辑起点，这对于海外装备保障能力具有很重要理论研究意义，其虽然简单，但可以体现装备保障能力的属性。

首先，器材弹药的供应时间代表保障能力，直接影响战斗力。在逻辑起点分析中将人考虑为标准人员，人员装载弹药和安装的器材时间恒定，那么就是器材弹药的供应时间直接决定装备完好、可执行作战的时间，这也是直接体现保障力转化为战斗力最明显的过程。这也就告诉我们，在海外部署军事力量后，最初决定海外装备保障能力的是器材弹药的供应。

其次，对应海外装备保障能力的概念，器材弹药供应时间代表完成任务的本领。海外装备保障能力概念是指装备保障系统（主体）在海外条件下，使用相关资源要素保障军队行动任务达到预定标准的本领。这就可以看到逻辑起点完全符合概念的表述，即保障主体供应器材弹药保障军队行动任务达到预定标准的水平，可以用供应时间来衡量，供应时间快，保障能力就强。

最后，对应供、救、管、修四个方面能力，"供"的能力最主要。一直以来，我们在作战研究中都将"修"的能力作为最重要能力，因为"修"的能力是装备由不完好状态转入完好状态的最后一道工序，似乎其对作战能力最重要。但应该看到，在装备日益现代化的条件下，装备日益复杂，海外装备修理多数呈现的是换件修理，没有备件供应，维修能力几乎无法进行，即"巧妇难为无米之炊"，所以"供"的能力直接决定维修能力。一方面，无论是从海外军事行动损伤率预计看，还是从实际作战统计看，装备的损伤率一般在 30% 以下，而且还按轻度、中度和重度损伤来进行修理，所以即使缺少修理能力，还有 70% 装备可以作战，不会因此导致作战能力立即降为 0；而军械弹药的供应直接决定着战斗力的发挥，缺少弹药的供应，战斗力直接等于 0。所以，弹药的供应时间直接决定着保障能力的强弱，直接转化为战斗力。另一方面，从装备修理上看，现在装备维修性不断提高，装备的故障主要采用原位换件修理为主，修理复杂程度大大降低，基层级维修对人员技术的依赖程度也随之降低。因此，决定海外军事行动或海外作战时装备保障能力的主要是器材供应到位时间，这直接决定了原位替代修理时间，即装备完好的时间。所以，器材弹药的供应时间主要决定海外装备的保障能力。

这就像我们的装备如果在生产厂或基地级大修厂，保障能力最强，因为器材弹药等物资资源可以随时到位；而海外由于保障地域远离本土，故保障能力就由器材弹药供应到达时间来决定。

那么海外装备保障能力的逻辑起点与前面用目标—途径法构建的装备保障能力体系又是什么关系呢？可以这样理解，海外装备保障能力的逻辑起点就相当于最基础的单元能力，而其他的技术保障能力、指挥决策能力、信息应用能力、动员能力都是在这个基础上进行加和与乘积运算，不断扩大，最终形成了整体的海外装备保障能力。而目标构建法构建的国际协调力、保障行动力、经济约束力、风险防护力四个分力与海外装备保障能力的逻辑起点关系可以这样理解，逻辑起点相当于保障行动力的一个基础能力，其他能力是不断扩大保障行动力的效应，对保障行动力进行加或乘的关系。比如，逻辑起点相当于盖房子的地基，而目标途径法构建的海外装备保障能力体系，不仅包括房子本身，还包括盖房子所需要的外部工装。也就是说，逻辑起点是把海外装备保障能力进行不断简化去探寻其发展的起始点，而海外装备保障能力体系，是将构建海外装备保障能力所需要的全部能力展现出来，让我们清楚，房子不是有地基、钢筋、混凝土和砖就能盖出来的，还需要脚手架等外部工装。

## 二、海外装备保障能力生成的影响因素

影响因素有两层含义：一是指构成事物本质的成分；二是指决定事物成败的原因或条件。要素指构成事物的必要因素。从中可以看出因素的范围相比要素更大一些，要素仅是重要或必要的因素，所以我们在这里探讨海外装备保障能力生成的影响因素。

### （一）静态影响因素

静态影响因素，是指自身变化不直接引起其他因素变化，或只引起个别因素变化的因素。如保障人员技术水平提高，一般不会直接影响保障布局和保障环境变化。主要包括保障人员、保障设施设备，以及装备器材弹药等实体性因素。

1. 保障人员

保障人员是装备保障能力生成的最基础的影响因素，是保障能力生成的主体。保障人员不仅指派驻海外保障部队的工程技术人员、勤务人员，还包括国内保障系统中的机关谋划人员、管理人员，保障装设备和备件的供应维护人员，友好国家协作保障人员，远程技术支持服务专家，以及动员的中外企业技术人员等。保障人员的以下特性对保障能力产生影响。

一是人员成分多元，整体专业素养影响保障能力。海外装备保障人员组成广泛，涉及层面多，各类人员的专业知识、技能和工作经验等方面的专业素养不同，横向差别比较大。由于装备保障工作是一项专业性和技术性比较强的工作，必须以专业知识和技能为基础开展工作。因此，系统人员的综合整体专业素养水平

就在一定程度上决定了保障能力的大小。从事海外装备保障人员，不仅要经过专业知识学习和技能培训，还应在国内相应岗位有过一定的工作经验，这是将专业知识与岗位实践相结合，演化出来的新的知识和能力。因此，专业经验对于解决装备保障复杂问题也至关重要，在一定程度上影响保障能力的发挥。

二是人员分布广，信息处理能力影响保障能力。海外装备保障人员由于广泛分布在各地，保障业务流程基本是通过信息网络进行联通，保障人员需要依托信息化网络与军事行动人员和在装备保障链条上的其他因素进行紧密联系，一方面需要感知前方任务保障需求，提前做好预判和准备；另一方面需要摸清各类保障资源的位置和数量，协同开展装备保障工作。因此，保障人员的信息处理能力和信息化水平对保障能力有着重要的影响作用。

三是人员系统庞大，精神因素影响保障能力。拿破仑的名言"精神对物质的比重是三比一"，充分说明了精神要素的重要作用。海外保障人员的专业能力、身体素质是生成保障能力的必要条件，但这些都是客观条件，不应忽略保障人员主观因素对保障能力生成的影响，即意志和精神，即使一个保障人员专业技术水平再高，身体条件再好，其主观不愿意做好海外装备保障工作，也很难发挥出正常的技术水平。特别是海外装备保障与海外军事行动紧密同步一致，不仅要面对恶劣的自然环境，还要面对恐怖袭击、敌方打击等高强度对抗环境，如果缺乏坚毅的精神品质，保障人员可能会因恐惧而失去正常工作能力，那么整体装备保障能力也必然受到影响和制约。如美国军事心理学家 Z. 阿格雷尔就美国士兵在战斗的行动中做过调查：80%～90%的参战者都体验过恐惧，有25%的参战者因恐惧而丧失战斗力。[1]

---

[1] 熊汉涛. 指挥军官能力建设论 [M]. 北京：国防大学出版社，2005：396.

2. 保障设施设备

本书中的保障设施设备主要指保障车辆、抢修装备、检测设备、机库、船坞、维修厂房车间等保障设施设备等。由于科学技术的发展，装备的复杂性越来越高，对保障工作专业性要求越来越高，需要依托保障设施设备开展海外装备保障工作。这些保障设施设备和器材弹药是海外装备保障工作不可缺少的物质基础，也是生成海外装备保障能力的基础影响因素。

一是保障设备技术水平影响保障能力。装备保障工作是高技术工作，体现其技术水平的主要是保障技术手段。因此，保障设备作为海外装备保障的重要技术手段，不仅反映了海外装备保障能力的技术水平，也影响和制约着海外装备保障能力的生成与提高。海外装备保障运用状态监控技术、故障诊断技术、数据分析技术、智能制造技术，都是现代科学技术成果与装备保障实践的结合，展现的形式就是各类海外保障设备。可以说，科学技术影响了保障设备的水平，保障设备的科技水平又影响了保障能力的生成和提高。

二是保障设施完善度影响专业保障能力。保障设施是海外装备保障工作的重要物质基础，其建设程度不完善，就将影响相应保障能力的形成。首先，由于现代装备体积庞大，没有保障设施，保障人员无法单独进行维护工作。如军舰维修对船坞的依赖性很大，可以说没有船坞就无法完全开展这项技术保障工作。其次，现代装备的科技含量高，各系统的安装精密度要求很高，不依托高精的维修设施无法达到安装要求。如国产运 – 20 飞机，未来是我海外投送和保障的主要运输力量，翼展达 50 米，其翼尖挠性达 5 米，但安装精度要求误差却要保持在 0.1 毫米范围之内，如果不采用虚拟样机制作出精密的保障设施，则根本无法达到安装技术要求。最后，军事装备集成化和系统单元化后，对其检测和调试的环境要求越来越高，没有相应的维修厂房和车间就无法达到维修保障标准要求。如航空装备维修中机载雷达、通信等设备单元调试需要无尘、屏蔽环境,氧气设备调校需要无油、防爆环境,弹射座椅需要防爆防护环境,等等。

3. 装备器材弹药储供

装备器材弹药是指海外装备技术保障所需要的器材备件,以及海外军事行动装备保障中需要补充的军械弹药。器材备件是开展海外装备技术保障工作的重要基础,弹药保障则是体现部队战斗力的重要影响因素,器材备件与弹药保障都有储供的特点,论述器材备件的储供影响因素对弹药同样适用。当前基层级维修主要以拆换件为主,对器材备件的依赖程度很高,因此,在开展海外技术保障工作中,器材备件能否及时到位,直接影响技术保障能力。通常针对器材备件采取两种措施来提高保障能力,一种是进行器材备件海外预储,这样可以大大缩短运送时间,及时恢复装备完好,满足使用需求;另一种是针对短期的海外军事任务,可随任务部队自行携带相应器材备件,满足供应需求,从而提高保障能力。如果器材备件在海外无储备,需要从国内供应保障时,器材备件的运送时间则直接关系到恢复装备完好时间,从而影响海外装备保障能力。另外,需要说明的是,作战和军事任务有严格的时效性,如果不能在规定时间内完成装备保障工作,那么之后的所有保障工作都是无效的,由此可见器材备件的供应时间对装备保障能力的影响程度。器材备件和弹药的储供一方面影响保障能力,另一方面二者价格昂贵,储备会占用大量军费。因此,世界各国军队都在装备保障中注重研究器材备件和弹药的储供比例。美空军统计三年内申请的 6 万项各类航空武器装备器材备件中,近 3/4 器材的年度申请数未超过 6 次。[①] 美军将年度申请低于

---

① 贺步杰,等. 外军航材保障译文集:综合保障 [M]. 北京:蓝天出版社,2012:40.

6次的器材备件称之为低需求备件,减少储备,而对高需求备件加大储备,从而避免了统一储备造成的浪费。

(二) 动态影响因素

动态影响因素与静态影响因素正相反,是指其自身变化会引起众多其他因素变化的因素,如保障布局变化,会带来装备、保障人员、保障设施设备、器材弹药储供、保障环境等诸多因素变化。根据海外装备保障能力与影响因素关系图(图5-3),可以看到国际协调力、保障行动力、经济约束力、风险防护力分别对应着其直接的动态影响因素。

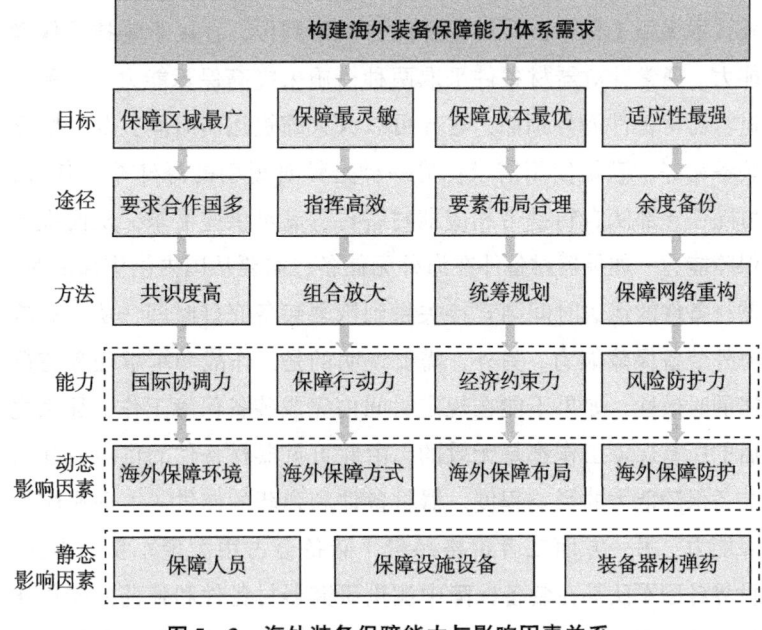

| | | | | |
|---|---|---|---|---|
| | 构建海外装备保障能力体系需求 | | | |
| 目标 | 保障区域最广 | 保障最灵敏 | 保障成本最优 | 适应性最强 |
| 途径 | 要求合作国多 | 指挥高效 | 要素布局合理 | 余度备份 |
| 方法 | 共识度高 | 组合放大 | 统筹规划 | 保障网络重构 |
| 能力 | 国际协调力 | 保障行动力 | 经济约束力 | 风险防护力 |
| 动态影响因素 | 海外保障环境 | 海外保障方式 | 海外保障布局 | 海外保障防护 |
| 静态影响因素 | 保障人员 | 保障设施设备 | | 装备器材弹药 |

图5-3 海外装备保障能力与影响因素关系

国际协调力受海外装备保障环境影响,保障行动力受在信息化条件下的海外保障方式影响,经济约束力受海外装备布局影响,而风险防护力受海外保障防护水平影响。

1. 海外保障环境

海外保障环境因素包括自然环境和社会环境。自然环境指气候和地理环境；社会环境是指海外驻在国与派出国友好关系，是否签订军事准入协议，以及海外国家民众对派出国认知情况和支持度等。

一是自然环境影响装备保障能力。一方面，不同的自然环境对装备性能运转具有较大的影响，严寒、高温天气，高原缺氧、干旱风沙以及沿海潮湿等环境都会对装备各系统工作造成一定影响。比如，高原气压低的条件下发动机工作效率明显降低，输出功率减小，还有沿海高温潮湿环境易造成装备腐蚀，橡胶件老化。自然环境影响装备性能，也就相应增加了装备保障工作内容，影响了装备保障能力。另一方面，自然环境的变化，也会影响装备保障人员体能变化，从而影响装备保障能力。沿海地区高温、高湿、高盐雾、高日照，腐蚀严重，通常沿海保障费用为内陆的2.5倍，劳动强度为内陆的1.8倍。

二是社会环境影响装备保障能力。海外装备保障能力生成的特殊性主要体现在海外社会环境的影响上。海外驻在国与派出国的友好程度，决定着其对派出国的支持力度，在一定程度上就决定着其是否会与派出国签订军事准入协议，是否会对派出国海外保障进行支援。一方面，海外国家民众对派出国的认知程度在一定程度上主导着驻在国政府的态度，影响着驻在国的高层决策，从而间接影响国家的海外政策调整。如美国驻日本普天间基地附近的民众，反对美国驻军，要求美军搬走，在一定程度上影响了进驻在国的工作运转，从而影响装备保障能力。另一方面，国家之间的友好程度，影响着海外保障支持度，决定着海外保障资源的可利用度，进而在一定程度上影响海外装备保障能力。

2. 海外保障方式

海外保障方式指组织实施海外装备保障所采取的方法和形式。可以分为固定保障、机动保障和伴随保障，也可分为预置保障和装备支援保障，还可以分为信息化条件下装备保障和非信息化条件下装备保障。保障方式决定了海外装备保障能力释放的方法和形式。在信息化条件下，依托网络基础平台和可视化网络信息技术，海外装备保障人员可以迅速掌握海外任务部队的保障需求和装备器材弹药数量、储存位置，这将改变以往大规模进行预先储备的模式，节省了大量资源，大大提高了保障效率。

3. 海外保障布局

海外保障布局指对海外保障的结构和格局进行全面安排。首先，保障布局决定着海外装备保障资源的配置，可以是线性、阶梯状部署，可以是逐级转接的力量和保障资源部署，也可以是非线性、重点区域集聚的部署等各种不同的布局，布局决定着保障力量资源作用到保障现场的时间长短，进而影响保障能力。其次，保障布局决定着保障资源投入的规模，也是一个国家经济基础和投入力度的见证。如美国经济和军事实力雄厚，故实行在全球都存在的保障布局，这也就决定了其在全球快速高效的保障能力。最后，保障布局的合理性决定着保障资源和保障对象是否配套，配套齐全则有利于保障能力的发挥，反之则影响海外装备保障能力的发挥。

4. 海外保障防护

防护是指防备和保护，这里主要指在海外装备保障中采取防备和保护措施，以减小遭受打击和破坏的可能性。前面几个因素讲的都是通过增量而影响保障能力的，而保障防护则是通过减少保障资源和保障力量被毁伤程度来影响保障能力的。装备保障的军事属性决定了其需要面临在执行海外任务中的对抗性和毁伤性，不能只考虑在正常情况下各影响因素的运转情况，还应考虑在遭敌打击毁伤情况下装备保障人员和资源的运行情况。因此，保障防护通过减小或免遭损失而影响保障能力，其减小的程度也相当于增加了保障能力。在海外军事行动或海外作战中，如果不重视装备保障防护工作，就将导致装备力量的损失，影响作战保障的效果。如在伊拉克战争中，美军为了加快地面部队推进速度，没有为保障力量提供足够的防卫，在向巴格达推进过程中，480千米的保障线经常遭到伊拉克部队的袭击。2003年3月23日，美陆军第507维修连遇袭，5名美军被俘，7名下落不明。[①]

（三）渗透性影响因素

渗透性影响因素是指不直接影响保障能力变化，而通过作用于静态和动态影响因素，引起二者变化，从而影响保障能力。

1. 军事理论

海外装备保障能力作为战斗力的重要组成部分，军事理论对其具有很强的指导性和影响力。

一是军事理论的历史经验对海外装备保障能力的生成具有借鉴作用。军事理论是在军事实践的基础上产生和发展起来的，内涵十分丰富，其中也包含了对各时期装备保障实践经验的不断总结和归纳，对提高装备保障能力具有很强的历史借鉴性。海外装

---

① 朱斌，栗琳. 伊拉克与阿富汗战争期间美军装备维修保障研究［R］. 北京：总装备部科技信息研究中心，2013：10.

备保障作为军事活动的一个重要组成部分，其能力的生成与军事理论具有很强的相关性。纵观历史，无论是冷兵器时代、热兵器时代、核武器时代，还是信息化战争时代，海外作战能力都是一个国家实力强大的象征。美国军事理论学家杜普伊在《武器和战争的演变》中称约公元前340年马其顿的亚历山大大帝的军事体制；约公元前200年古罗马的西比奥和弗拉米尼纳斯的军事体制；约公元1200年蒙古的成吉思汗的军事体制；约公元1350年英国爱德华一世、三世和亨利五世的军事体制；约公元1800年法国拿破仑的军事体制；约公元1940年的德国闪电战军事体制是人类历史上6个成功的战术体制。我们细致研究这六大体制，其中有5个军事体制是军事理论对海外作战的成功指导和结合，是对海外作战和保障能力生成有效结合的过程。[①] 今天，海外装备保障能力的生成也是在维护国家海外利益，提高海外军事行动能力的大背景下进行的。因此，海外装备保障能力必须以军事理论为指导，开展相关机理研究，推动保障能力的生成和发展。

二是军事理论的创新发展对海外装备保障能力生成具有牵引作用。军事理论来自军事实践，又高于军事实践。其通过对实践现象的深入挖掘研究，探求内在规律，并转化成未来军队建设的理论，因此其具有很强的预见性和超前性。军事理论的创新发展更是适应新技术和作战需求的产物，其未来性和超前性更强，因此也是军队建设的重要指导。海外装备保障能力生成作为军队建设的一个子系统组成部分，必然受军事理论发展的影响和指导。特别是在当前海外装备保障能力相对滞后和现实环境迫切需要的情况下，军事理论的创新发展对海外装备保障能力生成和相关要

---

① T. N. 杜普伊. 武器和战争的演变 [M]. 李志兴，严瑞池，王建华，等译. 北京：军事科学出版社. 1985：415.

素建设具有很强的牵引作用。

三是军事理论带动装备保障理论间接影响海外装备保障能力生成。军事理论与装备保障理论是总体与局部的关系,军事理论大的环境变了,装备保障理论必然产生相应的变化。如军事理论从机械化战争理论向信息化战争理论转变的过程中,必然带动信息化装备保障理论发展。而装备保障理论是装备保障实践的科学理论化认识,也是装备保障能力生成的重要理论依据。因此,在军事理论的带动下,必然间接影响装备保障能力生成。

2. 装备保障体制

装备保障体制是为组织实施装备保障工作而确立的组织体系和相应制度。在装备保障中,装备保障体制是将装备保障主体与装备保障资源、装备保障对象有效链接组合起来的重要基础性要素。装备保障体制主要包括保障机构设置,保障制度建立,保障环节和保障关系的确定与确立。装备保障能力的生成受以下几点影响。

一是保障机构设置影响装备保障能力生成。保障机构是装备保障工作实施的组织性主体,是各级装备保障工作的组织者和承担者。其主要从两个方面影响保障能力生成:一方面,保障机构设置的层次性决定保障人员的数量规模,这是反映保障主体能力强弱的一个客观因素;另一方面,装备保障机构设置决定保障资源划分,从而影响装备保障能力生成。如果保障力量与作战力量编制不合理将严重影响和制约作战任务的完成。美军在第二次世界大战中原定用42个师在法国作战,但由于保障力量不足而使作战严重受挫,不得不抽调12个师的兵力充作保障力量。[1]

---

[1] 李智舜,吴明曦. 军事装备保障学 [M]. 北京:军事科学出版社,2009:107.

二是保障制度影响装备保障能力生成。装备保障制度是装备保障运行的基础，是装备保障现代化、科学化的标志。从装备保障能力生成角度看，科学技术的进步推动能力提升，而保障制度则会固化保障能力的提升。如果保障制度落后，那么先进的科学技术也无法发挥有效的作用，就会对保障能力的生成造成制约和阻碍。

三是保障环节与保障关系影响保障能力生成。保障环节和保障关系决定保障的层次和功能，影响装备保障的效能。如按供、运、储、修、救各种功能来划分保障环节，形成各种功能环节的保障能力，最后综合形成装备保障能力。另外，还可以按照前方与后方划分保障关系，实施前运后送，也就相应明确了装备修理补充环节。再者，可以按照基地总修、伴随与修、支援抢修的保障方式来明确保障关系，各个环节都将补充、维修和供应环节融为一体。因此，保障环节和保障关系的划分，决定着装备保障效能，从而影响装备保障能力的形成。

3. 经济基础

一是经济基础决定装备规模，影响装备保障能力。军事武器装备是社会生产的成果体现，也是一个国家经济实力的体现。国家经济基础的强弱直接决定军队装备数量规模，特别是在现代科学技术条件下，装备研制、订购以及保障费用巨大，一艘福特级核动力航母的建造费（订购费）近 50 亿美元，若服役 50 年，其保障费用更是远远超过其订购费。在"大头—长尾"理论中，保障的长尾消耗远远超过了订购的大头费用，没有雄厚的经济基础，根本无法支撑一支强大的装备保障队伍。因此，一个国家的保障能力从表面看是一个国家装备数量规模决定的，但其根本是一个国家经济实力基础决定的。

二是经济基础决定国防投入，影响装备保障能力。每个国家的国防经费都是按照国家总体经济规模以适当比例投入的，因此，国防投入受经济基础影响，又决定着装备保障的投入，从而影响装备保障能力。一个国家国防投入不足，就会影响装备保障能力建设。如我国在20世纪80年代改革开放之初，邓小平同志讲"军队装备实现现代化，只有国民经济建立了比较好的基础才有可能。"① 当时只有不到30亿美元的国防投入，但今天，中国的国防预算为新装备的研发、购置和保障提供了支援。

三是经济基础决定动员能力潜能，影响装备保障能力。现代战争消耗巨大，仅靠国防投入还不够，还要依靠国家总体实力支撑，特别是要依靠国家动员体制将工业生产能力转化为装备制造和保障能力，将国家经济潜能转化为军事能力。第四次中东战争，以色列先期处于劣势，但动员拥有一批由工程师等人员组成的保障队伍，使其装备抢修能力大大增强，不仅修好了其损坏装备，还修好了阿拉伯国家的坦克，使双方的装备优势发生了逆转，为赢得战争奠定了基础。

4. 科学技术

装备本身就是科学技术的结晶，是高科技的结合体，因而装备保障必然是以科学技术为支撑的保障性活动。

一是科学技术是装备保障的前提。科学技术的发展推动装备的发展，装备发展反过来会对装备保障提出更高的技术要求，只有运用先进的科学技术才能与新装备进行融合对接，因而以先进科学技术为基础成为装备保障的前提。从古至今，科学技术一直推动着装备保障发展，古代冷兵器时代，装备保障内容相对简单，

---

① 邓小平. 邓小平文选：第三卷 [M]. 北京：人民出版社，1993：128.

只需要冶炼、锻造等科学技术；热兵器时代，以火器装备为主，装备保障相应增加了弹药和军械供应和修理工作；信息化时代，装备保障也随之与信息技术、网络技术相融合，建立新的装备保障方式方法。正是科学技术的不断发展，不仅催生了新的装备，也为装备保障做好了准备。

二是科学技术推动保障方式变革。对于整个社会来讲，科学技术是社会变革的重要推动力量，对于装备保障来说，也不例外。科学技术通过改变保障的技术基础，不断提高保障效率，如随着计算机技术、传感器技术和数据总线技术的发展，使得装备原位检测成为可能，装备保障不必再为离位检测而进行大拆大卸，大大减少了因为拆装带来的人为故障率。在人们认识到这一点后，就逐渐发展出状态监控维修思想，不再仅依靠预防性维修思想进行装备保障。同时随着科学技术的发展，大数据、云计算、人工智能、新材料新工艺都在不断改变着装备保障的技术基础，不断催生出新的保障手段，不断变革保障的方式方法。

### 三、海外装备保障能力影响因素分析

海外装备保障能力生成是在静态和动态影响因素的影响下的一个动态生成变化过程。然而，在静态和动态影响因素中哪个因素对海外装备保障能力生成影响更大一些，或者说，增大哪个影响因素的投入，可以更快地提高海外装备保障能力是我们更关心的问题。因此，我们要对各因素的影响进行量化分析。各影响因素与保障能力之间的作用，以及各影响因素之间相互作用，可以作为一随机变量，以时间为轴来观察海外装备保障能力变化，就可得到一个随机过程。针对这个随机过程，可以用马尔科夫随机过程模型进行仿真，以探讨各影响因素对能力生成影响的时敏性。

而在仿真前，我们需要知道各影响因素与能力之间的关系，以及各影响因素之间的相互关系，这项工作可以通过专家评估和模糊数学理论进行量化，具体方法如下。

(一) 影响因素之间关系及量化

根据海外装备保障能力生成的影响因素分为动态影响因素、静态影响因素和渗透性影响因素，其中动态和静态因素属于直接相关的建设性因素，而渗透性因素是在二者基础之上来影响保障能力生成的。换句话说，渗透性要素不光是对海外装备保障能力影响，其对任何一项建设都有相似的影响。鉴于此，本章只分析动态影响因素和静态因素对海外装备保障能力生成影响的时敏性。

根据前文分析，保障能力影响因素主要有7项影响因素，分别是海外装备保障人员、保障设施设备、器材弹药储供、保障布局、保障方式、保障环境、保障防护。本研究选择15名相关领域的专家进行调研评估，分别是执行过海外联合演习装备保障任务、军工领域参加装备生产出口、曾在军贸国进行技术服务保障，以及部分机关和院校的相关专家。调研评估表见附表7，共发放调研表12份，收回11份，10份有效，汇总后进行统计。现抽取海外装备保障人员与器材弹药储供影响因素关系的统计结果，见表5–1。

由于相关领域专家对海外装备保障的影响因素熟悉程度不一，因此，将专家熟悉程度分为3个等级，评估专家对各海外装备保障各影响因素熟悉程度表示为：$P_i = \{$非常熟悉、基本熟悉、不熟悉$\} = \{P_1、P_2、P_3\}$（$i = 1、2、3$），对应权重分别为 $P_i = \{1、0.7、0.3\}$。同时，各个影响因素之间的相互关系，以及影响因素与保障能力的关系的影响程度不同，调研表将因素影响程度划分为"非常大""很大""一般""很小"4个等级，用$X_n$进行表示，即$X_1$非常大、$X_2$很大、$X_3$一般和$X_4$很小；为各等级评价权重进行赋值，用$C_n$来表示各等级评价的权值，具体为：$C_n = \{$非常大、很大、一般、很小$\}$分别对应为$\{1、0.7、0.5、0.3\}$（$n=1、2、3、4$）。

表5-1 影响因素关系调查统计部分结果

| 熟悉程度 | 因素影响程度 | 海外装备保障人员与器材弹药储供 |
| --- | --- | --- |
| 非常熟悉 | 非常大 | 1 |
|  | 很大 | 2 |
|  | 一般 | 1 |
|  | 很小 | 1 |
| 基本熟悉 | 非常大 | 1 |
|  | 很大 | 3 |
|  | 一般 | 1 |
|  | 很小 | 0 |
| 不熟悉 | 非常大 | 0 |
|  | 很大 | 0 |
|  | 一般 | 0 |
|  | 很小 | 0 |

评估量化用隶属度函数来表示影响大小，采用《海军舰船装备保障能力评估理论方法》中的隶属度函数公式[①]：

---

[①] 蔡文军，李晓松. 海军舰船装备保障能力评估理论与方法 [M]. 北京：国防工业出版社，2013：15.

$$f(X_n) = \frac{\sum_{i=1}^{3} P_i * B_{(X_n)}(b)}{\sum_{n=1}^{4} 1 \sum_{i=1}^{3} P_i * B_{(X_n)}(b)} \quad (5-1)$$

式中，$P_i$ 为专家熟悉度权重；$B_{(X_n)}$ 为属于 $X_n$ 次数，$B_{(X_n)}(b)$ 中的 $b$ 为评估专家在每一熟悉程度中的数量；$f(X_n)$ 为影响因素之间相互影响关系，属于 $X_n$ 的隶属度函数。

式（5-1）计算出各等级的隶属度 $f(X_n)$ 还需考虑相应等级的权重 $C_n$，再求和，即可得到海外装备保障能力生成各影响因素之间以及各影响因素与海外装备保障能力的关系 $Z$，如式（5-2）所示：

$$Z = \sum_{n=1}^{4} f(X_n) C_n \quad (5-2)$$

将表 5-1 中的结果代入式（5-1）、式（5-2）即可得

$$f(X_1) = \frac{1 \times 1 + 0.7 \times 1}{1 \times 1 + 0.7 \times 1 + 1 \times 2 + 0.7 \times 3 + 1 \times 1 + 0.7 \times 1 + 1 \times 1}$$
$$= 0.2$$

$$f(X_2) = \frac{1 \times 2 + 0.7 \times 3}{1 \times 1 + 0.7 \times 1 + 1 \times 2 + 0.7 \times 3 + 1 \times 1 + 0.7 \times 1 + 1 \times 1}$$
$$= 0.4824$$

$$f(X_3) = \frac{1 \times 1 + 0.7 \times 1}{1 \times 1 + 0.7 \times 1 + 1 \times 2 + 0.7 \times 3 + 1 \times 1 + 0.7 \times 1 + 1 \times 1}$$
$$= 0.2$$

$$f(X_4) = \frac{1 \times 1}{1 \times 1 + 0.7 \times 1 + 1 \times 2 + 0.7 \times 3 + 1 \times 1 + 0.7 \times 1 + 1 \times 1}$$
$$= 0.1176$$

$$Z = f(X_1) \times 1 + f(X_2) \times 0.8 + f(X_3) \times 0.5 + f(X_4) \times 0.3$$
$$= 0.2 \times 1 + 0.4824 \times 0.8 + 0.2 \times 0.5 + 0.1176 \times 0.3$$
$$= 0.7212$$

得到影响因素中海外装备保障人员与器材弹药储供作用大小为 0.7212。

以此方法可以分别计算各因素之间相互影响大小。为简化表，将海外装备保障人员等各因素均简化为保障人员、保障设施设备、器材弹药储供、保障布局、保障方式、保障环境、保障防护。通过专家评估量化后，可得各保障因素之间，以及各保障因素对保障能力的影响关系。为更直观表示，建立一个矩阵关系表，同一因素相互影响即为 1，如保障人员对保障人员相互影响关系为 1；根据上面演示的计算过程，以此类推，分别计算各因素的相互影响关系，即可得到表 5-2。

表 5-2 海外装备保障能力生成影响因素之间关系

|  | 保障人员 | 保障设施 | 器材弹药储供 | 保障布局 | 保障方式 | 保障环境 | 保障防护 | 保障能力 |
|---|---|---|---|---|---|---|---|---|
| 保障人员 | 1 | 0.6212 | 0.7212 | 0.7965 | 0.8761 | 0.4924 | 0.6282 | 0.92 |
| 保障设施 | 0.6212 | 1 | 0.6047 | 0.6047 | 0.6827 | 0.5729 | 0.5352 | 0.7376 |
| 器材弹药储供 | 0.7212 | 0.6047 | 1 | 0.82 | 0.6153 | 0.52 | 0.6624 | 0.8573 |
| 保障布局 | 0.7965 | 0.6047 | 0.82 | 1 | 0.7788 | 0.711 | 0.6859 | 0.8375 |
| 保障方式 | 0.8761 | 0.6827 | 0.6153 | 0.7788 | 1 | 0.6739 | 0.6447 | 0.8034 |

续表

|  | 保障人员 | 保障设施 | 器材弹药储供 | 保障布局 | 保障方式 | 保障环境 | 保障防护 | 保障能力 |
|---|---|---|---|---|---|---|---|---|
| 保障环境 | 0.4924 | 0.5729 | 0.52 | 0.711 | 0.6739 | 1 | 0.5212 | 0.5212 |
| 保障防护 | 0.6282 | 0.5352 | 0.6624 | 0.6859 | 0.6447 | 0.5212 | 1 | 0.5641 |
| 保障能力 | 0.92 | 0.7376 | 0.8573 | 0.8375 | 0.8034 | 0.5212 | 0.5641 | 1 |

(二) 海外装备保障能力生成动态模型

运用马尔科夫随机过程仿真海外装备保障能力的目的，从影响因素与海外装备保障能力已知初始状态 $G(0)$ 出发，经过 $t$ 次转移变化后，再考察影响因素与保障能力关系 $G(t)$ 大小，从而可以分析影响因素与海外装备保障能力关系的变化。将表 5-2 作为影响因素的关系矩阵 $H$，那么影响因素与海外装备保障能力变化关系的变化是初始状态 $G(0)$ 与关系矩阵随机作用的结果。为便于计算，将影响因素关系矩阵进行归一化得转移矩阵 $H^{(t)}$。由此可将海外装备保障能力模型描述为：

$$G(t) = G(0) * H^{(t)} \quad (5-3)$$

式中，$G(0)$ 为初始状态影响因素和保障能力的大小；$H^{(t)}$ 为经过 $t$ 步转移概率矩阵；$G(t)$ 为经过 $t$ 步转移后，影响因素和保障能力的大小。

如果将能力最大值定为 1，那么 $G(t)$ 最大只能无限接近于 1，也就是说从理论上 $G(t)$ 存在一个平衡点，即 $t$ 趋于 $\infty$ 时，将存在

一个平衡点 $G(t-1) = G(t) = G(t+1)$，此时海外装备保障能力趋于稳定。

(三) 海外装备保障能力生成影响具体分析

根据海外保障能力模型，只要知道初始状态，即可根据转移矩阵来计算各影响因素与海外装备保障能力之间的关系。设各影响因素的初始值均为 0.5，海外装备保障能力的初始为 0。同时将影响因素关系矩阵归一化作一步转移矩阵 $H^{(t)}$。可得：

$$G(0) = \{0.5, 0.5, 0.5, 0.5, 0.5, 0.5, 0.5, 0\}$$

$$H^{(t)} = \begin{vmatrix} 0.1651 & 0.1159 & 0.1243 & 0.1278 & 0.1442 & 0.0982 & 0.1198 & 0.1474 \\ 0.1026 & 0.1866 & 0.1042 & 0.097 & 0.1124 & 0.1143 & 0.1021 & 0.1182 \\ 0.1191 & 0.1128 & 0.1724 & 0.1315 & 0.1013 & 0.1037 & 0.1264 & 0.1374 \\ 0.1315 & 0.1128 & 0.1414 & 0.1604 & 0.1282 & 0.1418 & 0.1309 & 0.1342 \\ 0.1447 & 0.1274 & 0.1061 & 0.1249 & 0.1646 & 0.1344 & 0.123 & 0.1287 \\ 0.0813 & 0.1069 & 0.0896 & 0.114 & 0.1109 & 0.1995 & 0.0994 & 0.0835 \\ 0.1037 & 0.0999 & 0.1142 & 0.11 & 0.1061 & 0.104 & 0.1908 & 0.0904 \\ 0.1519 & 0.1376 & 0.1478 & 0.1343 & 0.1322 & 0.104 & 0.1076 & 0.1602 \end{vmatrix}$$

$G(t) = G(0) * H^{(t)}$，分别取 $t = 1, 2, 3, 4, 5, 6$，即可求出任一时刻，海外装备保障能力的大小。为了简便运算，运用 C#语言在 Microsoft. NET Framework 4.0 框架上开发程序，将前面的评估量化、计算关系矩阵、一步转移矩阵，以及马尔科夫随机过程通过程序自动计算，可得数据如下：

$G(1) = G(0) * H^{(t)} = [0.424\ 0.4312\ 0.4261\ 0.4328\ 0.4339$
$\qquad\qquad 0.448\ 0.4462\ 0.4199]$

$G(2) = [0.4312\ 0.432\ 0.4315\ 0.4322\ 0.4322\ 0.4342\ 0.4336$
$\qquad\qquad 0.4309]$

$G(3) = [\,0.432\ \ 0.4321\ \ 0.4321\ \ 0.4321\ \ 0.4321\ \ 0.4324\ \ 0.4323$
$0.432\,]$

$G(4) = [\,0.4321\ \ 0.4321\ \ 0.4321\ \ 0.4321\ \ 0.4321\ \ 0.4321\ \ 0.4321$
$0.4321\,]$

$G(5) = [\,0.4321\ \ 0.4321\ \ 0.4321\ \ 0.4321\ \ 0.4321\ \ 0.4321\ \ 0.4321$
$0.4321\,]$

$G(6) = [\,0.4321\ \ 0.4321\ \ 0.4321\ \ 0.4321\ \ 0.4321\ \ 0.4321\ \ 0.4321$
$0.4321\,]$

表5-3表示海外装备保障能力变化过程。

**表5-3 海外装备保障能力变化过程**

| 时间 | 1 | 2 | 3 | 4 | 5 | 6 |
|---|---|---|---|---|---|---|
| 保障能力 | 0.4199 | 0.4309 | 0.432 | 0.4321 | 0.4321 | 0.4321 |

从表5-3可以看出，在初始各影响因素状态为0.5的情况下，保障能力经过4个单位时间达到稳定状态。这是保障能力在初始状态已知时的变化情况，而我们进行量化分析的最终目的是要找出各影响因素对海外装备保障能力的影响。因此，应考察各影响因素与海外装备保障能力关系的变化情况，我们可以采取增量模式来验证能力变化过程。为了便于比较，一次只将一个影响因素的初始状态值增大20%，其他因素保持不变，然后观察保障能力的变化情况。依次采取这种方法逐一要素进行调整，这样就可以分别得到每一因素初始状态增大20%，其他因素不变情况下，保障能力的变化过程。表5-4为各因素对保障能力影响的时敏性分析结果。

表 5-4 各因素对保障能力影响时敏性分析

| 因素类型 | 时间 | | | | | |
|---|---|---|---|---|---|---|
| | 1 | 2 | 3 | 4 | 5 | 6 |
| 保障人员 | 0.4346 | 0.4443 | 0.4452 | 0.4453 | 0.4452 | 0.4452 |
| 保障设施设备 | 0.4317 | 0.4426 | 0.4437 | 0.4437 | 0.4437 | 0.4437 |
| 器材弹药储供 | 0.4336 | 0.4437 | 0.4446 | 0.4447 | 0.4447 | 0.4447 |
| 保障布局 | 0.4333 | 0.4445 | 0.4455 | 0.4456 | 0.4456 | 0.4456 |
| 保障方式 | 0.4328 | 0.4441 | 0.4452 | 0.4453 | 0.4453 | 0.4453 |
| 保障环境 | 0.4283 | 0.4415 | 0.4429 | 0.443 | 0.443 | 0.4429 |
| 保障防护 | 0.4289 | 0.4421 | 0.4434 | 0.4435 | 0.4435 | 0.4435 |

根据时敏性分析表 5-4，可得折线图（见图 5-4）。通过图 5-4 可以直观地看出，在海外装备保障人员、保障设施设备、器材弹药储供、保障布局、保障方式、保障环境、保障防护等影响因素初始状态增加 20% 后，海外装备保障能力的动态变化，折线初始变化斜率越大，时敏性越强，可得出两点结论。

第一，时敏性最强是海外装备保障布局，其变化后对海外装备保障能力影响最大；相比较时敏性最弱的是海外装备保障设施设备。

第二，各影响因素对海外装备保障能力的初始值影响，从大到小依次是保障人员、器材弹药储供、保障布局、保障方式、保障设施设备、保障防护、保障环境，这说明海外要最具备初始的保障能力，保障人员和器材弹药的储供最重要。

图 5-4 影响因素时敏性折线

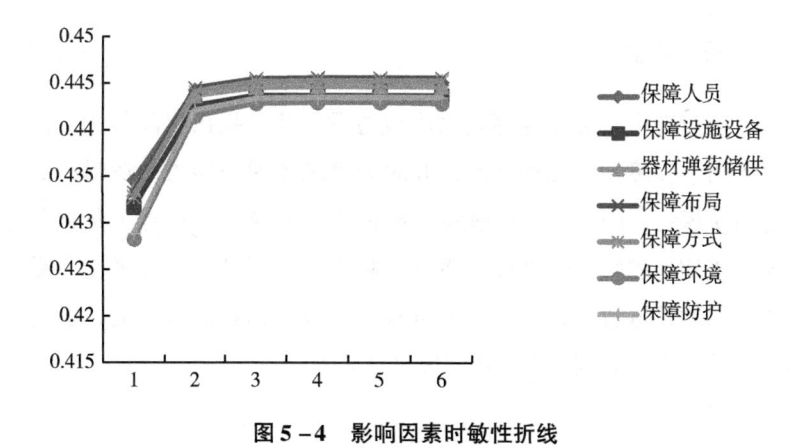

也许在此会觉得第一点结论和第二点结论相矛盾，其实不然，二者一个说明的是对保障能力初始值的影响；另一个说明的是初始值后增加影响因素，哪一个对能力的影响见效更快。这一点在实际中也可以得到印证，海外装备保障中，具备保障人员和器材弹药储供这两个影响因素后，保障能力的初始值比具备其他影响因素的要大。而从未来海外保障能力建设上看，要通过增加影响因素投入来提升保障能力，保障布局具有最快的效应，因为布局决定结构，结构决定功能，从整体上决定了保障能力的提升。

以上分析是基于 10 位相关领域专家评估量化分析的结果，如果扩大样本采集量，分析结果会更客观。从中也可以看出，专家评估对海外装备保障能力的逻辑起点认识还存在一定差异，他们认为人员的保障能力最重要，与本研究分析还存在一定的分歧，这主要是在之前的保障能力理论书籍中，从未对逻辑起点进行探讨，所以，当前对逻辑起点的探讨只是一个开始，在以后的理论研究中应该进一步深化。另外，尽管评估存在差异，但是此种方法为分析各影响因素对海外装备保障能力的提升提供了有效工具。

## 四、小结

通过对海外装备保障能力生成过程分析，提出保障静力、保障实力、保障活力三种状态，并对海外装备保障能力的逻辑起点进行了探讨。同时对海外装备保障能力的影响因素进行了量化分析，采用马尔科夫随机过程将各影响因素对海外装备保障能力影响的时敏性进行了仿真，更加直观地比较各因素对保障能力影响的变化过程，有利于下一步开展机理分析。

# 第六章　海外装备保障能力生成机理分析

本章针对海外装备保障能力体系中各项分力的生成和作用原理，运用场效应理论、系统演化理论和弹性力学等相关理论，深入分析了海外装备保障能力作用的规则，提出了海外装备保障的 4 项生成机理。

## 一、基于场效应叠加的力量凝聚机理

海外装备保障具有主体多元性的特征。如果把每一主体作为一个力量场，那么海外保障就相当多个力量场相互作用，根据物理学中力的合成原理，力量场方向一致时，场效应相互叠加，合力最大。基于场效应叠加的力量凝聚机理是指将两个或者两个以上海外保障主体和资源作为力量场，按照统一规则和既定目标进行场效应叠加，实现保障合力的阶跃式提升。

### （一）场效应叠加符合方向性选择

如果把本国的装备保障体系看作一个系统的力量中心，那么其向外扩展时力量是随着距离的不断增大而不断衰减，这就是距离衰减规律。① 海外装备保障也符合距离衰减规律。由于装备保障资源在本国内可实现自由调配和补充，因此，其在本土范围内能力最强。当拓展到海外环境时，随着距离的增大，能力在自身损耗的同时，受投送距离远、补充时间增长的制约，保障资源的调配和供应受到相应的限制，不能及时地补充，故其能力对外的影响随着距离的增加而减弱，即距离本土越远，影响的强度越弱。从理论上分析，应该在某一点时，强度会衰减为零，也就意味着在这一点，已经毫无保障能力。为了避免这种情况发生，需要进行能量的叠加补充。海外装备保障能量的补充需要依托海外国家，而这与国家间的友好度、当地的装备保障资源可用度相关，具体可参见本书第四章表4–1中所列的三级指标。在此按照国家间友好、装备保障资源完全符合保障需求的情形来简化研究，即可以用能量叠加的情况来说明叠加过程。如在图6–1中，横坐标为距离$d$，纵坐标为力量场强度$p$。力量场$M$（点$M$）和力量场$N$（点$N$）的强度分别为$Q$和$Q_1$，两个力量场强度的距离衰减率不同，经过同样的距离$MN$，力量场$M$的影响强度由$Q$衰减为0，力量场$N$的影响强度由$Q_1$衰减为$Q_3$。$M$力量场影响强度沿直线$QN$正常衰减时，与$N$力量场影响强度直线$Q_1Q_3$相交于$C$点，此时二者的力量场影响强度相等；如果力量场$M$距离继续增大，即超过点$C$，那么其影响强度就将弱于力量$N$，装备保障能力将处于劣势。如果在$C$处建立一个装备保障基地，这也相当于一个力量场$Z$，那么经过装备保障基地$Z$的保障，相当于力量场$M$和$Z$的力量同相叠加，因此，$M$在$Z$处的力量场影响强度由$C$

---

① 刘新华. 地理距离、距离衰减规律与海外军事基地 [J]. 军事科学, 2013, (3): 144–152.

上升至 $Q_2$，实现了力量的跃升。此后，力量场 $M$ 从 $Q_2$ 将沿着 $Q_2Q_4$ 下降，经过同样的距离 $MN$，力量场 $M$ 的影响强度为 $Q_4$，不再是零。而且在此图中，将高于力量场 $N$ 经过同样的距离的强度 $Q_3$。

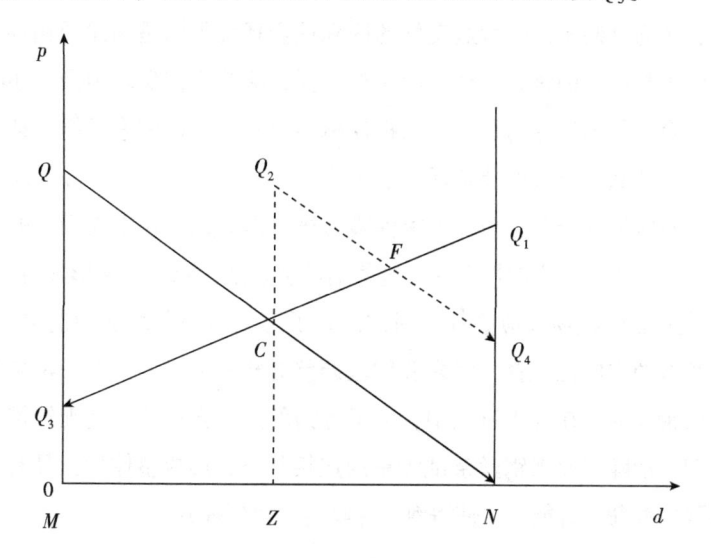

**图 6-1　力量场的同相叠加示意**[①]

从图 6-1 可以看出，力量场 $M$ 所表现出来的特性，正是海外装备保障所面临的困境。海外装备保障所处的环境远离本土，国内的装备保障体系的延伸保障能力受到极大限制。仅仅依靠伴随保障力量，保障能力有限，而且还需要随行携带众多的弹药器材进行保障，增加了保障部队负担，行动迟缓，甚至影响海外军事任务的执行。如果不能及时进行装备保障资源的补充，也会出现保障能力丧失的现实情况。因此，要使 $C$ 点保障能力出现跃升，就要一个方向相同能量场 $Z$ 进行叠加，这就是场效应叠加的方向性选择。

---

① 刘新华. 地理距离、距离衰减规律与海外军事基地 [J]. 军事科学，2013，(3)：150.

对于海外保障实践来讲，所谓方向性选择，就是要与合作方通过协同达成一致目标。通过营造良好的政治外交和军事外交关系，开展双边经济合作以及民间交流，增强本国与海外国家的交往，为海外装备保障营造良好的国际社会环境氛围是构建同相场效应的重要前提因素。海外保障主体多元，除有本国保障力量，还有各军事合作国保障力量。如果把保障能力看作一段钢索承担负载的能力，那么可将海外装备保障能力生成的各主体：本国海外保障力量、本国海外企业、海外国家保障力量可以分别看作组成钢索的钢丝。如果不考虑方向性选择，这些钢丝会杂乱无章，无法形成合力，也就无法形成场效应叠加。因此，为了满足承担负载能力的需求，必须按照方向性选择，将多股钢丝调整为相同的方向，以一定规则合成钢丝绳。在合成过程中，由于各钢丝同向服从统一规则铰接在一起，消除了原来钢丝杂乱无章的连接状态，形成整体后，具有了较强的载荷拉升能力，使得海外保障能力得到提升。

(二) 力量凝聚应符合阶梯距离接力

在众多的保障主体形成合力的过程中，是不是主体越多合力越大，保障效能越高呢？按照前面场效应叠加理论，同相的力量场越多，叠加后合力越大，但却不一定保障效能最优。因为海外装备保障是一个持续过程，其需要力量强度释放的持久性。同相的力量场叠加，如果集中在同一距离衰减期内，将会达到海外装备保障能力的最大值，但是在下一距离衰减期内，没有力量场的叠加，那么力量场的强度将衰减至零。

如图 6-2 所示，力场量 $M$ 经过距离 $D1$，影响强度下降至 $C$ 点，此时，如果有 3 个保障主体力量场 $Z$、$Z_1$、$Z_2$ 在此处进行同相力量叠加，对于单一力量场 $M$，其极限影响强度为 $Q$；力量场的增多，不会使其超越极限强度值，即 $Q_2 \leq Q$；在此，3 个力量场的叠加只产生了一个力量场的效果。叠加后，$Q_2$ 将按照原有的下降规律下降，如果后续没有能量场的叠加，在第 3 个 $D1$ 距离处，即 $Z_2'$ 处，$Q_2$ 将下降为 0，失去保障能力。另一种情况，$Z$、$Z_1'$、$Z_2'$ 分别相距 $D1$ 距离，力量场 $M$ 在扩展的过程中，每隔 $D1$ 距离进行一次叠加，经过 3 倍 $D1$ 距离，力量强度 $Q_7$ 仍然保持接近于原有强度 $Q$。

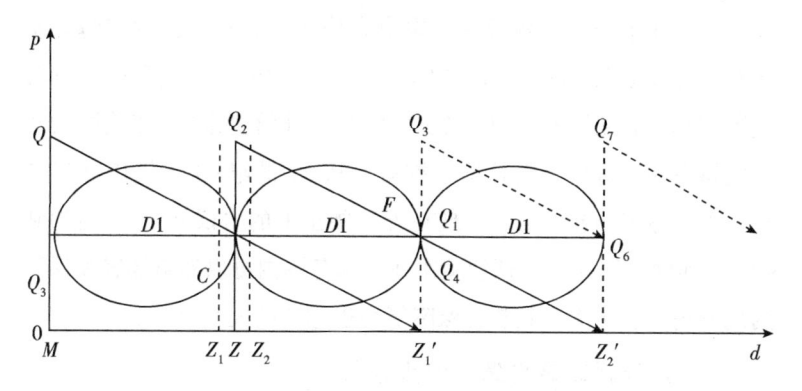

**图 6-2 等距离梯次接力的力量场叠加示意**

可见，对于单个任务，保障力量的凝聚合成，并不是集中力量叠加效果最优，而是根据距离阶梯接力，将持续保持装备保障能力的强度，实现保障的持久性。在阶梯接力中的距离是关键因素，叠加的距离如何设置，一是不能超出力量场的影响强度范围，如果超出范围，原有的力量将失去功能，再进行叠加已经没有意义；二是装备力量叠加的距离应该根据装备的不同，设置不同的距离，如航空装备以作战航程为阶梯距离为佳，舰艇装备也应以最大独立保障的时间内可行驶的行程为阶梯距离，这样就可以在各类装备独立遂行任务的范围边缘设置保障点，实现力量的叠加，最大优化资源的配置。

整个过程相当于，在进行海外保障时，通过政治、经济、军事、外交关系，将原来杂散参差在一起的本国海外保障力量、本国海外企业力量、海外本土国家人力、物力和资源等保障力量，按照约定的规则和目标，相互配合，变成规则统一铰接在一起的保障能力钢铰线，增加了承担负载的能力，也就相当于为海外装备保障增能、储能、蓄能，助推海外装备能力势能生成，从而为海外装备保障能力的生成和释放提供了源源动力。并且，保障主体力量越广，协同目标和遵守规划越一致，保障能力越强。如美国通过依托本土，与各国建立军事合作关系，将其国内与海外基地有序地铰接在一起。美国前国防部部长拉姆斯菲尔德在任期间，美国空军与非洲国家签订了20个多个"补给协定"，使美国战斗机能够在非洲进行燃料补给和维修。从20世纪90年代初至2007年，美国签署的允许美军出现在外国领土上的协议从45个增加到90个，增加了一倍。[①] 这使美军在全球范围内可以实施部署和保障的地域进一步扩大，其装备保障能力也相应的大大增强。

(三) 阶梯距离内保障能力分析

按照上面力量凝聚距离接力的机理，将海外装备保障点的保障能力假设为具有随距离线性递减特性，虽然简化了保障点的保障能力特性，便于阐述该机理，但与实际不相符。实际的海外装备保障点，其保障能力应该有两个范围，如图6-3所示，一个是最大保障能力范围，图中以 $OA$ 为半径的圆；另一个是最大保障距离范围，图中以 $OB$ 为半径的圆。在最大保障能力范围内，其任何一点的保障能力都等同于保障点中心的保障能力；超出最大保障能力范围后，直至最大保障距离范围之间，保障能力应随距离递增而递减；超出最大保障距离范围后，虽然保障能力还没有降为0，但已无实际意义，视为无保障能力。

---

① 大卫·韦恩. 美军海外军事基地：它们如何危害全世界 [M]. 张彦, 译. 北京：新华出版社, 2016：42.

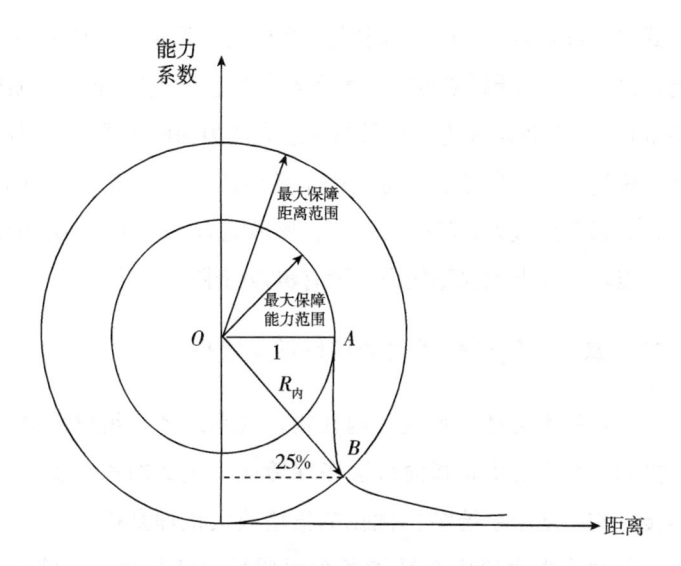

图 6-3 阶梯距离内保障能力变换示意

设装备保障点应与部队需求点在有效的距离内,以海外装备保障基点为圆心作圆,如图 6-3 所示。在半径 $R_内$ 范围之内,$OA$ 视为等同圆心能力,能力系数为 1;超过 $R_内$,如图中 $AB$ 段按照每增加 $d$ 千米为一个单位 $n$,能力成 $1/(1+n)^2$ 递减,衰减至 $B$ 点时,此处保障能力系数为中心能力系数的 25%,此处为保障点的最大保障范围;超出 $B$ 点时,即保障能力衰减至能力系数的 25% 以下,视为 0。

$$k = \begin{cases} 1 & L \leqslant R_内 \\ \left(\dfrac{1}{1+\dfrac{L-R_内}{d}}\right)^2 & L > R_内, d > 0 \\ 0 & L \geqslant R_外 \end{cases} \quad (6-1)$$

式中,$k$ 为海外装备保障点保障能力系数;$R_内$ 为海外装备保障点可以在保障系统数为 1 的最大保障能力范围;$d$ 为超出最大保障能力范围之后,保障能力进入衰减阶段的距离。

式（6-1）表明，对于需求点与海外装备保障点距离不同，保障能力也不同。如果需求点在最大保障能力范围之内，即 $R_内$ 范围之内将得到最大的保障能力；如果超出最大能力保障范围，未超出最大保障距离范围，保障能力将是一个随距离增长成 $1/(1+n)^2$ 的衰减；如果超出最大保障距离范围，保障能力将为 0，表明海外装备保障点对需求点无保障能力，没有覆盖需求点范围。

## 二、基于系统结构优化的倍增放大机理

系统结构本义是指系统的内在构造或系统各个组成部分的搭配和排列，在本书中是指海外装备保障能力生成的各个系统的搭配连接方式。基于系统结构优化的倍增放大机理是指在信息化条件下，保障能力生成内在结构各个组成部分依托信息网络环境，将各个保障实体和资源进行有效链接，实现保障信息实时传递，态势感知精准高效，提高装备保障物资流和能量流的流速和能量积聚，从而为信息助推保障能力生成释放提供了原始形态。这相当于在保障能力生成过程中，通过信息网络改变保障能力生成速率，从而提高了保障势能积聚和保障效能释放的能级。

（一）系统结构优化呈现涌现性

涌现性就是诸多要素按照某种结构或方法形成一个系统整体，会产生整体具有某些属性和特征，而这些属性和特征是部分和各部分简单加"和"所不具有的属性和特征。如生命体由各个系统组成，但将生命体解剖成各个系统，生命特征就不复存在。在信息化条件下，以网络结构为链接的海外装备装备保障系统具有涌现性。网络信息系统将分散在世界各地的科研生产单元、储供单元、维修单元连接在一起，将本国内后方保障体系、驻在国保障力量体系、海外拓展力量保障体系、前沿基地保障体系，以及建

制保障力量等各保障主体和资源组成一个开放巨系统。随着信息化程度的提高，网络将各单元联系得更加紧密，资源和能量调整在这个网络巨系统中快速运转，大大提高了保障效率。对于海外装备保障系统，由于各需求点和保障资源点更分散，信息化网络平台最大的消除距离带来的影响，体系融合趋势更明显。相对于在机械化条件下的分散保障结构，由于信息化网络的链接，使得原来的分散系统形成一个新的系统整体，其具有网络结构特性。如果将在信息化保障体系中的各个保障单元都分割开来，断开网络链接，那么分散的各个单元不再具有网络结构特性。因此，可以说在信息化条件下海外装备保障系统呈现涌现性。

（二）倍增放大基于系统相变

从一种定态到其他定态的变化反映的是系统从一种定性性质向另一种定性性质的转变，叫作系统的相变。相变是物理系统的一种常见的涌现现象，是物质由一种结构态转变为另一种结构态，如二氧化碳变成干冰，石墨变成金刚石。系统发生相变后，系统再不仅是系统的组成部分之和，因为"和"意味着量的积累，即系统只是大小变化，而本身的性质没有变化。对于一个开放的巨系统，发生相变将会导致系统能力的巨大跃升。根据梅特卡夫定律，网络的能力随着该网络所连接的节点数的平方递增。因此，在信息化条件下海外装备保障系统作为一个开放系统，涉及的主体和单元结构都很多，通过信息化网络平台链接起来，每个保障单元都可以看作是一个保障网络结构中的节点，随着网络的节点数不断增多，保障网络结构能力的增长不再是成加"和"式增长，而是呈几何倍数增长。这就相当于海外装备保障系统发生了相变，因而带来了整体能力的倍增放大效应。

## （三）不同状态下保障行动力分析

本书中的机理主要是探讨保障行动力的生成机理，因此，重点围绕在非信息条件下和信息化条件下两种状态的保障行动力进行研究。我们先从简单的非信息化条件下的保障行动力进行研究。

### 1. 非信息化条件下的保障行动力

$U_{保}$ 表示保障行动力，其可以分解为信息应用力、指挥决策力、技术保障力、储供力和动员力。在非信息化条件下，保障行动力没有发生相变，其等于各分力之和；由于保障行动要保障多种类型的装备，因此按照要素分力加和计算，不能反映对各种类型装备的保障能力。因此，我们可以将在非信息化条件下的保障行动力简化，分成建制保障能力、海外保障支援点保障能力、海外拓展保障能力和国内基础保障能力四个部分。于是，$U_{保}$ 可以用式（6-2）表示：

$$U_{保} = \sum_{f=1}^{m} U_f = \sum_{f=1}^{m}(U_{z,f} + U_{i,f} + U_{t,f} + U_{n,f}) \quad (6-2)$$

式中，$U_f$ 为第 $f$ 类装备的保障能力，$U_{z,f}$ 为 $f$ 类装备建制保障能力；$U_{i,f}$ 为 $f$ 类装备海外保障点保障能力；$U_{t,f}$ 为海外拓展力量保障能力；$U_{n,f}$ 为国内基础保障能力。式（6-2）表示 $U_{保}$ 可以看成是 $m$ 种类型装备保障能力之和，每一类装备都由建制保障能力、海外保障点保障能力、拓展力量保障能力和国内支援保障能力组成。

### 2. 信息化条件下的保障行动力

在信息化条件下海外装备保障能力发生了相变，如果把海外装备保障体系看成是一个理想的网络结构体，那么其所产生的保障行动力不再是各个分力的加和。那么是什么呢？借鉴梅特卡夫腾跃的理论方法，将每个保障单元都看作网络上的一个节点，假设海外装备保障有 $D$ 个保障节点，每个节点在独立状态下的保障能力为 $Q_n$，

那么系统发生相变后,整体能力增量可以用式(6-3)表示:

$$Q_z = \sum_{i=1}^{D} k Q_{ni} D^2 \qquad (6-3)$$

式中,$K$ 为网络结构系数,$0 \leq K \leq 1$;$Q_{ni}$ 为第 $i$ 个节点单独工作时的保障力;$D$ 为节点数;$Q_z$ 为整个系统梅特卡夫腾跃的增量。式(6-3)表示系统相变后,整个系统能力的增量在原有保障能力的基础上增加了节点的平方倍。

传统意义上,在非信息化条件下的海外装备保障能力的增强,通常是以投入规模的扩大来实现的,如增加基础保障设施设备、增加保障人员,保障能力的生成与增长通过保障规模的累加扩大来实现,因此二者呈线性增长关系。同样的单元数量,当以信息化网络改变连接方式后,海外装备保障网络结构的保障能力得以极大提升,提升的效果呈 $n^2$ 倍数增加,达到"1+1>2"的放大效果。对于海外装备保障能力构建来说,扩大海外保障规模比较困难,受到海外自然环境、国际环境以及驻在国社会环境的限制影响,我们也可以用改变保障资源和保障机构的连接方式来实现,这种连接不是硬连接,而是通过信息网络的软链接来实现。依托信息网络,来加速海外装备保障行动中信息获取、传输、处理、使用、控制等一系列信息流程。信息获取能力决定着能否及时有效地搜集保障所必需的各种信息资源,影响和制约保障的准备与实施;信息传输能力决定着保障信息的时效性,而且决定着保障资源多维、分散、点状化部署的保障力量间能否实现信息的互通与共享;信息处理能力决定着保障信息的利用程度,影响和制约海外军事任务整体保障行动的协同联动;信息使用能力决定着保障资源能量的一体、高效、智能化释放程度。通过提高装备保障信息化程度,加强保障实体和保障资源之间信息链接,及时有效的收集和传递海外装备保障必需的各种信息资源,可有效将保障需求与广泛分布的保障资源实现对接。由于信息流主宰资源流和能量流流动,提高保障资源和保障实体之间的信息传递速度和效率,相当于加速了资源和能量流动,保障任务的效率将得到大提高,从而使保障能力呈指数倍增长。在海湾战争中,以美国为首的多国部队参战大型主战装备1万多件,而参战的计算机却达到4万至5万台,是大型主战装备的4至5倍。[①] 这充分表明信息化程度的提高,不仅增加了攻击精度和杀伤效能,也充分表明了信息主导着能量的释放。

### 三、基于保障效能优化的集约发展机理

集约是指采用现代化管理方法和科学技术,加强了分工协作,提高了资源利用效率。通俗讲,要提高效率,就要有所为、有所不为,为集体目标而进行约束。本书中指对海外保障能力生成的各环节的经济投入进行约束。基于保障效能优化的集约发展机理,是指鉴于系统用于海外装备保障的总体资源有限,各海外装备保障能力生成单元都不可能无限制地使用资源而达到局部保障能力最强,保障效果的最优。从系统的角度,为了达到在资源有限条件下的整体保障效能最优,往往需要对局部的保障单元进行资源或行为的约束,在一定的协同配置布局下,这种约束会对系统整体产生更为优化的装备保障能力。

(一) 保障效能优化需克服集聚负面效应

在海外装备保障能力特性与体系结构部分,我们探讨了海外

---

① 任连生. 基于信息系统的体系作战能力概论 [M]. 北京:军事科学出版社,2011:102.

装备保障能力具有集聚性。海外装备保障能力可以看作是各项分力集聚综合作用的结果，这些分力既有要素分力，也有各型装备保障分力。集聚性具有两面性，一方面会带来能力聚合放大效应，另一方面也会带来聚合分力发展不协调的负面效应。因此，在集聚过程中会出现分目标与总目标不相适应，各分目标发展比例不协调的现象。这主要是海外装备保障能力各项分力在发展建设和集聚过程中，受到指向理论、集聚理论和发展轴线理论的影响，在一定程度上造成分力发展目标与整体目标相背离。所谓指向理论是指受海外利益攸关区保障需求牵引，各军兵种都会针对需求向这一地区投入相应的装备保障能力建设，从而在一段时期反映出能力发展的指向性。在指向性发展的基础上，会造成海外装备保障要素和资源集中在某一区域集聚，使海外这一区域的保障条件和配套建设整体提高，从而也吸引后续的装备保障能力建设继续向这一区域集聚，因而又呈现出集聚特性。经过一定时间的发展，在这一区域的布局将会发展成以核心利益区关键节点为轴线的海外装备保障能力部署，又呈现出轴线特性。轴线周围，各型装备保障能力集聚，其他区域保障能力会出现严重不足。如果不能从整体目标出发，规划好国内和海外、海外各核心利益区的保障能力发展建设，将导致装备保障能力建设呈现出的集聚特征。因此，应以系统的整体目标引领装备保障能力建设和发展，以统一规划来优化在海外联合作战条件下的装备保障能力发展，运用好指向性、集聚性、发展轴线等理论来指导建设，克服集聚性的负面效应，从而实现整体保障效能优化。

（二）集约发展依靠协同约束实现

集约发展主要是受限于海外装备保障的资源有限性和能力生

成的协同性。从理想的极限角度出发，如果保障资源具有无限性，那么就没有必要集约发展。找到理想与现实的差距就找到了实现路径的入口。在资源有限性的情况下发展，就要基于实现总体目标的最大效费比来发展海外装备保障能力。由于海外装备保障能力的主体多元，在生成能力过程中，需要协同约束进行发展。如何协同约束，我们可以借鉴建筑学的思想来实现。

如图 6-4 所示，在工程建筑中，建筑体在受到一个方向的冲击破坏力后，在 X、Y、Z 轴各方向都会受到应力，其可用由三向应力作用下的广义胡克定律来表示。

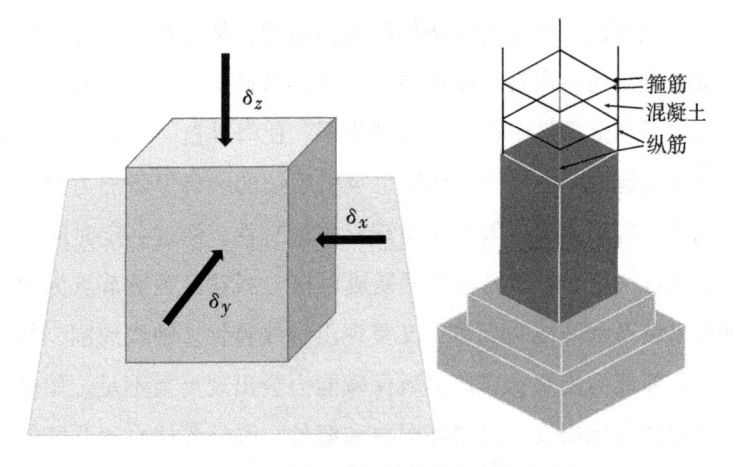

图 6-4 加强横向约束提升整体支撑力示意

$$\eta_z = \frac{1}{R}[\delta_z + \mu(\delta_x + \delta_y)] \qquad (6-4)$$

式中，$R$ 为弹性模量；$\mu$ 为泊松比；$\eta_z$ 为 Z 方向的应变；$\delta_x$ 为 X 方向的应力；$\delta_y$ 为 Y 方向的应力；$\delta_z$ 为 Z 方向的应力。

由破坏条件 $\eta_z = \eta_b$

$$\delta_b = \delta_z + \mu(\delta_x + \delta_y)$$

极限破坏 ~ f(载荷,凝聚力)

据建筑学应用框架柱结构，采用在箍筋对 $X$ 轴和 $Y$ 轴的应力形变进行约束，从而有效抵消了破坏的冲击。由于对柱体在与竖直方向垂直的平面上进行了有效约束，使得柱体的极限承载能力得以提升。

效益是投入和产出的比值，海外装备保障能力生成是以获得最佳军事效益为目标，同时又受经济效益的制约。因此，当确定海外装备保障范围和能力生成的总体目标时，能力生成各环节、各单元的行为和资源就需要进行必要调整。如果将国内装备保障力量与海外装备保障力量看作一个纵向的保障能力支柱，将海外装备保障的布局规模看作是与支柱垂直的面，当纵向柱支柱受到经费支撑力的冲击时，那么根据广义胡克定律，纵向支柱的垂直面即海外装备保障的布局与规模也要受到相应的冲击而发生形变，如果没有一个箍筋的约束，那么与纵向柱的垂直面将发生结构破坏，从而导致纵向柱的支撑受损。所以，集约发展强调通过海外保障大系统的协同运作，在约束一些保障子系统的资源、资本和行为时，使得保障系统的整体承受能力增强。虽然约束的内容往往是具体的资金、经费等，但是约束的前提是各保障子系统或行为主体对实施约束的认知和接受程度。从制度设计和布局规划的角度，更多反映的是对这种约束共识的问题。协同约束的目的是在系统整体保障能力生成目标实现的条件下所需的成本或费用最低，即"统筹规划""国内、海外一盘棋"。例如，伴随着我国"一带一路"建设和军事力量"走出去"，虽然从各军兵种和不同层级的角度有着各自的期望和目标，但是，为了实现海外装备保障的总体目标，各军兵种和各级保障机构必须在总体目标下做出必要的约束。

## 四、基于风险防护增强的余度备份机理

由于海外装备保障能力本身是一种军事能力，具有军事性，即对抗性的特点。这一复杂系统必然面临遭受对抗打击的可能，系统中某一保障子系统的毁伤可能会引发系统性风险，形成连锁反应而导致系统崩溃。因此，增强风险防范能力的有效对策就是分散风险，依托生成系统的冗余度设计，提高系统生存韧性。

（一）风险防护基于协同分散

协同分散的目的是将这种局部的毁伤造成的缺陷放到整个系统中来应对，从系统的角度来转移和分摊由此带来的风险。

在图6-5的系统A中，子系统的缺陷（黑色点表示）带来的破坏会造成整根木棍的断裂，当其中任一根断裂后，荷载进行重新分配，将使剩余每根木棍受力超过极限承载力，进而引发"毁伤链"的传递会使整个系统A崩溃。在系统B中将原来分散的木棍黏结在一起，形成子系统协同受力，在各个区域部位的缺陷可以通过同一区域内无缺陷部位承担，有效分散系统中存在的随机缺陷，极限承载力大大增强。

风险分散目的在于增强风险防护能力，其本质就是通过时间的长度和系统内部空间的广度，化解打击毁伤所带来的风险在某一特定时空的集聚。海外装备保障能力生成体系在对抗环境下实施保障，遭受打击毁伤的威胁无法回避。但要避免由于一次打击毁伤造成的任一子系统风险在各系统单元间的传递和扩散，这就要在有效分解子单元风险的同时，还要形成系统单元间的协同力，对某一局部的缺陷风险源加以有效控制。

区域1
区域2
区域3
区域4

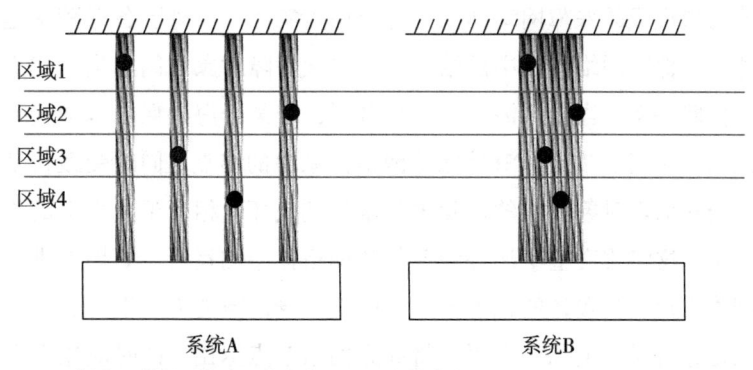

系统A　　　　　　　系统B

假定，单根无缺陷承载力为100N，有缺陷为50N，那么：
系统A的极限承载力为50×4=200N；
系统B的极限承载力至少在300~450N。

**图 6 – 5　系统协同提升整体防护能力示意**

(二) 余度备份体现系统韧性

"余"是指多出的；"度"是哲学名词，指一定事物保证自身质的数量界限，数量超过界限就会发生质的改变。余度是在装备设计中一种为了确保安全的设计手段，指具有一种以上的可安全运转的方法或途径。

客观上，在海外装备保障能力生成体系中所有的响应单元都存在着缺陷或薄弱点，在应对外在打击和风险时，如果每个子单元都单独应对，那么每个单元中潜在的缺陷就会暴露，一旦破坏，有可能形成系统的链式破坏反应。如果像图 6 – 5 中系统 B 那样，将海外装备保障能力生成子系统各个单元形成合力，那么在不同的截段下，某一单元中存在的缺陷会被其他没有缺陷的单元共同分担，这样，从系统整体的角度来说，相当于建立了余度备份系统，系统中可能的缺陷带来的风险被其他备份系统有效分担了，从而使其抵御风险的能力得以提升。

海外装备保障由若干海外装备保障基地、保障实体以及被保障对象组成的保障网络体系，每个保障实体或海外装备保障基地相当于保障网络体系中的结点，其与被保障对象之间相当于建立了保障关系。当执行海外保障任务时，若某个海外保障基地受到毁伤，相当于减少了海外保障网络体系中的结点。同时受毁伤基地与被保障对象之间的保障关系也遭到破坏，相当于网络中的边减少，这将改变整个海外装备保障网络体系的运行。如果不进行网络重构，被毁伤的保障节点，由于自身保障能力的下降，无法满足原有对应的保障关系，将导致网络节点退出。此时应用上面工程的方法，可将受毁伤的保障节点和保障关系进行整合，进行网络内部与外部力量调配，将同等保障等级，受损后具有互补性的保障实体进行综合整合，可实现"0.5+0.5>1"的效果，实现保障能力重构提升，满足海外军事任务保障需要。

## 五、小结

本章基于场效应理论、系统演化理论中的相变理论、系统集聚的负面效应和冗余度理论分别对海外装备保障能力的四个分力生成的机理进行了阐述，形成了相应的机理体系，并对部分机理进行了模型探讨分析。通过深入分析海外装备保障能力生成机理，为后续进行机理应用模式研究奠定了基础。

# 第七章 海外装备保障能力生成机理应用模式

海外装备保障能力生成机理应用模式是应用机理指导实践的现实反映，模式的确立将对海外装备保障实践起到引领和示范作用。本章主要对应前面四个海外装备保障能力机理分别进行单一机理应用模式的论述，然后再谈各机理应用模式的组合应用。

### 一、力量凝聚机理应用模式

海外装备保障具有主体多元性特征，将每个主体作为一个力量场，统筹运用资源，整合力量场，追求力量场合力最大。

#### （一）拓展海外保障区网模式

国家伙伴关系是指以国家为主导的，与世界主权国家、地区或合作组织建立的战略互信的各级别伙伴关系。海外保障区网是指基于国家政治、经济、军事、外交等影响拓展和扩大的海外保障主体，共同建立的海外保障关系网，可承担保障的海外区域。军事力量"走出去"，开展海外装备保障，需要营造有利的国际环境和态势。当前，世界各国在安全上的相互依存不断加深，共同利益点增多，任何国家都难以单独实现其安全目标。同样，远离本土范围的军事行动，任何一个国家都难以依靠本国力量长久持续进行保障。一方面，在一定的共同目标下，本着协同包容的原则，与相关国家建立区域合作关系或双边合作关系，拓展海外保障关系网，可极大提高装备保障能力。当前，我国与82个国家结成不同层次的伙伴、战略伙伴以及全天候战略合作伙伴关系（表7-1），积极参加国际合作，世界的朋友也越来越多，为开展海外装备保障奠定了基础。另一方面，注重加强军事对外交往。据统计，我国已与150多个国家开展军事交往，在112个国家设立了武官处，104个国家对华派驻了武官。[①] 与俄罗斯、巴基斯坦、泰国等国定期开展联合军事演习和联合训练。良好的外交关系，特别是军事上深入交流为我国的海外装备保障提供了有益的平台。针对已有的基础和平台，我们应紧抓机遇，塑造有利态势，不断拓展海外保障国家关系网。可以借鉴美国等发达国家海外保障经验，采取建立区域合作组织，增进军事互信，共同开展装备保障；区域合作组织外的国家，两国间可以签订相互境内装备保障基地使用协定，增加必要和应急时入境装备保障选择余度；也可以采取购买、参股等形式参与海外国家的港口、机场或者军事设施的建设，为海外保障预留接口；对于法律限制的国家，可以采取转包、租赁等方式获取其境内的装备保障设施使用权，综合形成国家海外保障区网布局。拓展海外伙伴关系网，将从整体上奠定我国海外保障格局。

---

① 张芳. 当代中国军事外交：历史与现实 [M]. 北京：时事出版社，2014：179.

表7-1 我国友好国家情况

| 序号 | 类型 | 数量 | 国家(建立日期) |
|---|---|---|---|
| 1 | 全天候战略合作伙伴 | 1 | 巴基斯坦(2015.4) |
| 2 | 新时代全面战略协作伙伴 | 1 | 俄罗斯(2019.6) |
| 3 | 全天候全面战略伙伴 | 1 | 白俄罗斯(2022.9) |
| 4 | 全天候战略伙伴 | 1 | 埃塞俄比亚(2023.10) |
| 5 | 全方位战略伙伴 | 1 | 德国(2014.3) |
| 6 | 永久全面战略伙伴 | 1 | 哈萨克斯坦(2022.9) |
| 7 | 全面战略伙伴 | 41 | 英国(2004.5)、法国(2004.1)、意大利(2004)、西班牙(2005.11)、葡萄牙(2005)、丹麦(2008)、希腊(2006.1)、塞尔维亚(2016.6)、波兰(2016.6)、匈牙利(2017.5)、蒙古(2014.8)、马来西亚(2013.10)、印度尼西亚(2013.10)、东帝汶(2023.9)沙特阿拉伯(2016.1)、阿联酋(2018.7)、伊朗(2016.1)、乌兹别克斯坦(2016.6)、吉尔吉斯斯坦(2023.5)、土库曼斯坦(2023.1)、塔吉克斯坦(2017.8)、埃及(2014.2)、南非(2010.5)、阿尔及利亚(2014.2)、巴西(2012.6)、阿根廷(2014.7)、秘鲁(2013.4)、智利(2016.11)、厄瓜多尔(2016.11)、(2016.11)、墨西哥(2013.6)、委内瑞拉(2014.7)、乌拉圭(2023.11)、澳大利亚(2014.11)、新西兰(2014.11)、 |

续表

| 序号 | 类型 | 数量 | 国家 |
|---|---|---|---|
|  |  |  | 巴布亚新几内亚（2018.11）、斐济（2018.11）、密克罗尼西亚（2018.11）、萨摩亚（2018.11）、汤加（2018.11）、瓦努阿图（2018.11）、所罗门群岛（2023.7） |
| 8 | 全面战略合作伙伴 | 16 | 越南（2008.5）、老挝（2009.9）、柬埔寨（2010.12）、泰国（2012.4）、缅甸（2011.5）、塞内加尔（2016.9）、莫桑比克（2016.5）、刚果（布）（2016.7）、纳米比亚（2018.3）、津巴布韦（2018.4）、赞比亚（2023.9）、塞拉利昂（2016.12）、安哥拉（2024.3.15）、刚果（金）（2023.5）、加蓬（2023.4.19）、坦桑尼亚（2022.11） |
| 9 | 战略合作伙伴 | 8 | 韩国（2008.5）、印度（2014.9）、斯里兰卡（2013.5）、阿富汗（2012.6）、孟加拉国（2016.10）、尼泊尔（2019.10）、文莱（2018.11）苏里南（2019.11） |
| 10 | 全面战略合作 | 1 | 菲律宾（2018.11） |
| 11 | 战略合作 | 1 | 土耳其（2010.10） |
| 12 | 战略伙伴 | 21 | 捷克（2016.3）、加拿大（2014.11）、爱尔兰（2012.3）、乌克兰（2011.6）、保加利亚（2019.7）、塞浦路斯（2021.11）、伊拉克（2015.12）、卡塔尔（2014.11）、阿曼（2018.5）、科威特（2018.7）、约旦（2015.9）、巴勒斯坦（2023.6）、叙利亚（2023.10）、哥斯达黎加（2015.1）、尼加拉瓜（2023.12）、玻利维亚（2018.6）、哥伦比亚（2023.10）、贝宁（2023.9）、摩洛哥（2016.5）、尼日利亚（2006.1）、纽埃（2014.11） |

续表

| 序号 | 类型 | 数量 | 国家 |
|---|---|---|---|
| 13 | 全方位友好合作伙伴 | 1 | 比利时（2014.3） |
| 14 | 全方位高质量前瞻性伙伴 | 1 | 新加坡（2023.4） |
| 15 | 全面友好合作伙伴 | 2 | 罗马尼亚（2004.6）、马尔代夫（2014.9） |
| 16 | 全面合作伙伴 | 5 | 克罗地亚（2005.5）、荷兰（2014.3）、多米尼克（2013.6）、特立尼达和多巴哥（2013.6）、赤道几内亚（2015.4） |
| 17 | 创新全面伙伴 | 1 | 以色列（2017.3） |
| 18 | 友好合作伙伴 | 2 | 日本（2008.5） |
| 19 | 新型合作伙伴 | 1 | 芬兰（2017.4） |
| 20 | 友好伙伴 | 1 | 牙买加（2005.2） |
| 21 | 传统友好 | 1 | 阿尔巴尼亚（2009.4） |
| 合计 |  |  | 109 |

资料来源：中华人民共和国外交部网站，https：//www.mfa.gov.cn/irs~c~web/search.shtml？code=17e50b77dab&dataTypeId=758&searchBy=title&searchWord=%E5%90%88%E4%BD%9C%E5%85%B3%E7%B3%BB，2024年4月28日查询。

（二）打造多元融合保障模式

扩大海外保障主体的一个重要方面就是充分应用民间力量——海外企业和世界各国企业，主要包括世界各国大型企业、我国驻外企业、境外投资及合资控股企业。随着我国经济的发展，与各国的经贸往来日益深入。我国已成为全球120多个国家和地区的最大贸易伙伴，70多个国家和地区的最大出口市场。根据商务部等部门联合发布《2019年度中国对外直接投资统计公报》显示：截至

2019年年底，中国超2.75万家境内投资者在全球188个国家（地区）设立对外直接投资企业4.4万家，全球80%以上国家（地区）都有中国的投资，年末境外企业资产总额7.2万亿美元。① 规模巨大的海外企业是保障资源优势，应根据海外企业性质、分布位置、保障能力来遴选优秀的海外企业，作为海外多元融合保障重要力量，如图7-1所示。入选的海外企业主要承担装备检查维护、损伤维修、弹药器材储备供应、海外保障人才培训等任务。按照陆、海、空以及战略支援部队等各军兵种明确具备保障工作，建立相关的保障标准流程体系，主要以合同承包、任务指派等模式开展工作。对于海外企业拥有驻在国基础保障设施，可按共建共用、共租共用、民建租用等模式为海外任务部队提供装备保障。

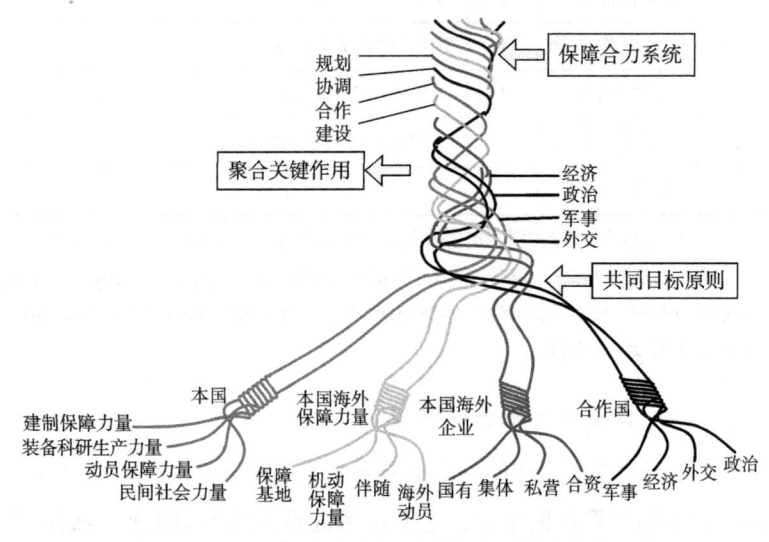

图7-1 基于力量凝聚机理的装备保障能力聚合示意

---

① 商务部等部门联合发布《2019年度中国对外直接投资统计公报》，查询网址：http://hzs.mofcom.gov.cn/article/date/202009/20200903001523.shtml，访问时间：2022年3月31日。

## (三) 设立基地锚点模式

锚点原指船舶抛锚停靠的位置与场所，这里指海外进行装备保障，主要以前沿保障基地形式存在的保障地点。如果国家拓展海外保障关系网和整合海外企业力量分别是海外保障的面和线，那么设立海外基地就是关键的节点，这是推进海外装备保障能力提高的有力抓手，也是开展工作的着力点。建立海外基地依据国家的战略、经济、技术、外交方面条件开展，并要依据国际法准则和东道国签署的相关法律文件为准绳。其中最重要的就是依据国家战略选点布局，如美国以围堵战略对手和控制重要水道为主要目的实施线性包围布局，将基地设为前沿保障线、中继转运线和后方基地线三线部署。我国在海外设立基地现仅有驻吉布提保障基地一处，未来将怎样选点布局，成为世界各国关注的焦点。

根据海外保障机理建立的海外装备保障基点应符合阶梯距离接力规则，实现最佳的能量补充。我国海外装备保障基点应与国家发展战略相统一，按照维护海外权益，建立有效保障基点的原则，可以综合陆、海、空军以及战略支援部队等保障需求，建设形成综合保障基地环模式。各基地以前沿保障型为主，每一环形区域内设置各军兵保障功能基地，以各军兵种综合集成保障功能与分散配置相结合的方式设立，保障功能主要具有舰艇驻泊保障能力、航空装备保障能力、弹药供应保障能力、维修保障能力、加改装能力以及防卫能力。海外尽量不设置基地级维修功能基地，维修保障能力以可完成48小时战损修复任务为主。

## (四) 维持常态化存在模式

国际维和行动，是指军队参与的由联合国组织指挥以非武力行动方式在世界冲突地区恢复和平与稳定的非战争军事行动。国际维和是我国展示一个负责任大国和平友好形象和履行国际责任的重要方式。我国从1990年首次派出军事观察员参加联合国维和行动，至今已成为五个联合国安全理事会常任理事国派出维和部队最多的国家。2017年6月，我国首次派遣直升机部队抵达非洲，执行苏丹达尔富尔地区的维和任务。2017年9月28日，国防部发言人在答记者问时，宣布我国组建的8000人维和待命部队已在联合国注册完毕，包括10类专业力量28支分队。[①] 这与以往不同的是，不仅包括步兵营、工兵连、运输连等部队，还新增了运输机分队、无人机分队、水面舰艇分队等新型装备。改变了我国维和部队以工兵和安全部队为主的原有局面，将有更专业化力量和越来越多的装备参与到国际维和事务中。我国与联合国签署的《谅解备忘录》中规定，我国派出的维和部队需配置和保障的装备物资、器材弹药采取"湿"租赁（wet lease）方法，即由国内保障，联合国主要对使用的装备负责经济补偿，以补贴装备折旧、备件器材供应和日常维护保养。联合国维和行动人员定期轮换，而装备根据使用寿命重复使用，因此维持海外常态化重点是要保障装备的维护修理能力。在海外维和地区设置简易的备件储存设施，随维和力量派驻，常态化保持维修力量随队保障，保证相应装备的修复和检测能力。这为我国在海外保持一定规模的装备保障能力提供了契机。

## 二、倍增放大机理应用模式

（一）建立资源投送体系模式

结构决定功能，在信息化条件下海外装备保障系统发生相变，带来新质的装备保障能力。无论何时，驱散需求和资源迷雾，都是军事行动中装备保障追求的目标。在海外条件下，保障需求部

---

① 冯升．国防部新闻发言人答记者问［N］．解放军报，2017–09–29（2）．

队远离本土,携带器材弹药等保障资源有限,一旦遇有突发情况,都需从国内调配,路途长、时效性差。根据倍增放大机理,应在改变内在结构上下功夫。在信息化条件下,网络是链接保障需求方和保障资源的最有效的方式,特别是在海外条件下,只有建立起有效的网络体系,将保障需求与保障资源有效链接,通过保障信息实时传递,才能让分散保障资源聚合,使态势感知精准高效,提高装备保障物资流、能量流的流速和能量积聚,从而为信息助推保障能力生成释放提供了原始形态。应建立三个层次的可视化网络体系,一是军队内部保障网,立足军队内部保障资源,区分舰艇、航空装备、地面武器装备不同类别,建立横向连接、纵向贯通的军队内部保障可视化网;二是国际拓展网,与签订海外保障协议的国家,以及建立全天候战略合作伙伴关系国家间建立统一格式标准的保障信息网;三是多元融合保障网,将国内、海外民用企业,具备保障能力的,担负有融合保障职能的企业链接到统一海外保障信息网络中,形成一个多元融合拓展的保障资源模块功能体系。三个部分的网络体系融合在一起,与传统保障体系相比具有较大的不同。传统的装备保障体系内部结构是按照建制保障单位由上至下的树状结构,装备保障的需求信息则是由下到上的逐级反馈报告上级保障管理部门,经保障决策后,再将保障指令信息下发到保障资源部门。树状结构中各保障部门呈金字塔分布,便于平时保障训练统一管理,但保障资源的运用十分低效,不便于满足作战和军事行动中快速保障需求。建立可视化网络链接资源体系,将海外保障部队、海外企业单位、驻在国和伙伴国家相关保障能力单位平行融入网络中,成为一个平等的节点群。当有保障需求时,各个相应节点将自主或者在相应机理下自发寻找最佳保障资源路径,将海外保障部队装备信息、诊断措施、保障需求、最优保障资源调配点有效链接起来,可视化让保障沟通交流更顺畅,保障决策更科学。依托扁平顺畅的海外保障网络结构,加速网络承载的信息流动,可促使海外保障多节点快速反应高效实施联合保障,大大提高保障效率。如美军依靠可视化网络基础,以及先进的保障数据预测和诊断系统,实时掌握部队保障需求和可供资源位置,并建立了快捷高效的保障配送体系,以近实时的主动补给来代替盲目被动储备,将弹药直达配送到海外一线部队。这种模式以配送的速度取代库存的数量,以流动保障线和网替代孤立的保障点,极大地提高了保障效能。如在伊拉克战争中,美军创新采用主动配送方式对一线部队保障,相比海湾战争时的提前储备式保障,保障的精准度大大提高,减少了无谓的运输和储备,使整体的空运量和战役储备量都消减了3/4。

(二) 建立智能制造保障模式

如果保障资源可视化网络体系是内部结构改变的基础和中枢,那么信息驱动智能制造保障模式则是内部结构的终端模式。运用倍增放大机理,一方面是通过信息流速的改变来带动资源的流速,从而提高保障效率;另一方面是在末端通过数据流实现实体装备备件的制造和修复。依托海外保障云平台,吸引国际力量、社会力量和本国保障力量参与海外装备保障,按照统一的数据标准,通过分布在海外不同地域的资源快速提供保障备件,实现开源、共享、众包、协同的智能制造模式,可对海外装备保障的组织方式产生质的改变。目前,世界各国都在重视信息驱动智能制造发展。美国早在2011年6月,就提出"先进制造伙伴计划",以此来推进信息技术与智能制造业的融合,并率先在国防工业领域部署推广智能制造。2014年2月,由美国陆军牵头组建了"数字化制造与设计创新机构"[1],引领美国智能制造发展。2015年9月,

---

[1] 李晓红,朱洪武,祁萌.智能制造发展分析[J].装备,2016 (5): 54-56.

美空军发布了《美国空军2035年展望》，在空军未来行动概念0259Z想定"特种部队再补给"[①]中，设想了在未来2035年作战中利用智能制造保障这一场景，采取空中投送打印材料，由地面打印替换件。将以前从美国本土生产并空运至战区，需花费数天至数百万美元才能完成的保障任务，现在可以直接在最前线以低成本、高效地完成。

（三）建立分级结构保障模式

装备保障中的技术保障具有层次性特点，无论是按照三级维修还是两级维修，即基地级、中继级、基层级（舰员级）或基地级、基层级（舰员级）来组织装备保障活动，不能通过下一层级保障单元的数量规模来实现上一层级的保障能力，即无论多少个基层级（舰员级）维修单元累加在一起，也无法完成基地级所能完成的大修任务。装备技术保障的层级性特点，决定了对海外保障单元的规模设置需要充分考虑这一特点。将一组基层级保障节点用信息化网络链接起来，经过系统相变得到的倍增放大的能力也是基层级能力的扩大，不会实现维修等级的跃升。因此，按照倍增放大机理要实现系统的梅特卡夫腾跃，应使保障网络节点涵盖不同等级的维修单元，从而实现整体能力的跃升。海外装备保障，涉及陆、海、空、战略支援部队等各军（兵）种，海外资源有限，不能再分别建设，必须运用结构工程的方法，对各军兵种保障资源统筹建设，功能整合，形成保障要素的协同聚合效应，实现海外装备保障能力变常规增长为指数增长。

（四）建立远程技术支援模式

改变内部结构来提高保障效能，不仅要从内部改进实现改能

---

[①] 孙金标，等. 美国空军2035年展望［M］. 北京：蓝天出版社，2015：183.

增效，还应探寻从外部提供支持的方式。由于海外装备呈现小批量、多型号、高强度的应用，加之海外环境与国内差异较大，必然会出现一些不常见的疑难故障模式，而海外装备保障单位的人员技术结构存在一定的局限性，这就给维修保障带来难度。因此，应依托后方远程维修技术支持中心与海外装备保障单元建立远程技术指导和保障技术支援服务模式。该模式依托各装备总师单位和相关科研院所技术专家组，为海外保障单位提供专业技术信息和技术保障咨询，通过在线专家故障会诊决策、远程技术交流以及专家培训授课等形式实施技术支援。此外，可以采取健康"诊断系统＋远程技术支援"的模式降低海外保障强度。根据装备的故障模式，设立不同状态的故障自动检测评定标准，通过大数据分析，及时发现更换性能下降已处于隐性故障状态的装备，从而避免因装备突发故障，影响海外军事行动任务遂行。充分利用数据链和海外保障云，加强对装备的重要系统参数进行采集分析，远程技术专家实时监控海外任务装备的状态，对处于故障临界状态的装备及时提出维修决策建议，从而提高保障的超前性和时效性。

### 三、集约发展机理应用模式

保障经费规模的有限性决定了海外装备保障发展模式，既要提高海外投入的保障效能，又要防止海外保障的无限制投入对国民经济带来崩塌式下滑。因此，应在海外装备保障建设科学布局上下功夫，走集约化发展的模式。

#### （一）建立梯次衔接布局模式

海外装备保障是国内保障的延伸，海外装备保障的功能定位与国内保障的体系的关系是决定海外装备保障布局的关键问题。简单说就是建小而全，还是与国内体系进行分工定位？从最大满足海外装备保障需求讲，在海外建立从基地级到基层级（舰员级）完整的装备体系是最佳选择，但在保障经费整体规模有限时，就要认真思考这个问题。从需求导入原则来说，我们的海外需求是什么，是维护国家的海外利益和公民安全，是维护国家主要能源和贸易通安全、保障海外投资建设利益、保障海外公民安全，有利益攸关区保护能力、有相应远程投送与持续保障能力。按照这一思路，我们需要海外保障一定规模维护安全力量持续存在，并能支撑在特殊时期海外装备数量成倍增加时的装备保障任务。以英阿马岛之战为例，在战争中英军共计损失舰艇 17 艘，战损率为 15%，阿军损失舰艇 11 艘，战损率为 65%。[①] 英军参战的舰艇装备数量决定了海外保障需求量，也粗略确定了海外投入的规模，因此，应设立与之相符的保障能力，主要是基地级的保障基地。不同类型装备大修等保障时限不同，装备数量群与基地级维修对应的关系也不尽相同。根据查阅外军资料，外军通常航空装备基地级维修设置比是 200∶1 至 300∶1，舰艇装备是 40∶1 至 60∶1。我军装备整体结构与外军有一定差异，但也可以借鉴外军基地级保障设置的比例。如果高于这个比例，则可能无法满足保障任务。如果装备数量群与基地级维修对应关系低于外军比例，虽然这种类型保障体系更完备，维修能力更强，但会造成保障体系闲置较多，从而承担更大的经济负担。此种情况平时尚可正常运行，如遇有偶发因素影响，产生迭代累加效应，会对国民经济造成重大冲击。为防止出现类似问题，应建立国内基地级保障与海外前沿保障统分结合的模式，根据海外承担装备的任务量，将装备的基地级维修放在国内，海外保障主要用于装备定期检修、战场损伤

---

① 王才潮，范玉波. 装备技术保障面临的难题及对策［J］. 海军杂志，2008（7）：60.

抢修及较大故障排除。如美国在全球部署力量，其法律规定，母港设在美国的海军舰艇应在本土船厂维修，只有在航维修方可在海外船厂进行。截至2016年，美海军舰船母港设在海外基地的只有5个，分别是西班牙的罗塔港、意大利的加埃塔港、巴林、日本的横须贺和佐世保。[①] 美军海外母港数量不多，但驻海外母港舰船数量不断增长，2006年时有20艘舰船进驻海外母港，占舰队总数的7.1%；而到2017年时有41艘舰船驻扎在海外母港，约占舰队总数的13.9%。[②] 当然，母港设在海外可以提高舰艇持续部署效能，由于母港设置在海外部署前沿，海外1艘舰艇作战效能相当于本土的4艘。高效能也带来高成本，母港设在海外的舰艇，每艘舰艇每年的费用比母港为本土的舰艇的多出900万美元，高出约15%。[③] 因此，提高海外装备保障能力，应在充分分析部署效费比的基础上科学布局海外的保障体系，可以采用以国内基地级保障为主，海外保障为辅的模式。

(二) 建立功能互补保障模式

堆放在一起不是系统，赋予了可动态变化的相互关系才是关键。海外装备保障模式种类繁多，有自主保障、伴随保障、支援保障，还有海外基地定点保障，各类保障模式的功能不同，带来的效果也不相同。一是自主保障。自主保障主要指利用现有编制内编配的保障力量对固有装备进行保障的模式。这种模式以换件修理为主，由建制保障力量自主排除相对简单的常见故障，是海外装备保障的主要模式。二是机动支援保障。机动支援保障是上

---

[①] 陈传明. 美国海军海外母港的效益和成本 [J]. 军事文摘, 2016 (3): 51.
[②] 塞西·克罗波西, 布赖恩·麦格拉思, 蒂姆·沃尔顿利器. 航空母舰、联合部队和高端冲突 [R]. 陈传明, 译. 知远战略与防务研究所, 2016: 131.
[③] 陈传明. 美国海军海外母港的效益和成本 [J]. 军事文摘, 2016 (2): 50–51.

级加强的装备保障力量对海外军事力量实施的保障，配置保障设施设备，预置器材弹药，加强保障人员，根据任务需求机动或伴随海外军事力量一起行动的保障模式。这种模式不仅能提供基本的器材弹药供应，伴随人员还能随时提供技术支援，使海外装备获得持续的保障，是海外装备保障的有效补充。三是海外基地定点保障。依靠本国海外保障基地，或选择海外任务附近友好国家的机场、港口，以及适宜地域，利用当地设施设备、人员技术等资源，对海外装备实施保障的模式。这种模式能够就近得到比较充分的通用物资器材保障或与本国装备类型相同的专用装备保障，也能对装备进行及时的维护保养，是海外装备保障的重要支撑。这三种保障方式应根据海外保障任务种类、执行任务时间，以及装备的故障率来综合考虑，合理采用，建立动态转化机制，也可以自由组合搭配实施。如我国空军组织海外撤侨、参加联合军演主要以自主保障为主，结合海外合作国家定点保障为辅；我国海军执行亚丁湾护航以自主保障为主，其他两种保障模式为补充。另外，还可以根据各种海外装备保障模式具体实施效能，来决定采取哪种相应的保障模式。

（三）开展国际装备众筹合作模式

众筹本意是指一种向群众募资，争取支持，以达到发起人或组织意愿的行为。这里是指在海外装备保障中，与海外相关国家采取资源、资金、技术等多种合作形式，来完成海外装备保障的模式。前面探讨过海外装备保障需要海外友好国家、军事行动东道国以及海外企业的合力，多个主体聚合在一起形成合力就应采取众筹的方式，实施优选而开展装备合作模式。从海外保障需求看，主要是保障资源、技术和保障人员，其中保障资源需求最为突出，包括保障设施设备的提供，器材弹药的储供等方面。实现的方式主要有以下四种。

一是依托军援军贸探索一体化保障模式。从我国的军援军贸情况看，2000年以后我国军事贸易相对有较大发展，我国军贸主要分布在东南亚、中亚、中东、非洲，以及拉美地区。这些地区多数是我国传统友好国家，也是我国海外保障的重要基础。应依托军援军贸等形式的国际装备合作，将我国同类装备纳入军贸接受方的一体化保障对象，通过军贸合同附加条款方式予以确立，实现军贸与接受国维修保障技术服务、对我国海外装备支援保障的一揽子交易。一方面，可以增加我军装备的出口数量；另一方面，相当于在军贸国建立了一个动态流动的备件储备库，这将大大缩减保障成本。

二是与海外国家协商签订海外保障协议实施保障的模式。主要包括租用海外国家的保障设施设备，根据双方器材弹药的通用程度，可相应在海外国家采购和预储。美军的全球保障就是通过国家出面，依托世界贸易组织的《自由贸易协定》和《政府采购协议》等国际机制来实现海外采购保障服务，如果与美国未建立同盟关系的国家，则美军就采用签订商业性质的保障支援协议获取海外资源。如美国与印度签订的《美印共享与相互服务协定》，就为双方在全球地域相互"借用"对方装备和保障设施提供了框架保证。这种模式技术难度低，可以最大限度利用当地资源，高效便捷，但也存在受国际政治因素影响较高的不利因素。

三是与海外国家进行经济活动实现保障功能的模式。主要依托本国企业在海外国家投资建设基础，通过收购、招标等方式获得当地机场、港口等保障设施的控股权，可为海外保障设施使用提供方便。

四是依托国际合作组织进行预置。可依托合作组织来实现军事力量的部分预置，但存在预置地域分布与国家战略通道重点方向匹配，并且预置的内容中装备保障器材弹药等必备要素所占比例小，还不能形成针对利益攸关区、重要陆海通道有针对性预置。因此，这种形式发挥的作用相对有限。

**四、余度备份机理应用模式**

海外装备保障环境十分复杂，不仅要考虑正常运转时的模式，还应充分考虑遇有功能失效、自然灾害、遭敌打击破坏等突发情况时的整套体系的运转情况，相应设置风险防护模式。

（一）整体功能余度备份构建模式

海外装备保障是一个系统工程，采取安全余度备份构建模式是这一系统功能正常发挥的基础，也是系统构建的底线。建立余度备份模式应做好三个方面工作：一是海外装备保障各单元要系统综合。随着海外保障需求不断拓展，海外装备保障体系将承担陆、海、空以及战略支援部队等多军兵种装备保障功能，无论是各军兵种保障基地分别构建，还是一体构建，都应在各军兵种保障单元之间建立相互联系，构建成系统综合配套、具有统一构架的大体系，为互为余度备份设置奠定基础。二是整合各军兵种相近功能，建立替代关系。这不仅要注重内部保障单元衔接的有序性，还应注重保障要素配套的完整性。对于各军兵种相近的装备保障功能，构建兼容功能模式，增强保障多样性，也为特殊情况下一方出现功能受损或丧失时，通过其他保障单元的兼容模式进行备份替代，以保证装备正常运转。应按照余度备份模式进行构建，不仅要注重设计各基地正常运转时的保障单元和保障要素的工作情况，还应针对不同基地保障单元功能丧失、保障要素缺位的情况，在地域位置相邻或功能相近的不同军兵种基地设置替代体系。三是发展海外民用保障潜能替代模式。在海外友好国家、驻在国或本国海外企业中精选有能力实施海外装备保障的民间力量，将其纳入动员力量的同时，应明确其与海外装备保障基地的替代关系，确保一旦出现情况，能迅速接入保障体系。

（二）预设保障网络重构功能模式

网络重构是指针对不同保障任务需要，重新构造海外保障网络的结构并重新组合保障网络功能。实现保障网络重构功能模式：一是预置备份接入重构模式。对海外保障体系各保障单元进行重要度评估，对可导致整个体系运转瘫痪的保障单元应预置备份替代单元，一旦该单元受损严重影响体系运行时，接入新的保障单元，实现网络重构。二是重新组合方法重构模式。针对不同的保障任务，为提高保障的效能，在海外装备保障总体结构不变的情况下，可以采取重新组合的方法，使海外保障网络由一种形态转换为另一种形态。如为充分发挥中心基地的辐射功能，可将海外保障线性部署组合转变为环形部署组合，以实现海外装备保障的组合重构。三是子结构替换模式。此种模式类似于第一种模式，只是此种模式不是采用外部单元进行替换，而是采用内部功能相近的单元进行替换，实现保障网络局部重构。

（三）嵌入整体防卫体系保障模式

嵌入本意是将较小的东西卡入较大的东西之中，这里是指将海外装备保障防卫包含于海外整体军事行动的防卫之中，统一进行考虑和建设。在信息化条件下局部战争对抗将会十分激烈复杂，防卫任务十分艰巨，海外装备保障工作是整体军事力量发挥效能的重要支撑，其防卫工作也是整体防卫体系的重要一环，只有海外军事力量为装备保障提供了安全防卫环境，装备保障力量才能为海外军事力量提供可靠的装备保障。另外，一方面，装备保障力量是对敌打击的重点，而其大部分呈平面分布，因此应将海外装备保障配置地域连接成为防卫整体，提高防卫的整体性；另一方面，海外装备保障防卫与整体防卫体系应根据可能遭敌打击的重点，进行防护，打藏结合。

## 五、机理综合应用的典型模式

海外装备保障能力生成机理是一个综合的整体，是围绕提高海外装备保障能力而展开。进行单一机理的应用模式探讨，一方面可以摸清保障模式的发展演化过程，另一方面为开展机理综合应用模式奠定了基础。

（一）海外装备保障模式演化分析

1. 机理应用模式与海外装备保障模式的区别

海外装备保障模式是实施海外装备保障所采取的具体样式，从种类上归纳主要有六种，见图 7-2。海外装备保障能力生成机理应用模式是机理的应用方法，是建立海外装备保障模式所应采取的措施，即机理应用模式是装备保障实现的路径，装备保障模式是现实中保障的样式。

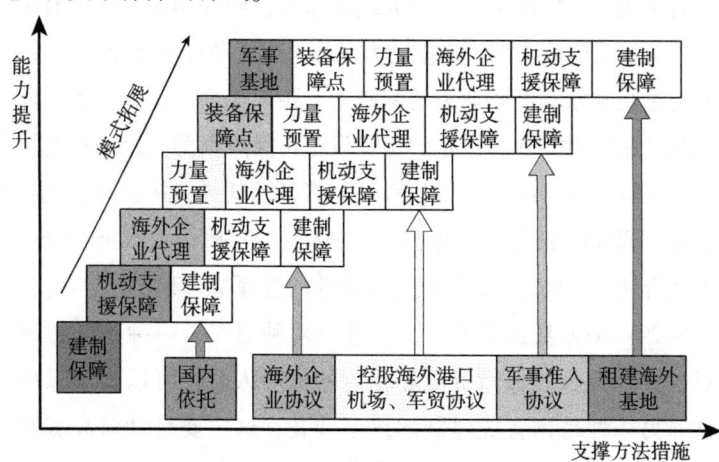

图 7-2　海外装备保障模式演化示意

2. 海外装备保障模式类型

海外装备保障模式是一个从单一向复合，保障能力由弱向强的不断发展演化过程。图7-2中，沿阶梯的斜线表示模式的种类不断演化拓展；纵坐标表示随着保障模式的拓展，海外装备保障能力不断提高；横坐标表示不同的模式所需要的支撑方法和措施。具体如下：

第一种建制保障模式。这是最常规的保障模式，也是执行海外军事行动任务部队本身必备的保障模式。这类保障模式可以完成日常保障和基本的作战保障，具有时效性强，快捷高效的优点；同时，也有保障深度浅、保障持续性差的缺点。

第二种机动支援保障模式。这一保障模式主要是后方派出机动保障力量进行支援保障，具有机动性好，保障针对性强，与海外任务部队一体，保障深度增加，保障持续性得到相应延展和增强的特点；但也有保障资源有限，缺乏有效的保障设施基础，保障能力受限等特点。

第三种是海外企业代理模式。这一模式主要是针对海外装备保障能力不足时，由国家赋予任务或以保障合同等形式委托国有企业驻海外机构或国际大型代理集团为海外军事行动任务实施装备保障，主要通过在其原有经营业务的基础上，融入或增加军事装备保障模块，此种保障模式拥有固定的保障设施、保障资源，运转相对协调顺畅，可以保障持续性较长的海外军事行动任务，并且具有民建军用性质，国际影响面小；但也存在嵌入装备保障模块规模与企业的代理融合性受限问题，保障能力受企业的管理制约等方面影响。

第四种是力量预置模式。预置分两种情况，一种是预置装备器材备件和弹药等保障资源和相应的保障人员，可以提高保障时效性；另一种是预置成建制的重型装备，这主要是针对高威胁地区突发情况，装备从国内调运至此时间周期长，无法有效应对事态发展，因此先行预置，以提高反应的灵敏性，这是军事部署的一部分，主要由装备的调配保障来实施。力量预置需要本国企业具有海外国家港口和机场使用权，因此此类力量预置受限较多。

第五种是装备保障点模式。这类模式是通过军事允许协议和合同等约定，可以在海外国家实施装备保障，使用当地的保障设施，具有一定的保障深度和持续保障能力，具有投入小，保障相对稳定的特点，但受军事准入协议限定和国家关系影响。

第六种是军事基地模式。这种模式是海外保障最重要的一种保障模式，通过国家签订租借协议自行建设，保障能力强，可以部分具有本土保障的功能，保障自主性好，还可根据建设规模实现相应各军兵种装备的保障能力，增强保障持续性。

以上所列六种保障模式不存在先进与落后的差别，但是可提供的保障能力存在强弱差异，即从单一模式逐步发展过程中，可提供的保障能力是不断增强的。另外，在海外装备保障实践中，以上保障模式不是必须按图 7-2 中所示发展阶段演化的，这些模式可以存在任何形式的组合，即可以出现阶跃的发展，也可以同时进行六种模式的推进。

(二) 不同阶段对应的典型保障模式

在海外发展的不同阶段，所应用的保障模式也不尽相同。主要分为以下三个阶段。

一是实践需求阶段。这一阶段主要是随着任务的增多，海外装备保障的需求不断显现出来，但由于前期没有充足的准备，一般都采取建制保障、机动支援保障的模式。这几种装备保障模式下，保障的装备类型和数量规模有限，持续性不强，多为联合演习、军事出访等类型，并通过临时协调采取短时使用他国保障设施的保障模式。

二是力量拓展阶段。这一时期海外具有常态化任务部署，保障需求明显，为弥补保障需求不足的缺点，通常采取依托本国驻海外企业进行代理保障模式，并逐渐寻求在任务行动区域具有相对决定权的港口和机场进行力量预置，同时会扩大军事交往，采取与海外国家协议租赁等方式获取海外装备保障点，直至扩展至海外保障基地模式。这是根据海外任务力量不断增多，需求不断增长而采取的模式。

三是部署整合优化阶段。这是在力量拓展阶段完成并扩充了一定规模的海外装备保障能力后，根据实际任务和需要不断调整和优化海外装备保障模式，对一些保障点、企业代理点以及海外保障基地进行优化整合，从而更好地适应海外军事任务需要。

(三) 机理应用与保障模式对应关系

前面探讨了建制保障模式、机动支援保障模式、海外企业代理保障模式、力量预置保障模式、海外装备保障点和海外军事基地等六种海外装备保障模式。这些模式按照参与的主体可以分为军队系统单独保障模式、海外企业参与保障模式和海外国家参与保障模式三类。从装备保障模式与机理的对应关系可以看出，不同的机理应用模式对实现和形成各类装备保障模式的作用并不相同。如图7-3左侧部分所示，可以看到建制保障模式仅有三种机理应用模式与之对应，分别是扩大国家伙伴关系拓展海外保障区网模式、建立可视化网络链接资源投送体系模式、建立远程技术支援服务模式；而军事基地则有10种机理应用模式与之对应，除了整合海外企业力量打造多元融合保障模式、依托国际维和行动维持海外常态化存在模式、建立信息驱动智能制造保障模式、依托军援军贸开展国际装备合作模式这四种模式与之构建军事基地保障模式相关性不大之外，其他各种机理应用模式都对形成保障基地保障模式具有推动作用。

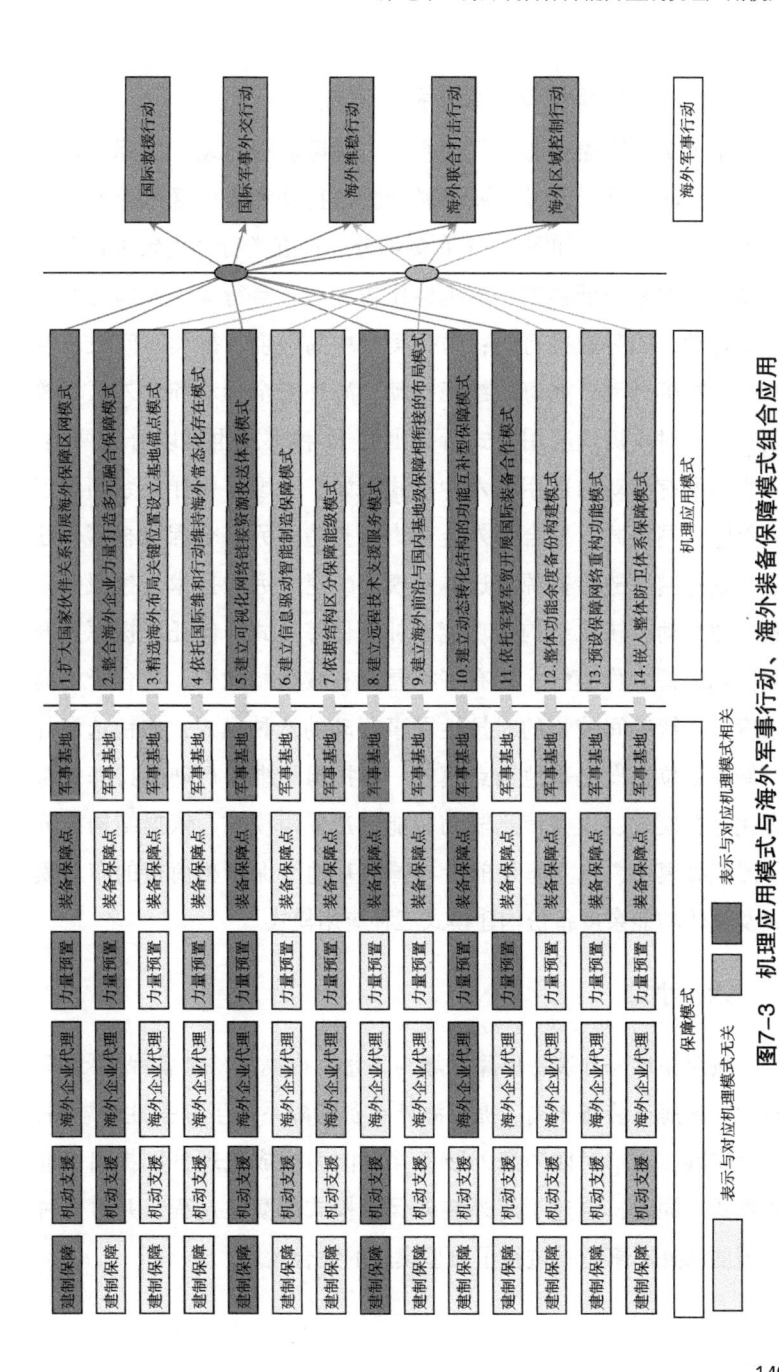

第七章 海外装备保障能力生成机理应用模式

图7-3 机理应用模式与海外军事行动、海外装备保障模式组合应用

（四）机理应用与典型行动对应关系

本书第三章探讨海外行动主要有国际救援行动、国际军事外交行动、海外维稳行动、海外联合打击行动和海外区域控制行动等五类行为，具体如图 7-3 右侧部分。这五类行动大致可以分为两类：一类是中低强度、随机性比较大的军事行动，如国际军事交流行动、国际救援行动；另一类是中高强度、持续时间较长的对抗性军事行动，如海外维稳行动、海外安全行动和海外区域控制行动。对应机理应用模式所提出的 14 种模式也可以分为两类：一类是所有行动均适用的六种模式，如扩大国家伙伴关系拓展海外保障区网模式、整合海外企业力量打造多元融合保障模式、建立可视化网络链接资源投送体系模式、建立远程技术支援服务模式、建立动态转化结构的功能互补型保障模式、依托军援军贸开展国际装备合作模式；还有一类是具有较强指向性，适合于中高强度、持续时间较长的对抗性军事行动的八种模式，如精选海外布局关键位置设立基地锚点模式、依托国际维和行动维持海外常态化存在模式、建立信息驱动智能制造保障模式、依据结构区分保障能级模式、建立海外前沿与国内基地级保障相衔接的布局模式及整体功能余度备份构建模式三种应用模式。

## 六、小结

按照拓展海外装备保障区域与力量、提高海外装备保障效率、科学实施海外装备布局、提高海外装备保障系统生存韧性的思路，结合实践，本章对四项海外装备保障能力生成机理分别提出了应用模式。同时，论述了海外装备保障模式的演化过程，并对五种类型的海外军事行动进行了典型模式的组合运用。

# 第八章 加强海外装备保障能力建设的主要措施

研究海外装备保障能力生成机理的最终目的是指导海外装备保障建设，提高海外装备保障能力。海外装备保障能力建设是举棋落子的重要阶段，关乎长远，涉及能力生成的各个方面，必须统一谋划研究，制定切实可行的措施。

**一、统筹制定海外装备保障发展规划**

**（一）与国家发展战略基调同频**

一是对接国家发展建设阶段。党的十九大报告明确了2035年和2050年两个发展节点，党的二十大报告中进一步优化了时间节点。这是我党经过实践摸索总结、科学规划的路线图，也是我们一切工作的总基调。我国海外装备保障发展规划应与国家的发展阶段相契合，分步推进海外装备保障能力建设。根据前文对我国海外利益分布及现实能力需求的分析，按照阶梯距离接力，应分三步建立海外装备保障"三环"体系。第一步，海外装备保障发展规划应与"一带一路"倡议步调相一致。在2025年前，以吉布提、瓜达尔港建设为牵引，推进印度洋区域海外装备保障体系点面建设，重点形成维护波斯湾—印度洋—马六甲海峡地区的陆、海、空各军种装备的保障能力。第二步，在2035年前，结合维和、人道主义救援、反恐等任务需求，建立非洲—地中海保障环。拓展非洲地区装备保障建设与部署，支撑形成保障国家在非洲的海外利益安全能力，重点是维护我国在非洲的能源和投资建设，并具备保障苏伊士运河到直布罗陀海峡与印度洋经好望角的两条通道安全的能力。第三步，在2050年前，拓展太平洋至拉美地区的装备保障能力，建立美洲—太平洋保障环。支撑保障我国在拉美地区的海外利益，重点维护我国在拉美区域的矿产资源及投资建设，并具备保障太平洋到巴拿马运河，以及麦哲伦海峡战略通道安全。

二是融合国家发展各领域。海外装备保障能力建设，从国家层面横向看，涉及政治、经济、外交、科技、文化等方面，应准确把握各方面的功能定位，按照政治是方向、经济是基础、外交是前提、科技是支撑、文化是纽带的定位，加强与各方面的横向联系。海外装备保障发展规划，在政治上，应以维护国家海外利益安全而提供装备保障能力基础为出发点；在经济上，投入比例应与国民经济发展相协调；在外交上，应与国家对外发展战略相一致，通过国家和军事外交拓宽渠道，建立规模适度持久有效的海外保障能力，塑造有利的战略态势，为国家外交提供有力支撑；在科技上，应依托国家科技发展，融合世界科学技术，构建快速、精确、高效、多维的海外装备保障体系；在文化上，要秉持维护世界和平正义，传播我国传统文化与我军特色文化，与海外各国文化相融合。应注重在把握世界格局变化和国家发展的基础上，科学预测各个方面的因素影响，从而为制定海外装备保障能力建设发展规划提供有效依据，增强发展规划的科学性和指导性。从装备保障能力建设自身看，应根据国家发展变化，对各方面影响因素留有接口，实现规划制定与后续落实中的政策对接。同时，针对未来各行业融合更加紧密，整体的联动性更强，应在海外装备保障发展规划中将各要素的建设整体考虑，避免未来发展不同步，出现木桶短板，影响海外装备保障建设的效果。

三是把握国家发展战略重点。进入新时代以来，我国提出了"一带一路"倡议。通过"一带一路"倡议拓宽海外经贸往来，加强与合作伙伴友好交流和军事合作，搭建维护共同利益的平台。海外装备保障发展规划应立足国内、国际的技术力量和保障资源布局，统筹谋划海外装备保障的建设发展。在保持军队核心保障能力的基础上，按照合理利用海内外一切可利用的民用资源的原则，规划好各种类型装备保障主体和资源的发展。首先，分批考察海外设立分支机构的民营企业，建立合作关系，实现从国内合同制保障延伸到海外租赁服务；其次，规划利用海外国家的保障资源，拓宽海外装备保障的渠道；最后，与国家海外建设工程规划同步考虑，预留海外装备保障功能，不断增强海外装备保障能力。

（二）与军事力量"走出去"发展同步

一是超前谋划。应用同步，建设不能同步，谋划更需超前。海外装备保障能力是军事力量"走出去"应具备的重要基础能力，承担着海外建制保障、伴随保障、海外保障基地的前沿固定保障以及在跨境投送基础上的前出保障等不同保障职能。海外装备保障需要依托相应的保障设施、保障资源，其建设成效不是投入后立竿见影，也不同于执行一次军事任务具有单一性，而是具有一定的周期性和循环使用性，而且大型基地级装备保障建设周期通常较长。因此，要满足未来军事力量"走出去"，满足军事任务保障需要，就要超前谋划海外装备保障发展规划。重点考虑未来世界格局变化、海外力量对比，我国海外利益分布、未来保护的重点区域、现有的保障基础等，进而规划出海外装备保障发展的路线图。

二是短期可用。发展规划应着眼长远发展，也应立足现实需求。制定发展规划的目的不仅是规划未来科学发展，更重要的是解决当前急需与未来持续发展的矛盾，避免出现当前的建设只顾一时而堵上了未来的发展之路。所以谋划长远很重要，立足现实急需更迫切。应在长远谋划的同时，抓一些现实可行的海外装备保障建设，解决当前我国在亚丁湾护航、海外能源运输以及海外投资建设保障力量弱的现状。

三是梯次推进。海外装备保障建设不能一蹴而就，海外装备保障力量结构也要梯次发展，应科学规划海外装备保障人员比例。作为全球部署的美军，其装备保障人员约62.5万人，其中海外装备保障人员约6.1万人，约占10%。相比较我国目前只有吉布提一个海外保障基地，海外保障人员比例相对较低，可在规划中分阶段逐步提高海外装备保障力量的比例，使其与海外装备保障任务相适应。

（三）与维护海外利益能力需求增速相符

《中国的军事战略》白皮书中明确了我军担负的"八项战略任务"[①]之一就是维护海外利益安全，这是军事力量"走出去"的重要职责之一，也是海外装备保障的重要目标。根据《中国统计年鉴2020》公布的相关数据，2019年，我国原油进口超过5亿吨。[②]

---

① 中华人民共和国国务院新闻办公室. 中国的军事战略 [M]. 北京：人民出版社，2015.

② 国家统计局. 中国统计年鉴2020 [M]. 北京：中国统计出版社，2020.

通常，原油进口超过 1 亿吨，就应具备保障石油供应安全的军事能力，而我国现已远远超出了这一范围。另外，我国出境人数连年快速增长，2019 年出境人数已达 6.7 亿人次，同比增长 3.8%，海外公民安全保障需求日益增加。[①] 可以预见到 2035 年及 21 世纪中叶，我国的海外利益将较长期维持较高增速。这就要求我们应规划好海外装备保障能力发展，使之与海外利益的发展需求增速相符。

一是应规划重点发展区域。将海外利益快速增长区域、重点保护区域与装备保障能力建设的投入对应起来，将海外利益的增速与面临的威胁合理转化为军事保护能力投入，特别是需要提供较长期保护能力的，应重点考虑装备保障能力建设。海外面临对抗条件环境，以及需要军事力量较长期提供维护安全能力，必须把装备保障规划好，否则失去了保障能力，将丧失军事力量维护安全能力。

二是应将投入海外装备保障的标准规划好。海外利益发展及保护应区分层次，按照核心利益区、重大利益区、潜在利益区分别规划好未来投入军事力量和相应装备保障能力的标准；应在海外利益与国家整体利益的关联度和潜在影响的基础上，明确多大利益时应配套军事保障能力，将面临多大损失时必须投入军事力量予以保护，这样就为海外装备保障发展和建设提供了依据。

三是应依据联席会议机制修订规划。2004 年，我国建立了境外中国公民和机构安全保护工作部际联席会议机制。这是国务院和军委机关（原四总部）共同建立的工作机制，旨在处置境外我国公民和企业安全保护工作，这也为后来的利比亚撤侨、也门撤

---

[①] 参见中华人民共和国中央人民政府网，网址：https://www.gov.cn//xinwen/2020-01/06/content_5466711.htm，访问时间：2022 年 3 月 10 日。

侨中军事力量的快速出动奠定了基础。未来应修订完善好这项机制，坚持定期召开联席会议，通报海外利益发展和安全情况，提出保障需求，依据需求不断修订发展规划，使之与发展相对应，与需求相契合，为海外利益提供有力支撑。

## 二、深化海外装备保障理论研究

### （一）拓展海外装备保障理论体系

海外装备保障实践离不开海外装备保障理论指导，海外装备保障理论也离不开海外装备保障实践检验，二者相辅相成，互为表里，不断在跟踪未来发展趋势、解决现实矛盾中创新发展。拓展海外装备保障理论体系应注重以下三个方面。

一是着眼解决现实矛盾。现有的理论体系，国内军事后勤学与军事装备学是两个分立的一级学科，对二者进行统一综合保障研究还不够丰富，在此方面的海外保障理论研究相对不足。这些不足如不能及时解决会影响未来海外保障建设和保障工作的开展，缺乏理论指导和科学规划将造成布局不合理，重复建设资金浪费，保障能力生成周期延长，甚至影响未来海外作战能力。因此，应着眼未来，深入研究海外后勤与装备保障的共性理论，融合专业建设，在战略保障资源配置、信息化保障支援手段、智能化保障方式拓展等方面大力开展理论研究，破解现实矛盾制约。

二是统筹继承与发展创新。海外装备保障理论是现有装备保障理论的一部分，装备保障与海外装备保障是整体与部分、一般与特殊的关系。一般的装备保障理论对海外装备保障同样具有指导意义，海外装备保障理论是对一般装备保障理论的丰富和发展。因此，我们在深化理论研究的过程中，应注重一般与特殊的关系，既要注重一般理论的归纳，也要注重海外装备保障理论面临的新环境、新任务、新要求，不断进行丰富完善。既要瞄准满足未来海外军事行动的保障需求，也要着眼于未来具有智能化特征的信息化战争发展趋势，瞄准装备保障发展前沿，聚焦军事发展热点，按照使命要求和职能领域分别开展理论研究，为我国军队未来海外装备保障建设提供有力的理论根基。

三是注重弥补理论空地。从未来发展看，海外装备保障理论有其复合性的特点。海外装备保障涉及国际影响因素，容易上升到国家层面，具有战略性质；但从其实际的装备保障内容看，属于战役、战术层次的内容多，当前，研究多注重局部的理论研究，缺少宏观的理论研究指导，不利于未来发展。另外，从功能上看，海外装备保障理论属于装备应用理论，是为军事行动服务的，这就要与海外军事理论配套发展，形成综合体系，增强海外装备理论的实用性和系统性。再者，海外装备保障理论还比较零散，只有针对单方面具体问题进行研究，系统研究比较匮乏。应按照体系化的发展路径进行拓展，切实通过海外保障理论的丰富发展来指导海外装备保障实践。

(二) 追踪世界海外装备保障发展趋势

技术是装备保障的基础支撑，决定着保障方式和手段。世界各国装备保障发展趋势最活跃的也是保障技术的发展，这是促使装备保障领域变革和理论创新的巨大推动力量。随着科技的飞速发展，各领域新技术突破此起彼伏，并呈现融合发展的趋势，这将带来世界海外装备保障领域革命性变革。因此，必须紧跟科学技术发展，追踪世界海外装备保障领域发展趋势，主要从以下三个方向入手。

一是从信息技术发展方向。信息技术是装备保障的倍增器，根据倍增放大机理，海外装备保障系统在信息技术的支撑下将发生相变，保障能力将发生指数倍提升。因此，应紧密跟踪信息技术发展趋势，重点追踪物联网、云计算、量子技术、先进传感器等方向技术的发展，以解决海外保障信息获取、处理效率等问题，实现保障过程可视、智能预测诊断、保障辅助决策等保障功能，提高海外装备保障的效能。另外，应跟踪技术发展的最新成果，这些技术一旦取得突破，将带来信息技术领域革命性变革。如量子技术未来应用到海外装备保障信息系统，将拥有超大的信道容量，具有超高的通信速率，使未来透视战场、透视保障成为可能。

二是从保障资源发展方向。保障资源是海外装备保障持续的基础，海外装备保障除具有装备保障一般特性外，主要特点是远离本土、海外保障资源相对匮乏、保障环境差异大。世界各国都在研究从根源解决保障资源运送周期长的问题，以 3D/4D 打印为代表的增材制造技术在一定程度上改变了装备器材保障的方式，从后方实物供应向数据供应转变，前方可根据数据随时制造紧缺器材备件。未来保障资源技术的发展，主要聚焦减少保障工作量，解决保障持续性问题和提高保障效率等方面，应重点追踪纳米技术、新能源、新材料技术的发展，以解决装备器材寿命和储供问题，提高装备的可靠性。

三是从保障环境方向。未来海外装备保障将随着军事力量向高边疆、远边疆领域拓展，深海、极地、太空及外星球将成为新的海外保障领域。在这些保障环境下，将出现超出人类承受的极限条件，装备保障将呈现有人与无人相结合，以无人为主的保障模式。因此，要紧跟世界科技发展步伐，就要重点追踪人工智能、无人机、深海潜航器、智能机器人等领域技术的发展，解决在极限保障环境下的人机融合保障、远程遥控保障、无人自主保障等问题，不断拓展保障的领域和范围，提高保障的精度。

(三) 开展海外装备保障数据分析

数据是研究的基础，是分析的工具。海外装备保障涉及大量装备保障资源和保障对象，保障准备时间短，保障任务转化快，任务中产生了大量保障数据，这其中隐藏着海外装备保障的变化规律。

一是应通过数据分析开展理论研究工作。未来海外装备保障的规模将持续加大，必须从建设之初就注重数据的积累，对投入海外的装备数量、海外装备保障实力、海外装备的故障模式，以及装备维修的基础数据，如海外器材弹药的消耗、保障时间、在队完好率、保障设施租建费用等数据加强统计分析，为海外保障决策提供有效依据。以数据意识推进海外装备保障信息化建设，实现海外装备保障工作超前谋划、科学规划、精准部署。通过保障数据的积累，为海外作战能力提升提供数据支撑。

二是应注重收集分析海外装备保障实践数据。应结合国际维和、联合军演、护航、国际武器装备展示等时机全面收集本国装备海外使用的信息数据，开展状态监控分析，摸清海外保障环境下装备的性能变化特点，故障规律以及器材弹药消耗情况，制定有针对性的海外装备保障措施，为广域执行海外装备保障任务以及开展海外装备储供研究奠定基础。

三是应树立数据筛选意识。信息化时代随之而来的是海量信息，带来了保障的快捷高效，也带来了数据淹没的弊端。特别是在海外保障，涉及国内、驻在国、海外企业、海外部队等各类保障行动信息、保障资源信息、保障需求信息，各种信息交织在一起，容易形成数据淹没，掩盖了紧急重要信息。早在 20 世纪 80 年代，美国陆军曾就指挥官实施指挥所需的数据做了统计，其类别达到 83 种，其中我情约占 40%，敌情约占 24%，空间地理环境约占 20%，其他约占 16%。[①] 这足可见未来如果海外发生具有准战争性质的作战行动时，各类信息更将成千上万倍增长。因此，应将海外装备保障信息按照优先级别进行分类，对于高等级的信息要优先报送处理。同时要加强信息的梳理，在大量统计分析的基础上，应注重数据内在关联和变化规律的把握，及时归纳总结，不断丰富完善海外装备保障理论。

### 三、科学布局海外装备保障资源

（一）整合国内外装备保障资源

海外装备保障资源是指国内外或某一地区内所拥有的人力、物力和财力等各种要素的总称。从大的类别上可以分为自然资源和社会资源，社会资源不仅包括人力资源，还包括政治、外交等方面。由于海外装备保障资源有限，而建设投入巨大，要使有限的资源取得最佳的效益，就要通过资源整合手段，最大限度利用各界的资源，提高资源利用率，避免过度和重复的建设造成浪费。整合海外装备保障资源应发挥政治、经济、外交等方面的功能，采取多种形式，将分散于国内、国际组织、海外国家、海外企业以及海外保障基地等各领域范围的装备保障人才、技术保障装备、装备保障设施设备和装备保障物资等要素有机整合起来，充分发挥海外装备保障资源聚合作用，为海外装备保障提供有力支撑。

一是要摸清有什么。应摸清海外各国装备的主要来源、保障方式、依托的力量以及各国现有的机场、港口、船坞等装备保障设施设备，做到心中有数。如机场可作为航空装备海外保障点，

---

① 李强. 信息化理论与指挥信息系统：中国电子学会电子系统工程分会第十八届信息化理论学术研讨会论文集 [C]. 北京：电子工业出版社. 2011：35.

对其保障能起到事半功倍的效果。据统计，全世界符合战斗机起飞的机场有 2000 个左右，见表 8-1。这些机场分布并不均匀，有些国家只有 1~2 个机场。民航机场虽然经过改造可以保障战斗机使用，但不利于海外执行持续性作战行动，只适合作为应急措施时使用。

表 8-1　可供战斗机起飞的机场分布情况[①]

| 地区 | 机场数量 |
| --- | --- |
| 亚洲 | 300 个左右 |
| 波斯湾和中东地区 | 150 个 |
| 西欧 | 400 个 |
| 北美 | 600 个 |
| 世界其他地区 | 550 个 |

注：原文为跑道超过 6000 英尺（约为 1828 米），可供战斗机起飞的机场。

二是应预测未来需要什么。整合资源要立足未来发展趋势，预测未来海外军事行动的样式、应采取的装备保障方式，以及所需要的装备保障资源。在前期摸清现有保障资源的基础上，还应区分哪些是社会资源可以转化的，哪些是需要自行建设的，从而提高已有资源的利用效率，避免海外建设造成国家巨大负担。另外，还应根据海外战略位置的重要度有选择性地与当地国家合作开展保障建设，结合驻在国的发展规划进行合作分工，由驻在国提供基础设施，我国可提供装备技术保障能力，实现各地资源利用最大化。

---

[①] 迈克尔·E. 欧汉伦. 战争的科学：防务预算、军事技术、后勤保障和作战效果 [M]. 北京：军事科学出版社，2014 (1)：159, 176.

## （二）建立海外装备保障基地网络

海外装备保障基地不仅是海外装备保障的重要支点，还是国家实力和影响力的延伸。海外装备保障基地是海外保障能力的重要载体，是生成保障能力的重要一环，未来维护遍布全球的国家海外利益，需要有一个海外装备保障基地网络作为保障力量的承载。

一是保障基地网络应布局合理。海外装备保障基地涉及装备类型多，保障复杂，如美国海外保障涉及陆军装甲、工程、防化装备，海军的舰艇装备、舰载航空装备，空军航空装备、导弹、雷达，太空军的卫星通信、卫星测控装备，指挥通信装备、信息网络装备，等等。这些装备种类和型号繁杂，并长期在海外执行任务，要确保其能够得到有效的保障，就要充分依靠海外装备保障基地，按照装备类型科学分工，建立功能互补、布局合理的装备保障基地。布局重点应根据国家海外利益和重要战略通道的分布，按照就近设立的原则，确保装备保障力量便于支撑军事力量快速高效地维护海外重点利益区。如统筹陆、海、空以及战略支援部队的保障基地建设，陆军应以维和任务点、援外技术服务地为依托建立陆军装备维修中心；海军应以打击海盗、维护国际能源通道、战略通道区域安全为主，在友好国家港口建立保障基地；空军应按照国际重大灾害救援物资快速投送、持续保障等功能为主，以进驻机场为依托设立基地，特别是关键物资投送转运中心应与海军保障区域相对应，综合建立相应的保障基地。

二是各基地之间的位置和功能设置应合理。根据基于场效应叠加的力量积聚机理，应克服距离导致的能量的衰减进行装备保障能量的补充。因此，地理位置对海外装备保障具有重要的影响。首先，应充分考虑本土、海外保障基地、合作国家等的位置来设置分配海外装备保障任务。如果将海外装备保障基地力量可在有效时间到达的地域所覆盖的面积作为其能量可达区域，那么重点区域的保障任务应在某一海外基地的有效可达区域内，或者位于两基地之间能量可达区域交集处，这样才不至于出现保障的死角。而对于非核心区域，可根据保障允许延长的时间，而适当放宽距离。其次，功能决定海外装备保障基地的价值。海外装备保障基地应与军事基地、油料补给基地等其他基地配套设置，形成功能综合集群的保障基地网络。最后，海外装备保障基地应区分装备类型建设核心维修保障能力，即保证海外基地装备保障机构具备最低限度的维修保障能力，可支撑海外任务部队独立完成其担负的核心任务。

三是应以多样化的方式设立基地。海外保障基地应根据军事需求和后勤装备保障任务来统筹设立，针对各基地所担负职能的不同来确定保障模式。从设立的方式来看，对于处于靠近国家重要利益区域，政治敏锐性不强的区域可设立专门的军事保障基地；对于两国有着共同利益，可采取合建共用基地的方式设立。从部署的形式看，可根据保障军事任务的时间分别采取轮换部署、临时部署的方式。从建立的方式看，可根据重要度，与东道国签订相关协议，对处于核心区域或邻近核心区域可签订租用协议建立基地；对于非核心而途经的区域可与相关东道国签订航空过境与中转协议；对于一些目前无利益威胁，但地位比较重要的，可采取与东道国签订准入保障协议，以便必要时刻保障力量可以进驻和开展装备保障工作。基地的保障设施建设投入大，而且多数无法搬迁，一旦驻在国发生政变，撤销关于基地的建设协议，将导致巨大的装备保障设施的浪费。因此，对海外基地的建设应慎重，针对地位十分重要的综合性基地，可建设固定永久的装备保障设施，如机库、船坞、修理车间等；对于位置比较重要，但目前保障任务不重的，应建设可扩展的装备保障设施，当任务急需时迅速扩展满足保障需要；对位于从国内到重要核心区域途经的路线，可根据装备的作战半径，预留有相关的中转保障的设施，以便于临时过往保障使用。

（三）构建合同制装备保障体系

合同制保障是为解决国防与经济建设之间的资源性有限性与需求重复性的矛盾而采取的策略，通过市场机制下的合同制保障，打破二者之间的封闭隔离状态，实现保障资源在两大体系之间的流动、共享、优化整合。进行海外保障，仅靠一个国家国内的保障体系根本无法承担，必须广泛依靠世界范围的保障资源，这就要走出市场化保障之路，与世界各国企业建立广泛接触，以合同制保障为基础，建立完善的保障体系。

一是充分利用驻在国资源。海外装备保障需要依托保障设施，综合利用保障技术，而保障设施多属固定设施，无法从国内运输，只能依托海外当地的设施。这些设施具有建设周期长的特点，当任务急需时，如全新开工建设，周期过长，无法满足任务紧迫需求。因此，在保障人员规模、装备保障性能不改变的情况下，要在短期快速形成或提升装备保障能力，最有效的方法就是充分利用海外国家的当地保障设施进行保障。美军在日本的最大海军基地横须贺，也是美军唯一一个海外航母母港，就是租用日本的港口，横须贺港拥有完备的保障设施和便利的交通，美军直接将维修技术移植过来，就可以采用借巢生蛋的方式进行保障，节省了巨额的建设费用和建设周期。我国在海外执行军事任务，如果装备保障设施都依靠本国在海外自行建设，不仅一次性投入大、周期长、见效慢，而且有可能面临驻在国民众反对和其本国政策的限制，容易引起与当地矛盾纠纷的问题。因此，可以充分利用驻在国当地已有资源，通过与当在政府签订协议进行租用或者两国协商共建。根据需要可在任务区域附近寻找保障设施和位置相对优越的机场、机库、码头和船坞，这些大型保障设施较为完备，方便直接进行深度的装备保障工作，对水、电、气源等接口标准不符合条件的可以进行简单改进和转换，从而快速高效地投入装备保障工作。

二是"走出去"统筹建。海外装备保障资源建设具有军事性质，在一些国家和地区具有较高的敏感性，为最大地化解外部阻力，防止被一些西方存有敌意的国家炒作，应在国家层面统筹海外装备保障建设，在具有军事保障功能的基础上，应尽最大努力拓展其服务民生的属性，发挥其在抢险救灾、重大事故处理中装备保障的功能。结合我国"一带一路"倡议和对外经济投资，对涉及我国重大投资或战略利益的地区，由我国或我国企业主导的港口、机场应以服务经贸，服务世界各国人民和企业为主。在此基础上可预留必要保障功能，在特殊时期，可扩展转化为装备保障设施，从而达到共用基础，一建两用的效果。

三是优选互利建。随着我国对外经济的不断扩大，我国在外企业已达3万余家，几乎遍布全世界，涉及各行各业，这些是海外装备保障可利用的宝贵的动态资源，应充分利用。首先，应筛选具有前沿科技和先进技术的企业，这些企业可充分利用其掌握的技术与海外装备保障需求相结合，进而研发先进的保障装备或改进保障手段，可提高海外装备保障的效率。其次，应筛选那些有本土优势，具备海外装备保障所需的人员、技术、保障装备和设施的企业，如海军装备可筛选相关船舶制造、运输、维修保障企业；空军装备可筛选航空装备相关领域的企业；通用装备可选择海外车辆、通信、工程装备等相关的企业进行保障。海外企业通过自己的技术和硬件资源为军事装备提供了相应的保障，二者通过协商建立合同制保障，实现互利共赢。

（四）建立装备应急保障系统

军贸即军品贸易，是对武器装备、后勤装备、军需产品、专用生产设备及其他军用物资、技术和有关服务进行交易的活动。装备作为军品贸易的重要内容，其出口对于海外装备保障具有很多潜在的影响作用，必须高度重视。

一是应从国家角度加大装备军贸力度。装备出口是国家对外交往的重要手段，具有影响与进口国政治关系、增强国际事务影响力的作用。同时装备都是高精技术密集的产品，出口不仅可以增加经济外汇收入，在国际市场上树立出口国装备高精技术产品的形象，而且能提升我国海外装备保障能力，为我国军事力量"走出去"的装备应急保障打下基础。装备的寿命期都有几十年或几千小时，因此，装备出口不仅是出口装备，还伴随着保障设施设备、器材备件、弹药、维修保障以及相关技术服务出口，这将全面地影响进口国的装备保障体系。如美国是全世界最大的武器装备出口国，通过广泛的装备出口，其在全世界建立了广泛的盟友关系和保障体系。很多国家引进美国装备生产线，如 F-35 已在美国本土外的 8 个国家列装，日本和意大利还引进了美国的F-35 生产线，这相当于在众多国家为美国 F-35 飞机预置了维修保障设施，日本和意大利还拥有美国可以应用的维修基地，引进美国飞机的机场，其配套的维修厂房都可以不经改造地为美国所用，这将极大地使美国军事力量在世界范围内得到保障，提高其军事合作和遂行军事任务的装备保障能力。同样出口海军舰艇、陆军的装甲装备都可以方便出口国相同相近型号的海外保障，但我国在这方面却有较大差距。应从国家层面加大对武器装备出口支持力度，在不影响国家核心技术安全的情况下，放宽对武器装备的出口力度，加大先进武器装备的出口。这可以借鉴美国武器出口的做法，科学选择合作生产国，与进口国签订完备的装备技术保密协议，做好知识产权保护工作。

二是要加大对利益攸关区国家武器出口范围。近年来，随着我国军事力量"走出去"，参加亚丁湾护航、多国联合军演，进行利比亚撤侨、也门撤侨和人道主义救援等海外任务，展示了我国维护世界和平、维护人民利益的信心和实力，也展现了我国多样化武器装备和良好的保障能力。此外，我国在航空装备、无人机和舰艇装备方面出口范围不断扩大，装备技术服务合作也不断深化。在 2022 年珠海航展上，展示了我国装备的优异性能，吸引了世界目光，为我国扩大装备出口奠定了基础，开创了装备对外出口的新局面。在不断扩大装备出口的同时，我们也必须清醒看到我国的装备出口很大比重集中在周边国家。如 2011—2015 年向将近 40 个国家出口装备，其中巴基斯坦、孟加拉国、缅甸三个国家就占我国出口总额的 70% 以上。[①] 装备出口范围有限，装备的海外布局必然受到影响。我国应以联合反恐、国际维和、维护地区稳定等国际安全合作，以及结合对外经贸往来关系拓展，使更多的国家在装备保障理念上与我国相通，为共同开展军事行动和军事合作奠定物质基础，也为双方在开展联合反恐、国际维和、联合军演、国际救援等联合行动中双方可以互通保障，进而为我国海外装备保障提供便利。

三是注重与列装俄式装备的国家开展装备合作。全球约有 90

---

[①] 王斌. 国际战略博弈中的武器出口研究 [M]. 北京：国防大学出版社，2016：259.

个国家军队装备以俄制武器为主，这些国家以第三世界国家为主。[1] 我国从新中国成立开始，武器装备在一定比例上以引进和仿苏联武器装备为主，现在很多武器装备也是在引进装备基础上消化吸取和再创新的。如我国辽宁舰航母、现代级驱逐舰、基洛级潜艇、歼－11 飞机等都是引俄制装备或以俄制装备为蓝本进行国产化生产，可以说与俄制装备具有一定的互换性。因此，这些武器装备与俄制装备具有较大部分的通用性。我们平时应注重与装备俄式装备的国家进行装备合作，加强交流融合。海外执行军事行动中，针对任务区位于装备俄式装备的国家附近区域时，为方便海外装备保障，应以派出引俄和仿俄式装备为主，提高在任务区域的海外装备保障能力。

### 四、打牢海外装备保障前端基础

#### （一）设计改进装备保障性能

装备的保障性能是实施保障的客观基础，设计改进装备性能是提高海外装备保障能力的源头，只有装备更加可靠了，更加易于保障了，才会减少保障工作量，从而提高装备的保障效率，间接提高了装备保障能力。美军的 F－22 飞机航空电子系统每使用小时的维修工时为 0.27，仅为 F－15 飞机的 1/3；其发动机的维修工时比 F－15 飞机的减少了 70% 以上。[2] 提升装备的可靠性、维修性和保障性可以大大减少进驻海外时的装备保障任务量，必然更利于海外部署，从而间接提高了保障能力。但是装备的设计和使

---

[1] 赵超阳，魏俊峰，韩力．武器装备多维透视［M］．北京：国防工业出版社，2014：31．

[2] 宋太亮，王琴琴，黄金娥．基于能力的装备保障性能研究［J］．中国舰船研究，2012（3）：5．

用者是人,改进装备保障性能的过程是一个装备设计者、使用者对海外任务需求与现实技术的深化掌握过程,如图8-1所示。装备发展有其自身的特点,改进提高装备保障性能是一个系统工程,应采取四步路径提高法,即针对性培训—海外派驻—装备反向升级—国际融合。

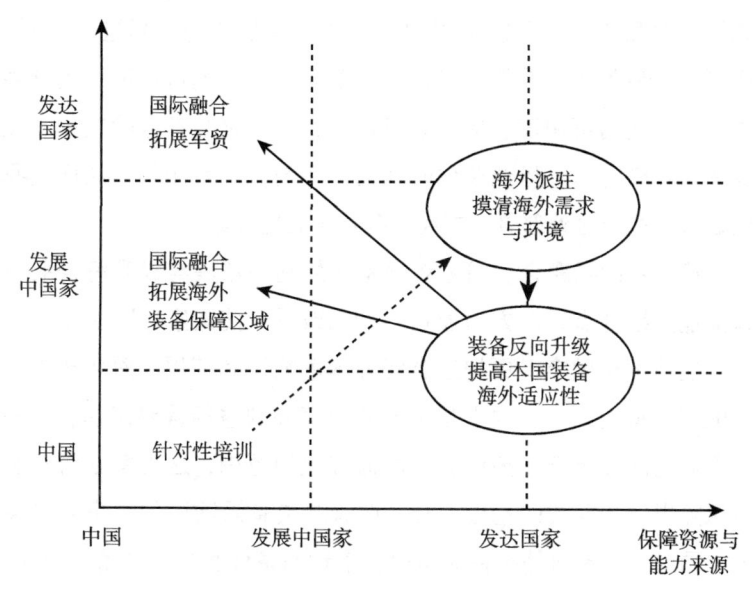

**图8-1 海外装备保障能力四步式发展路径**

第一步针对性培训。在本土做好海外环境下装备应用的针对性培训,这个培训不应是固定不变的,而是与即将派驻的具体环境和任务相关,即针对海外派驻的地域特点和任务要求进行培训,提高海外派驻的适应性。

第二步海外派驻。海外派驻形式不是仅局限于以军事装备保障力量形式的派出,可以适应海外利益拓展的需求,采取多种形式,如以海外投资安保力量的形式、军援军贸技术支援保障力量形式、技术合作力量形式,国际维和、联合军演等多种形式派驻,海外派驻主要是摸清发达国家和发展中国家现有装备特点、装备需求和地域环境特点，检验我国装备的海外适应性，并适时学习国外先进的装备技术，寻求适当的装备保障资源，为未来海外装备保障打下基础。

第三步装备反向升级。通过海外派驻，学习利用海外发达国家的技术和资源，反馈到国内，结合我国装备的实际进行改进，反向提升装备保障性能。如提升装备全寿命周期可用度、提升多样化任务使用可用度、提升装备可靠性、优化装备保障规模、减少平均停机时间、降低单位时间的使用与保障费用等。从而使我国装备更适合海外部署，更利于海外实战化保障。

第四步国际融合。国际融合是海外利益拓展与提升海外装备保障能力结合点。一方面通过前期的改进，使国家保障装备与国际先进技术相融合，更加适合海外国家购买和使用，深化拓展装备的国际军贸领域，这也是国家获取海外利益的重要来源；另一方面通过国际融合，拓展装备的海外应用范围，这为实施海外装备保障提供了客观的基础，必然改善与装备采购国的军事合作关系，同时为国家海外装备保障提供了动态备件和技术储备。因此，可以说通过国际融合，实现了海外利益拓展与海外装备保障能力提升的融合性发展。

（二）搞好海外装备保障信息化建设

信息化、智能化是未来装备保障的发展方向，这点在国内的装备保障中也得到了高度重视，通过保障过程的信息采集、建立信息数据库、决策系统，以及建设保障信息网络等基础设施，初步构建了信息化的装备保障体系。但是在海外装备保障中却不能直接应用，因为不仅海外各国的装备体系不同，而且信息设施建设基础存在差异，保障信息存在标准和格式不统一等问题，制约着信息化保障系统的应用，影响海外保障信息的传递。另外，由于海外保障远离本土，同样一项保障任务，装备保障的信息数据量将呈几十倍甚至几千倍的增长。如一次大型军事行动仅运送装备器材备件的保障数据就将达数亿个信息[1]。当在海外驻在国港口卸载时，这些数据都要被迅速采集，而且要与装载过程同步，这将是一个十分繁杂的过程。因此，必须加大海外的装备保障信息化建设。

一是要与海外各驻在国统一保障信息标准。摸清海外国家装备保障与本国装备保障的差异，系统建立海外各国家装备型谱数据库和保障资源设备型号数据库，便于执行海外装备保障任务时快速查询任务驻地国装备与本国装备差异，及时了解电力、供气、维修保障设施设备可否直接保障，及需要携带器材和保障设施设备等，为快速突发状态下执行海外装备保障任务打下基础。与海外国家建立统一的保障信息格式标准，打开信息互通互联的关卡；在保密条件允许的情况下，可以相互查询装备型号、备件数量、存储位置等保障资源信息，为就近就便实施装备保障创造条件。

二是应努力实现保障过程的全面可视。知道装备保障资源在哪里，跟拥有装备保障资源一样重要。海外装备保障应依托信息化基础建设，搭建海外保障信息高速流动平台，从而可以清楚掌握保障资源的数量、位置信息。通过保障过程的各节点保障数据采集，确保及时有效获取装备保障需求和资源信息，便于有针对性地开展保障任务预计，科学制定装备保障决策。

三是要通过信息化实现军事指挥链一体化。在本国、驻在国、

---

[1] 毛翔，等. 合众为一：美国三军的联合 [R]. 知远战略与防务研究，2015：170.

国际组织、海外企业以及海外部队之间整合装备保障能力，以信息化网络凝聚保障链，聚集海外部队指挥员的需求，通过保障信息链方式将各方力量接入军事指挥链，形成一体化的目标。如远程技术支援系统也要依托信息化建设，将国内、海外各国的优势技术专家力量整合链接在一起，特别是在重大任务期间，远程支援快速恢复装备完好，将直接支援军事指挥链的高效运行。在海外护航任务中，我国舰艇装备曾突发重大故障，海军成功组织三地远程维修技术支援，由后方中心专家通过远程网络系统指导随舰技术人员，快速修复了装备，保证了后续任务的完成。

(三) 抓好海外装备保障人才建设

提高海外装备保障能力，硬件是基础，关键是人才建设。目前，我国精通海外装备保障的人才匮乏，除海军常态化执行护航任务，锻炼保持了一批海外装备保障的技术骨干队伍外，陆军和空军海外装备保障经验相对较少。陆军参加国际维和力量多是工程保障力量，2014年才首次向南苏丹派遣步兵营执行维和任务。空军主要是参加联合军演、撤侨和参加搜救马航M370任务，多以小分队执行任务，缺乏整建制长期的海外装备保障经验，这是制约我国海外装备保障能力的严重瓶颈。因此，应大力抓好海外装备保障人才建设，主要包括海外的装备保障指挥决策人才、信息人才、技术保障人才、装备保障资源管理人才以及海外装备保障法律法规人才等。

一是转变观念。观念决定层次，海外装备保障人才是海外装备保障的中坚，是海外保障能力生成的主体，应按照习近平总书记提出的面向世界、面向未来、面向战场的观念和标准来培养海外装备保障人才。面向世界就应有向世界最高水平、向世界发达国家学习的观念，我们要看到西方国家在几百年的海外应用实践中，积累了丰富的海外装备保障经验，其与政治、经济、科技、文化有机地融为一体，充分利用当地资源，极大地提高了装备保障效率。因此，我们培养海外装备保障人才应充分借鉴发达国家的先进经验，培养国际视野，从全球的视角、从全局的高度来思考和审视海外装备保障问题，要将海外军事行动任务装备保障需求与海外的实际环境结合起来，科学进行海外装备保障决策。面向未来就是要面向未来装备科技发展的观念，面向信息化、智能化、无人化的技术发展趋势，树立积极学习应用新技术、新发展的理念，以勇于创新的精神开展海外装备保障工作，使之与世界接轨，与未来共融。在面向战场方面，海外装备保障是为支撑海外军事行动保障国家海外利益而生，应立足最复杂的形势来准备，立足于防止某些境外势力恶意阻止中华民族伟大复兴进程而出现的海外作战行动而准备，做好海外应急条件下局部战争的装备保障工作。

二是要优化结构。首先，应优化战保比。我军现役作战力量与保障力量之比低于世界发达国家。据统计，美军战保比为3∶1，俄军为5∶1，均远高于我国。只有从大的结构中改变战保比低的现状，从现役人员整体结构调整上增加装备保障人员比例，才能培养和留住更多的装备人才。其次，应在海外装备体系内部优化人才结构。主要从海外装备保障人员的专业、年龄、知识层次上搞好整体搭配。海外装备保障人员相对较少，保障的对象繁杂，呈批次部署的特点，决定了海外装备保障人才队伍要精干，而且要复合，这就要求海外装备人员的组成应合理，应涵盖各个专业，这样才能有效完成各型号装备保障任务。另外，海外保障对外交往相对增多，应增加保障人才的外语和相关海外法律法规等方面知识，避免人员知识结构单一。最后，海外装备保障人才队伍职能应该合理。海外保障主要包括的队属保障力量、机动伴随保障力量、海外基地保障力量、后方支援保障力量等保障队伍。从前期海军护航保障实践看，队属保障力量是海外保障任务完成的主体，主要承担着海外装备保障任务，因此，应加强队属保障力量，这是人才培养的根基，也决定着海外装备的在队完好率和出动率，影响着作战效能。机动保障力量应注重加强器材和弹药的供应保障方面的人才培养，并增加技术保障中高级维修人员比例。海外基地和后方支援保障力量要建设保留一批高技术保障人才队伍，可有效应对各项保障任务。

三是精选海内外保障人才建立专家库。专家人才是战时的关键性力量，在第四次中东战争中，以色列迅速召集装备保障相关人员，组成了一支由技术专家与民间工人搭配起来的移动抢修队，迅速抢修了己方420辆战损坦克，还修复了对手遗弃的867辆坦克，从而改变了双方的力量对比，赢得了战争的主动权。未来海外装备保障是复合多要素条件下的装备保障，为充分发挥各领域装备人才的作用，应建立海外装备保障人才库，收集驻在国、国际组织、本国驻外企业等各领域相关专业人员信息，分级别建立咨询论证专家、战场抢修专家、疑难故障支援诊断专家等人才库，每年定期召集组织模拟演练，确保突发情况随时可用。

### 五、搞好海外装备保障配套建设

#### （一）改善海外装备保障外部环境

环境本意是周围的地方，海外装备保障外部环境主要是指海外装备保障所处海外国家的社会环境。在海外装备保障能力生成的过程中，必然要依托其他国家地域进行保障，因此应改善与驻在国的关系来营造海外装备保障的外部环境。

一是通过签订国际多边或双边协议扩大军事准入范围。军事准入是在利用海外资源开展海外装备保障的最基本条件，也是海外军事行动顺利遂行的基础。在海外发生突发事件时，如果无法得到相关国家的军事准入，军事行动将受到极大的拖延，在一定程度上将增加装备保障的工作量，从而影响海外军事行动和海外装备保障的效率。如伊拉克战争期间，奥地利和瑞士都不允许美军飞越其领空，奥地利和土耳其还拒绝美军通过其境内调运部队，致使美国驻欧洲陆军被迫绕道途经地中海运至波斯湾，无论是装备调配保障还是技术保障的工作量都大大增加。军事准入一般是经过国际多边或双边协议确立，而协议的前提是两国军事友好交往，这是拓展两国两军关系的重要纽带。我国一直坚持和平共处五项原则，积极援助有困难的国家，也拥有了许多朋友。经常接受我国援助的国家地区分布见表8-2。[①] 这是我国长期以来在国际交往中积累的宝贵资源，我们应充分发挥这些优势，结合"一带一路"倡议的推进，不断深化政策沟通、设施联通、贸易畅通、资金融通、民心相通，树立共同发展，利益共享，风险共担的对外交往新格局，为通过军事合作保护两国共同发展利益打下基础。建立协商机制，适时与涉及我国利益攸关区的国家签订国际多边或双边协议，明确军事准入的时机和地域及保障的内容，为未来在应急情况下，快速具备海外装备保障能力打下基础。

---

① 李向阳. 未来5~10年中国周边环境评估 [M]. 北京：社会科学文献出版社，2017：110.

表8-2 经常接受我国援助的国家地区分布表

| 援助地区（洲） | 援助国家数量（个） |
|---|---|
| 亚洲 | 30 |
| 非洲 | 51 |
| 拉美和加勒比地区 | 18 |
| 大洋洲 | 12 |
| 东欧 | 12 |

二是要制定完善海外装备保障行动法规。当时而立法，因事而制礼。海外装备保障涉及危险作业，一旦发生事故容易引起外交和政治上的连锁反应。因此，应加强海外军事立法，严格规范海外军事装备保障行动。首先，要学习《联合国海洋法公约》《国际民用航空公约》《联合国宪章》等国际公约，树立国际法的意识。其次，学习国内现有海外军事行动及相关装备保障立法。2012年《中国人民解放军参加联合国维持和平行动条例（试行）》颁布，2016年我国首部《中华人民共和国反恐怖主义法》颁布实施，2017年5月还专门出台了《军事立法工作条例》，来规范军事立法。这些法规的实施反映出我国对军事立法及涉及海外军事行动立法的重视，应认真学习掌握海外军事行动立法，及与其相配套的海外装备保障法规，这是完善海外装备法规的基础。最后，应由易到难进行相关海外装备保障工作的法规修改与制定。第一步，完善现行装备保障法规。根据海外装备保障实践经验和海外装备保障现实需求，在现行各类装备保障法规中增加相应海外保障的规定内容。第二步，对各型装备的维护规程和技术手册进行完善。明确海外技术保障工作标准、内容和检验方法，增加海外国家的装备型号与我国装备的保障差异表。第三步，新制定一批专门的海外装备保障法规。针对海外武器弹药的储存、运输、销毁和海

外建立和租用装备保障设施，制定海外弹药储存、设施管理和装备保障标准等法规和技术文件，从法规层面规范海外装备保障的合法性、工作的规范性和与当地环境的适应性。

（二）构建海外装备保障实战化训练体系

提升海外装备保障能力短期最有效的方式就是开展实战化训练。海外装备保障能力建设不仅是拓展海外保障环境、开展海外装备保障设施建设、有效调配装备保障资源的过程，还是海外装备人员培养训练，充分运用保障资源和设施满足装备保障需求的过程。这是一个带有反馈循环的过程，即通过实践和实战化训练，不断地发现不足，改进提高，再应用—再实践—再提高，也是一个螺旋式上升的过程。因此，开展海外装备保障实战化训练是提高能力必不可少的必要途径。

一是训练环境要实，符合海外实际。习近平总书记多次强调，要在近似实战的环境下摔打部队。近似实战的训练环境是训练实施的重要依托，是开展海外装备保障实战化训练的客观物质条件。很多人都有看海外旅游景点图册不如看视频录像，看视频录像不如真实去海外一次的感觉，最主要的原因就是身临其境才能有更深的感触。海外装备保障实战化训练更是如此，训练与实战容易割裂，最主要的就是环境设置差别较大。首先，应充分应用好现有的海外保障基地和维和任务基地，利用部队轮换插任务时机，设置相应训练科目，牵引部队训练。其次，应从海外训练环境的构建上求真，可充分利用现有的 VR 虚拟现实、AR 增强现实及 MR 混合现实等仿真技术，将海外逼真的装备保障训练环境与保障训练科目完美地结合起来。最后，应针对海外典型保障样式设置训练环节，尽量使训练环境立足海外最复杂的情况，这样才能把海外装备保障训练与国内训练区别开来，使广大海外装备保障人员适应海外环境，熟悉海外装备保障流程，掌握海外装备保障重点，在这种条件下训练，海外装备保障才能取得实效。

二是在标准上要实，坚持从难从严。标准是检验一切工作的尺度，是实现海外装备保障训练目标的重要基础。古语讲"取法于上，仅得其中，取法于中，故为其下"。这充分说明了树立工作目标和标准的重要作用。海外装备保障要适应海外多样化军事任务保障需要，就要从困难度最大的、标准最高的海外作战装备保障来训练，这个标准练好了，那么其他任务的保障训练结合任务特点就容易实施。

三是树立新的训练理念，由"跟随式"向主动设计海外装备保障模式转变。实战化训练与战争如影相随，但不是对过去战争装备保障模式的简单重复，也不是简单地想象海外作战。应以前瞻的眼光，透视未来战争，通过实战化训练来设计和验证未来海外装备保障模式。这就要求海外装备保障实战化训练要跟踪技术发展，特别是重大颠覆性技术发展，搞好对未来新域新质作战装备保障的超前性研究和准确把握，从而实现对当前海外装备保障训练的主动创新和宏观设计。

四是要强化实际能力，从抓单项向抓体系保障能力生成转变。当前我国还未遂行过海外作战，但应从有效应对敌对国家威胁来准备，立足未来具备区域控制能力和打赢一场海外局部战争的高度进行训练。未来海外作战，是体系的对抗，即使单个武器平台的对抗，也离不开背后庞大体系的有效支持，所以开展海外装备保障实战化训练必须立足体系保障能力的生成来全面谋划开展。新的体制编制调整后，更加利于理顺作战关系，利于体系力量的运用，因此，我们在组织海外装备保障实战化训练中要合理运用保障资源，区分国内后方支援，海外前进保障基地、建制力量、伴随支援、海外国家和企业动员拓展等多种层次,整体联动开展训练。在训练陆、海、空联合作战保障能力的基础上,应加大战略支援部队信息要素对海外装备保障能力支援的训练,切实提高海外装备体系保障能力。

(三) 加强海外装备预置和投送能力建设

海外装备预置与投送能力建设都是解决装备快速部署与保障的及时高效问题。海外由于距离本土远,当本国海外利益攸关区发生重大事件,威胁本国海外利益时,采用军事力量保护海外利益,相应的装备应第一时间到位,这就对装备的调配保障和技术保障,以及供应投送能力提出了更高要求。

一是合理进行装备海外预置。预置主要针对不易投送、投送时间长而又急需的装备和器材弹药。应对战时急需就要重视平时的预置储备,按照平战一体、适当预置的原则实施远程投送和物资器材储备,并应按"事先预置、快速投送、持续供应"三个层级配置。在重点地区预置重型装备与器材弹药,遇有情况,可以装备与人员迅速结合,形成保障能力。

二是将器材弹药保障纳入全球物流体系。海外装备保障地域广、跨度大、保障线长、装备型号多、故障模式多样,由国内到海外、由基地到军事行动地域实施弹药和器材供应保障难度大,必须采取多种保障手段。从美国看其全球部署,针对不同的备件保障也采取不同的手段,对于年故障率低于6次的备件,多属偶发性故障,这些备件价格昂贵,故障率较低,针对海外部署采取多级库存供应是一种浪费,其主要采取直接投送方式进行保障。针对故障率高而消耗量相对较低的修复性备件,则多采取多级维修,美国空军多采用飞行基地、后方仓库的两级保障模式。潜艇则用艇员、维修补给舰、岸基保障点、海军后方仓库四个维修保障等级。对此，我们应充分借鉴，按照装备备件的故障率来统计安排保障方式。对于低故障率的机件，根据临时故障，采取后方调运投送的方式保障，根据备件的价格和保障的时效要求，分等级进行投送供应。可与主要的运输企业签订合同，根据不同要求，采取专程投送、运输捎带等方式保障。对于涉密性不高，海外难以保障的备件，可与全球的物流企业合作，采取市场经营保障的方式进行保障，从而提高供应的效率和保障的效益。对海外基地或海外保障点与海外部队之间的装备供应投送，可根据与驻在国签订的军事合作协议办理，也可采取租用当地运输企业来承担。对于处于偏远运输不便的地区，未来可尝试将装备器材配套打包，由无人机实施投送。

三是加大海外装备机动保障能力。海外装备保障必须立足最复杂情况考虑，如在无依托国家、无军事准入的条件下进行海外装备保障，就需要相应的机动保障能力。首先，应建设大型海上浮动保障平台。大型海上浮动保障平台可利用公海来驻泊，从而为航空装备、舰艇装备等实施维修保障。目前，世界上海外浮动平台主要有三种，分别是美国研发的"半潜型"、日本研发的"箱型"和我国研发的"桁架式"。其中"箱型"平台海上抗风浪能力较差，不利于投入使用；"半潜型"平台造价高，不利于建造；而我国的"桁架式"平台用钢量不到"半潜型"的一半，造价更低，并且性能优良，非常适合成为海外临时装备保障平台。结合平台建设，配置相应的航空装备和舰艇装备的保障设施，可采用新型材料制作小型化、轻便化的保障装备，并具备一定的装备储备能力。其次，加强海外机动保障相关装备设施建设。重点是海外前进保障点、伴随保障力量、支援保障力量，以及海外陌生地域海域维修保障所需的修理车、修理方舱、修理舰、浮船坞等保障装备设施的建设。应针对海军任务增多,重点加大修理舰的装备力度。从世界范围看,我国的保障舰船能力吨位较低,而美国有61型191艘、单艘平均吨位约23600吨;英国约有45型115艘、单艘平均吨位约4000吨。我国保障船尤其是具有远洋补给能力的大型综合补给舰还比较缺乏,相比之下,美军仅修理舰船或修理供应舰船的数量占其舰船总数的4.6%。[1] 这就要求我们应加大专业装备保障舰船的建设,针对未来海外军事行动,加大科技力量投入,打造大型综合化、现代化、专业化的海外装备保障舰船,不断提高海外装备机动保障能力。

## 六、小结

为促进海外保障能力快速生成,从发展规划、理论研究、资源布局、装备基础和配套建设五个方面提出了加强海外装备保障能力建设的配套措施和建议,重点提出了海外装备保障能力发展的"三环"规划设想。

---

[1] 池本亮. 海军装备保障力量军民融合发展问题研究综述(教学研究资料)[J]. 2016(4): 48-54.

# 结　语

　　海外装备保障是支撑军事力量"走出去"和维护国家海外利益的重要基石。提高海外装备保障能力是确保军事力量"走得远、驻得下、融得进"的必经之路，也是经历国际考验，迈向现代化，实现建成世界一流军队目标的必过之关。开展海外装备保障能力生成机理与应用模式研究，是时代赋予我们的全新课题。我们既要乘势而为，抓住机遇，又须在理论研究中厚积垒石，打牢基础。理论研究和实践探索从来没有捷径，只有深耕细研才能取得拓展和突破。由于本人能力水平和投入时间精力有限，只是在海外装备保障能力生成机理和应用模式研究上做了一些初步研究探讨工作，一些研究成果还很肤浅，还有很多工作需要进行深入探索研究和归纳总结。

# 附表1 2011—2019年世界十大武器出口国市场构成情况

**2011—2015年世界十大武器出口国**[①]

| 武器出口国 | 武器出口额占全球总额百分比(%) | 2011—2015年主要武器出口目标国及占比(%) | | |
|---|---|---|---|---|
| | | 第一 | 第二 | 第三 |
| 美国 | 33 | 沙特(9.7) | 阿联酋(9.1) | 土耳其(6.6) |
| 俄罗斯 | 25 | 印度(39) | 中国(11) | 越南(11) |
| 中国 | 5.9 | 巴基斯坦(35) | 孟加拉(20) | 缅甸(16) |
| 法国 | 5.6 | 摩洛哥(16) | 中国(13) | 埃及(9.5) |
| 德国 | 4.7 | 美国(13) | 以色列(11) | 希腊(10) |
| 英国 | 4.5 | 沙特(46) | 印度(11) | 印度尼西亚(8.7) |
| 西班牙 | 3.5 | 澳大利亚(29) | 沙特(12) | 土耳其(8.7) |
| 意大利 | 2.7 | 阿联酋(10) | 印度(8.8) | 土耳其(8.2) |
| 乌克兰 | 2.6 | 中国(26) | 俄罗斯(12) | 埃塞尔比亚(9.2) |
| 荷兰 | 2 | 摩洛哥(17) | 约旦(12) | 美国(7.7) |

① 冈睿,田涵,彭玲霞,等.解读SIPRI新版全球军贸报告[J].国防科技工业.2016(5):68.

**2015—2019 年世界十大武器出口国**[①]

| 武器出口国 | 武器出口额占全球总额百分比（%） | 2015—2019 年主要武器出口目标国及占比（%） | | |
|---|---|---|---|---|
| | | 第一 | 第二 | 第三 |
| 美国 | 37 | 沙特（24） | 澳大利亚（9.4） | 韩国（6.7） |
| 俄罗斯 | 20 | 印度（23） | 中国（18） | 阿尔及利亚（15） |
| 法国 | 8.2 | 印度（21） | 埃及（20） | 卡塔尔（18） |
| 德国 | 5.5 | 韩国（24） | 阿尔及利亚（10） | 埃及（8.7） |
| 中国 | 5.2 | 巴基斯坦（38） | 孟加拉（17） | 阿尔及利亚（8.2） |
| 英国 | 3.3 | 沙特（32） | 阿曼（17） | 美国（14） |
| 西班牙 | 3.2 | 澳大利亚（33） | 新加坡（13） | 土耳其（9.7） |
| 以色列 | 3 | 印度（43） | 阿塞拜疆（17） | 越南（12） |
| 韩国 | 2.7 | 英国（14） | 菲律宾（12） | 泰国（11） |
| 意大利 | 2.2 | 土耳其（18） | 埃及（17） | 巴基斯坦（7.2） |

---

① 王东梅，姜江，彭玲霞．解读 SIPRI 新版全球军贸报告［J］．国防科技工业．2021（5）：48.

# 附表2  我国主要对外演习情况

| 年份 | 名称 | 时间 | 地点 | 参加国家 |
| --- | --- | --- | --- | --- |
| 2002 | 中吉联合反恐怖行动演习 | 10月10—11日 | 两国边境地区 | 中国、吉尔吉斯斯坦 |
| 2003 | "联合-2003"反恐军事演习 | 8月6—12日 | 哈萨克斯坦乌恰尔附近地区和中国新疆伊犁地区 | 中国、哈萨克斯坦、俄罗斯联邦、吉尔吉斯斯坦、塔吉克斯坦 |
| 2003 | 中巴"海豚0310"海上联合搜救演习 | 10月22日 | 中国上海附近的东海海域 | 中国、巴基斯坦 |
| 2003 | 中印"海豚0311"海上联合搜救演习 | 11月14日 | 中国上海附近的东海海域 | 中国、印度 |
| 2004 | 中法海上联合搜救演习 | 3月16日 | 中国青岛附近的黄海海域 | 中国、法国 |
| 2004 | 中英海上联合搜救演习 | 6月20日 | 中国外海的黄海海域 | 中国、英国 |

续表

| 年份 | 名称 | 时间 | 地点 | 参加国家 |
| --- | --- | --- | --- | --- |
| 2004 | 中巴"友谊-2004"联合反恐军事演习 | 8月6日 | 中国新疆帕米尔高原中巴边境地区 | 中国、巴基斯坦 |
| | 中印边防部队联合登山训练 | 8月28日 | 中国西藏普兰县境内 | 中国、印度 |
| | 中澳海上联合搜救演习 | 10月14日 | 中国青岛外海的黄海海域 | 中国、澳大利亚 |
| 2005 | "和平使命-2005"演习 | 8月18—25日 | 俄罗斯符拉迪沃斯托克（海参崴）和中国山东半岛及其东海海域 | 中国、俄罗斯 |
| | 中巴"友谊-2005"海上搜救演习 | 11月25日 | 阿拉伯海北部海区 | 中国、巴基斯坦 |
| | 中印"友谊-2005"海上搜救演习 | 12月1日 | 印度洋北部区域 | 中国、印度 |
| | 中泰"友谊-2005"联合搜救演习 | 12月13日 | 泰国湾海域 | 中国、泰国 |

附表2　我国主要对外演习情况

续表

| 年份 | 名称 | 时间 | 地点 | 参加国家 |
| --- | --- | --- | --- | --- |
| 2006 | "东方-反恐2006"演习 | 2006年3月 | 乌兹别克斯坦塔什干州 | 中国、俄罗斯、哈萨克斯坦、吉尔吉斯斯坦、塔吉克斯坦和乌兹别克斯坦 |
| | 中美海上联合搜救演习 | 第一阶段：9月20日 第二阶段：11月18—19日 | 美国圣迭戈港西部附近海域；中国南海海域 | 中国、美国 |
| | 中塔"协作2006"联合反恐军事演习 | 9月22—23日 | 塔吉克斯坦哈特隆州利里亚布市 | 中国、塔吉克斯坦 |
| | 中巴"友谊-2006"联合反恐军事演习 | 12月11—18日 | 巴基斯坦阿伯塔巴德地区 | 中国、巴基斯坦 |
| 2007 | "和平-07"多国海上联合军事演习 | 3月6—13日 | 阿拉伯海某海域 | 中国、巴基斯坦、孟加拉国、法国、意大利、马来西亚、土耳其、英国、美国 |
| | 第二届西太平洋海军论坛多边海上演习 | 5月15—20日 | 新加坡附近海域 | 中国、新加坡等国 |
| | 中泰"突击-2007"陆军特种作战分队联合训练 | 7月16—29日 | 中国广州 | 中国、泰国 |

续表

| 年份 | 名称 | 时间 | 地点 | 参加国家 |
|---|---|---|---|---|
| 2007 | "和平使命-2007"演习 | 8月9—17日 | 中国新疆和俄罗斯车里雅宾斯克 | 中国、俄罗斯、哈萨克斯坦、吉尔吉斯斯坦、塔吉克斯坦、乌兹别克斯坦 |
| | 中英"友谊-2007"海上联合军事演习 | 9月10日 | 英国朴次茅斯港附近的大西洋海域 | 中国、英国 |
| | 中西"友谊-2007"海上联合军事演习 | 9月18日 | 西班牙加的斯附近的大西洋海域 | 中国、西班牙 |
| | 中法"友谊-2007"演习 | 9月25日 | 地中海 | 中国、法国 |
| | 中澳新三边海上联合搜救演习 | 10月2—3日 | 悉尼外海塔斯曼海域 | 中国、澳大利亚、新西兰 |
| | 中印"携手2007"陆军联合反恐训练 | 12月19—25日 | 中国昆明 | 中国、印度 |
| 2008 | 中泰"突击-2008"陆军特种作战分队联合训练 | 7月9—31日 | 泰国清迈 | 中国、泰国 |
| | 中印"携手2008"陆军反恐联合训练 | 12月5—14日 | 印度贝尔高姆地区 | 中国、印度 |

附表2　我国主要对外演习情况

续表

| 年份 | 名称 | 时间 | 地点 | 参加国家 |
| --- | --- | --- | --- | --- |
| 2009 | "和平-09"海上多国联合演习 | 3月5—14日 | 巴基斯坦卡拉奇附近海域 | 中国、巴基斯坦等11国海军 |
| | 中加"和平天使-2009"人道主义医疗救援联合行动 | 6月18—28日 | 加蓬附近海域 | 中国、加蓬 |
| | 中新"合作-2009"安保联合训练 | 6月19—24日 | 中国广西桂林 | 中国、新加坡 |
| | 中蒙"维和使命-2009"维和联合训练 | 6月28日—7月3日 | 中国北京 | 中国、蒙古国 |
| | "和平使命-2009"演习 | 7月22—26日 | 俄罗斯哈巴罗夫斯克和中国沈阳军区某训练基地 | 中国、俄罗斯 |
| | 中罗"友谊行动-2009"陆军山地部队联合演习 | 9月14—23日 | 罗马尼亚西部布拉德拉 | 中国、罗马尼亚 |
| | 中俄"和平蓝盾-2009"护航编队联合演习 | 9月18日 | 亚丁湾西部海域 | 中国、俄罗斯 |

续表

| 年份 | 名称 | 时间 | 地点 | 参加国家 |
|---|---|---|---|---|
| 2010 | 中巴"友谊-2010"联合反恐训练 | 7月3—11日 | 中国宁夏青铜峡 | 中国、巴基斯坦 |
| | 北太平洋五国边防部队海上联合演习 | 8月24—25日 | 俄罗斯远东符拉迪沃斯托克（海参崴） | 中国、俄罗斯、韩国、日本、美国 |
| | 上海合作组织成员国"和平使命-2010"联合军演 | 9月9—25日 | 哈萨克斯坦阿拉木图市和奥塔尔市 | 中国、哈萨克斯坦、吉尔吉斯斯坦、俄罗斯、塔吉克斯坦 |
| | 中新海上联合机动演练 | 9月15日 | 新西兰奥克兰港附近海域 | 中国、新西兰 |
| | 中澳海军联合搜救演练和陆战队员基础课目联训 | 9月23—29日 | 中国山东青岛、广东湛江 | 中国、澳大利亚 |
| | 中澳海军海上联合演习 | 9月24日 | 澳大利亚悉尼外海 | 中国、澳大利亚 |
| | 中泰"突击-2010"第三次陆军特种部队反恐联合训练 | 10月6—20日 | 中国广西桂林 | 中国、泰国 |
| | 中澳海上联合演练 | 10月7日 | 澳大利亚达尔文外海 | 中国、澳大利亚 |

附表2　我国主要对外演习情况

续表

| 年份 | 名称 | 时间 | 地点 | 参加国家 |
| --- | --- | --- | --- | --- |
| 2010 | 中泰"蓝色突击-2010"反恐第一次海军陆战队联合训练 | 10月26—11月14日 | 泰国梭桃邑 | 中国、泰国 |
| | 中罗"友谊行动-2010"陆军山地部队联合训练 | 11月5—13日 | 中国云南昆明 | 中国、罗马尼亚 |
| | 中土第一次陆军突击分队联合训练 | 11月8—14日 | 土耳其 | 中国、土耳其 |
| | 中新"合作-2010"第二次安保联合训练 | 11月19—24日 | 新加坡木赖城市训练场 | 中国、新加坡 |
| 2011 | 中巴"雄鹰-1"空军联合训练 | 3月5—30日 | 巴基斯坦 | 中国、巴基斯坦 |
| | "和平-11"多国海上联合军演 | 3月8—12日 | 巴基斯坦卡拉奇附近海域 | 中国、美国、韩国、法国、日本和巴基斯坦等国 |
| | 中印尼"利刃-2011"特种部队联合训练 | 6月5—17日 | 印度尼西亚万隆 | 中国、印度尼西亚 |
| | 中白"神鹰-2011"空降兵联合训练 | 7月5—15日 | 白俄罗斯巴拉诺维奇 | 中国、白俄罗斯 |

续表

| 年份 | 名称 | 时间 | 地点 | 参加国家 |
|---|---|---|---|---|
| 2011 | 中委特种作战分队联合训练 | 10月14日—11月13日 | 委内瑞拉 | 中国、委内瑞拉 |
| | 中巴"友谊-2011"陆军反恐联合训练 | 11月14—27日 | 巴基斯坦莱赫里地区 | 中国、巴基斯坦 |
| | 中澳"合作精神-2011"人道主义救援与减灾实兵演练 | 11月28日—12月1日 | 中国四川都江堰 | 中国、澳大利亚 |
| 2012 | 中俄"海上联合-2012"海上联合军事演习 | 4月22—27日 | 中国山东青岛附近黄海海域 | 中国、俄罗斯 |
| | 中泰"蓝色突击-2012"海军陆战队联合训练 | 5月11—25日 | 中国广东湛江、汕尾 | 中国、泰国 |
| | 上合组织成员国"和平使命-2012"联合军演 | 6月8—14日 | 塔吉克斯坦胡占德市 | 中国、俄罗斯、哈萨克斯坦、吉尔吉斯斯坦、塔吉克斯坦 |
| | 中印尼"利刃-2012"特种部队联合训练 | 7月3—15日 | 中国山东济南 | 中国、印度尼西亚 |

续表

| 年份 | 名称 | 时间 | 地点 | 参加国家 |
|---|---|---|---|---|
| 2012 | "鸬鹚打击-2012"联合特种作战演习 | 9月10—25日 | 斯里兰卡东部海岸 | 中国、印度、巴基斯坦、斯里兰卡、孟加拉国、马尔代夫和日本7国 |
| | 中美联合反海盗演练 | 9月17日 | 亚丁湾中西部海域 | 中国、美国 |
| | "合作精神-2012"人道主义救援减灾联合演练 | 10月29—31日 | 澳大利亚布里斯班 | 中国、澳大利亚 |
| | 中约特战分队反恐联合训练 | 11月16—30日 | 约旦安曼 | 中国、约旦 |
| | 中哥特种作战联合训练 | 11月20日—12月19日 | 哥伦比亚波哥大 | 中国、哥伦比亚 |
| | 中白"神鹰-2012"空降兵联合训练 | 11月26日—12月7日 | 中国湖北孝感 | 中国、白俄罗斯 |
| | 中美人道主义救援减灾联合室内推演 | 11月29—30日 | 中国四川成都 | 中国、美国 |
| 2013 | 中俄"海上联合-2013"联演实兵演习 | 7月5—12日 | 俄罗斯彼得大帝湾附近海域 | 中国、俄罗斯 |

续表

| 年份 | 名称 | 时间 | 地点 | 参加国家 |
|---|---|---|---|---|
| 2013 | "和平使命-2013"中俄联合反恐军事演习 | 7月27日—8月15日 | 俄罗斯车里雅宾斯克 | 中国、俄罗斯 |
| | 第11届莫斯科国际航展 | 8月21日 | 俄罗斯莫斯科 | "八一"飞行表演队首次飞出国门 |
| | 中美人道主义救援减灾实兵演练 | 11月12—14日 | 美国夏威夷瓦胡岛比洛斯军营训练场 | 中国、美国 |
| | "携手-2013"中印陆军反恐联合训练 | 11月5—13日 | 中国四川峨眉山 | 中国、印度 |
| 2014 | 中俄"海上联合2014"演习 | 5月20—26日 | 中国东海 | 中国、俄罗斯 |
| | "环太平洋2014"军演 | 6月27日—8月1日 | 美国夏威夷 | 中国、美国、日本、英国等共23国 |
| | 上合组织"和平使命"演习 | 8月24—29日 | 中国内蒙古 | 中国、俄罗斯、哈萨克斯坦、吉尔吉斯斯坦、塔吉克斯坦 |
| | 中伊联合演习 | 9月20—24日 | 伊朗 | 中国、伊朗 |
| | "科瓦里-2014"中澳美三军联训 | 10月8—23日 | 澳大利亚最北端的利奇菲尔德训练场 | 中国、澳大利亚、美国 |

续表

| 年份 | 名称 | 时间 | 地点 | 参加国家 |
|---|---|---|---|---|
| 2014 | "携手－2014"中印陆军反恐联合训练 | 11月17—26日 | 印度浦那市奥恩德军营 | 中国、印度 |
| | "和平友谊－2014"中马联演 | 12月22—26日 | 马来西亚吉隆坡 | 中国、马来西亚 |
| 2015 | 中巴空军"雄鹰－Ⅳ"联合训练 | 9月14日—10月3日 | 中国宁夏银川 | 中国、巴基斯坦 |
| | "携手－2015"中印陆军反恐联合演练 | 10月12—22日 | 云南昆明 | 中国、印度 |
| | 第13届马来西亚兰卡威国际海空展 | 3月17—21日 | 马来西亚兰卡威 | 中国"八一"飞行表演队参演 |
| | 中斯"丝路协作－2015"联合训练 | 第一阶段：3月29日—4月17日；第二阶段：6月21日—7月 | 中国广东、斯里兰卡 | 中国、斯里兰卡；中国武警部队首次出国参加联合训练 |
| | 中俄"海上联合－2015"演习 | 第一阶段：5月11—21日；第二阶段：8月21—28日 | 第一阶段：地中海；第二阶段：日本海 | 中国、俄罗斯 |
| | "科瓦里－2015" | 8月27日—9月14日 | 澳大利亚达尔文 | 中国、澳大利亚、美国 |

续表

| 年份 | 名称 | 时间 | 地点 | 参加国家 |
|---|---|---|---|---|
| 2015 | "和平友谊-2015"中马联演 | 9月17—22日 | 马来西亚马六甲海峡及其附近区域 | 中国、马来西亚 |
| | "熊猫袋鼠-2015"中澳陆军联合训练 | 9月20—28日 | 澳大利亚堪培拉和悉尼 | 中国、澳大利亚 |
| | "猎狐-2015"中哈反恐联合演习 | 10—11月 | 中国新疆 | 中国、哈萨克斯坦 |
| | 2015中美两军人道主义救援减灾联合实兵演练 | 11月19—21日 | 美国西雅图市郊的美军刘易斯基地 | 中国、美国 |
| | 中泰空军"鹰击-2015" | 11月15—27日 | 泰国 | 中国、泰国 |
| | 中巴"友谊2015"陆军联合反恐联训 | 12月 | 中国宁夏青铜峡 | 中国、巴基斯坦 |
| 2016 | "环太平洋-2016"军演 | 6—7月 | 美国夏威夷海域 | 美国、中国等多个国家 |
| | 中俄"海上联合-2016"演习 | 9月12—19日 | 广东湛江以东海域 | 中国、俄罗斯 |

续表

| 年份 | 名称 | 时间 | 地点 | 参加国家 |
|---|---|---|---|---|
| 2016 | 上海合作组织"和平使命-2016"反恐军演 | 9月5—12日 | 吉尔吉斯斯坦 | 中国、俄罗斯、哈萨克斯坦、吉尔吉斯斯坦、塔吉克斯坦 |
| | "和平友谊-2016"中马联演 | 11月22—25日 | 马来西亚雪兰莪州巴耶英达附近地区 | 中国、马来西亚 |
| | "携手-2016"中印陆军反恐联合演练 | 11月15—27日 | 印度浦那地区 | 中国、印度 |
| | 中巴"友谊2016"陆军联合反恐联训 | 10月18—11月 | 巴基斯坦帕比国家反恐训练中心 | 中国、巴基斯坦 |
| 2017 | "联合救援-2017"多国维和部队反恐救援演习 | 1月23日 | 马里加奥 | 多国 |
| | "金色眼镜蛇-2017"多边联合演习 | 2月14—25日 | 泰国呵叻府 | 泰国、美国、韩国、印度等29个国家 |
| | "和平-17"多国海上联合军演 | 2月10—13日 | 巴基斯坦卡拉奇及其附近海域 | 中国、俄罗斯、巴基斯坦、美国、澳大利亚 |

197

续表

| 年份 | 名称 | 时间 | 地点 | 参加国家 |
|---|---|---|---|---|
| 2017 | "天山-3号(2017)"联合反恐演习 | 6月 | 中国、吉尔吉斯斯坦边境 | 中国、吉尔吉斯斯坦 |
| | 中俄"海上联合-2017"演习（第一阶段） | 7月21—28日 | 波罗的海 | 中国、俄罗斯 |
| | 中泰空军"鹰击-2017"联合训练 | 8月17日—9月3日 | 泰国乌隆空军基地 | 中国、泰国 |
| | 中俄"海上联合-2017"演习（第二阶段） | 9月18—25日 | 日本海彼得大帝湾至鄂霍次克海南部海域 | 中国、俄罗斯 |
| | 中巴空军"雄鹰-Ⅵ"联合训练 | 9月7—27日 | 中国境内 | 中国、巴基斯坦 |
| | 阿联酋迪拜航展 | 11月 | 阿联酋迪拜 | 中国"八一"飞行表演队参演 |
| | 印度洋海军论坛多边海上搜救演习 | 11—12月 | 孟加拉国库克斯巴扎 | 中国、孟加拉国等9国 |

附表2 我国主要对外演习情况

续表

| 年份 | 名称 | 时间 | 地点 | 参加国家 |
| --- | --- | --- | --- | --- |
| 2017 | 中俄"合作－2017"联合反恐演训 | 12月2—13日 | 在武警宁夏总队综合训练场、青铜峡某战术训练基地等多个训练场进行 | 中国、俄罗斯 |
| | "空天安全－2017"中俄反导计算机演习 | 12月11—16日 | 中国北京 | 中国、俄罗斯 |
| | "合作精神－2017"人道主义救援减灾联合室内推演 | 12月6—8日 | 中国南京 | 中国、澳大利亚、新西兰、美国 |
| | 中美两军人道主义救援减灾联合实兵演练 | 11月17—20日 | 美国俄勒冈州波特兰市 | 中国、美国 |
| 2018 | "金龙－2018"中柬两军反恐联合训练 | 3月17—29日 | 柬埔寨磅士卑省 | 中国216人、柬埔寨280人 |
| | "科摩多－2018"多国联演 | 5月3—9日 | 印尼龙目岛伦巴港 | 中国、美国、俄罗斯、泰国、新加坡、菲律宾、孟加拉国、法国、斯里兰卡、澳大利亚等34个国家的50艘舰艇参加。中国"长沙"舰、"柳州"舰参加 |

199

续表

| 年份 | 名称 | 时间 | 地点 | 参加国家 |
|---|---|---|---|---|
| 2018 | "空中列车"运输机联合演习 | 6月11日 | 新西兰奥克兰 | 中国、新西兰。中国派出伊尔-76飞机，途中经停菲律宾和澳大利亚 |
| | "可汗探索-2018"维和联合军演 | 6月14—28日 | 蒙古国首都乌兰巴托 | 中国、蒙古国、美国、日本、柬埔寨、尼泊尔、孟加拉国等26个国家的1400多名官兵参加。中国35名官兵 |
| | 国际军事比赛-2018 | 7月28日—8月11日 | 由中国与俄罗斯、白俄罗斯、阿塞拜疆、哈萨克斯坦、亚美尼亚、伊朗等7国军队共同承办 | "国际军事比赛-2018"共189支参赛队、4723名队员参赛。中国派出轰-6K、歼-10A、歼轰-7A、伊尔-76、运-9和空降兵分队参加 |
| | 中国与克罗地亚首次警务联合巡逻 | 7月15日—8月15日 | 克罗地亚南部旅游城市杜布罗夫尼克 | 6名中国警官将与克方警察在杜布罗夫尼克、萨格勒布和普利特维采湖群国家公园三地进行联合巡逻。克罗地亚成为继意大利之后第二个与中国警方开展警务联合巡逻的国家 |

续表

| 年份 | 名称 | 时间 | 地点 | 参加国家 |
|---|---|---|---|---|
| 2018 | "雄鹰突击-2018"中国和白俄罗斯特种部队联合训练 | 8月5—17日 | 中国山东济南 | 中白两军各派出50名官兵参训 |
| | "和平使命-2018"联合军演 | 8月22—29日 | 俄罗斯切巴尔库尔 | 中国、俄罗斯、哈萨克斯坦、塔吉克斯坦、吉尔吉斯斯坦、印度和巴基斯坦，乌兹别克斯坦将派10人作为观察员出席。演习总兵力超过3000人。中方派出参演兵力700余人，包括1个陆军装甲坦克战斗群、1个空军战斗群和1个特种作战分队 |
| | 俄军"东方-2018"战略演习 | 9月11—15日 | 俄后贝加尔边疆区楚戈尔训练场 | 中国、俄罗斯。中方参演兵力约3200人，各型武器装备900多台，固定翼飞机和直升机30架 |
| | "卡卡杜-2018"多国海军联合演习 | 8月31日—9月15日 | 澳大利亚达尔文及其附近海域 | 中国、美国、法国、巴基斯坦等27个国家的23艘舰艇、1艘潜艇、21架固定翼飞机及3000余名各国官兵参加。卡卡杜系列军演是澳大利亚海军规模最大的联合军事演习，每两年举行一次，开始于1993年，此次是中国海军首次受邀参加。"黄山"舰参演 |

201

续表

| 年份 | 名称 | 时间 | 地点 | 参加国家 |
|---|---|---|---|---|
| 2018 | "熊猫袋鼠-2018"中澳陆军联合训练 | 9月17—28日 | 澳大利亚首都堪培拉伯利·格里芬湖畔 | 中国、澳大利亚。双方各派出10名官兵参加 |
| | "珠峰友谊-2018"中国与尼泊尔两军特种部队联合训练 | 9月18—27日 | 中国四川成都 | 中国、尼泊尔 |
| | "和平友谊-2018"中马泰联合军事演习 | 10月20—29日 | 马来西亚森美兰州波德申县、雪兰莪州巴生港 | 中国、马来西亚、泰国。中方参演兵力包括官兵692人，驱护舰2艘、舰载直升机2架、伊尔-76运输机3架、车辆4台 |
| | 突尼斯海军成立60周年国际舰队检阅活动 | 10月16日 | 突尼斯湾 | 中国、英国、法国、意大利等国家的20余艘海军舰艇应邀参加。中国芜湖舰参加 |
| | "锋刃-2018"国际狙击手射击竞赛 | 10月18—23日 | 中国 | 中国、白俄罗斯、中非、匈牙利、以色列、巴基斯坦等21个国家的100余名参赛。"锋刃"国际狙击手射击竞赛是武警部队开展实战化训练和国际合作的重要品牌，两年一届，首届竞赛于2016年8月22日至25日在北京举行 |

续表

| 年份 | 名称 | 时间 | 地点 | 参加国家 |
| --- | --- | --- | --- | --- |
| 2018 | 中国-东盟"海上联演-2018"演习 | 10月22—28日 | 中国湛江 | 东盟各国参演兵力包括新加坡海军"忠诚"号护卫舰、文莱皇家海军"达鲁塔克瓦"号巡逻舰、泰国皇家海军"达信"号护卫舰、越南海军"陈兴道"号护卫舰和菲律宾海军"达古潘市"号后勤支援舰。中方派出"广州"舰、"黄山"舰、"微山湖"舰参演 |
| | "军事飞行训练国际交流会议·2018" | 11月4—5日 | 中国珠海 | 35个国家的220余名中外军地代表 |
| | 2018中美两军人道主义救援减灾联合演练 | 11月12—17日 | 中国南京 | 中美双方共派出200多人参加,其中美方派出90余人,携轻型工程和医疗救援装备参演 |
| 2019 | 巴基斯坦国庆日飞行表演 | 3月16—23日 | 巴基斯坦 | "八一"飞行表演队 |
| | "金龙-2019"中柬两军联合训练 | 3月13—25日 | 柬埔寨贡布 | 中国、柬埔寨 |
| | 第15届兰卡威国际海空装备展 | 3月26日 | 马来西亚兰卡威岛 | 中国、美国、日本、俄罗斯、泰国等在内的13个国家将派出15艘舰艇参加 |

203

续表

| 年份 | 名称 | 时间 | 地点 | 参加国家 |
|---|---|---|---|---|
| 2019 | 中新-2019陆军联合训练 | 7月27日—8月5日 | 新加坡 | 中国、新加坡。联训以城市联合反恐为背景，中新双方各派出120人参加 |
| | 俄罗斯海军节活动 | 7月28日 | 俄罗斯圣彼得堡 | 俄罗斯、中国、印度在内的14艘军舰和潜艇参加。中国海军"西安"舰参加 |
| | "国际军事比赛-2019" | 8月3—17日 | 在中国、俄罗斯、乌兹别克斯坦、蒙古国和印度等10个国家同时开展 | 中国、俄罗斯等34个国家216支代表队 |
| | 中吉"合作-2019"联合反恐演练 | 8月6—13日 | 中国乌鲁木齐 | 中吉首次联训，双方约150名官兵参加 |
| | 中泰"鹰击-2019"联合训练 | 8月中旬—9月上旬 | 泰国乌隆空军基地 | 中国、泰国。2015年、2017年和2018年相继举行了"鹰击"系列联合训练 |
| | "协作-2019"中塔武装力量联合反恐演练 | 8月7—16日 | 塔吉克斯坦戈尔诺-巴达赫尚自治州"哲隆迪"靶场 | 中塔两国曾于2006年、2015年、2016年在塔吉克斯坦举行过"协作"系列联合反恐演训 |

附表2　我国主要对外演习情况

续表

| 年份 | 名称 | 时间 | 地点 | 参加国家 |
| --- | --- | --- | --- | --- |
| 2019 | 中老"和平列车-2019"人道主义救援联合演训活动 | 8月13—26日 | 老挝万象 | 中国、老挝。中国参演官兵105人，老挝参演官兵100人 |
| | "珠峰友谊-2019"中尼特种部队联合训练 | 8月28日—9月9日 | 尼泊尔首都加德满都 | 中国、尼泊尔 |
| | 俄罗斯"中部-2019联合演习" | 9月16日—21日 | 俄罗斯奥伦堡州 | 俄罗斯、中国、哈萨克斯坦、吉尔吉斯斯坦、巴基斯坦、塔吉克斯坦和乌兹别克斯坦等国军队。中国参演兵力约1600人 |
| | 海军"戚继光"舰出访 | 9月20日—11月8日 | 文莱、东帝汶、巴布亚新几内亚、新西兰、斐济 | 先后访问文莱、东帝汶、巴布亚新几内亚、新西兰、斐济等 |
| | 日本国际舰队阅舰式活动 | 10月7—14日 | 日本东京相模湾海域 | 美国、英国、印度、澳大利亚、加拿大、新加坡等国家海军的10余艘舰艇参加。中国"太原"舰参加 |
| | 武警赴科威特执教 | 9月初—10月3日 | 科威特 | 武警湖南总队7人赴科威特执教 |

205

续表

| 年份 | 名称 | 时间 | 地点 | 参加国家 |
| --- | --- | --- | --- | --- |
| 2019 | "熊猫袋鼠-2019"中澳陆军联合训练 | 10月10—19日 | 中国海南 | 中国、澳大利亚。双方各派出10名官兵参训 |
| | 中国武警部队与俄罗斯国民卫队"合作-2019"联合反恐演练 | 10月11—22日 | 俄罗斯新西伯利亚市近郊 | 中俄各派58名官兵参加 |
| | "猎狐-2019"中哈反恐联合演习 | 10月14—19日 | 哈萨克斯坦乌斯季卡缅诺戈尔斯克市某训练基地 | 中国、哈萨克斯坦 |
| | 中俄南非三国海上联演 | 11月25—29日 | 南非开普敦港 | 中国、俄罗罗斯、南非。中国海军"潍坊"舰参加 |
| | "真诚伙伴-2019"中坦联训 | 12月23—2020年1月16日 | 坦桑尼亚某综合训练中心 | 中国、坦桑尼亚。中坦两国共派出170余名官兵参训 |
| 2020 | "海洋卫士-2020"中巴海上联演 | 1月6—14日 | 巴基斯坦卡拉奇 | 中国、巴基斯坦 |
| | 新加坡航展 | 2月5—18日 | 新加坡 | 空军"八一"飞行表演队空军7架歼-10表演机和2架伊尔-76运输机,人员100余名 |

附表2 我国主要对外演习情况

续表

| 年份 | 名称 | 时间 | 地点 | 参加国家 |
|---|---|---|---|---|
| 2020 | "金色眼镜蛇"演习人道主义救援演练 | 3月1—4日 | 泰国北柳府国家减灾训练中心 | 中国、美国和泰国等7国的200余人参加此次演练。"金色眼镜蛇"联合军演是泰美共同主办的年度机制性多边联合军演。中国2002年起以观察员身份参加，2014年派出实兵分队参演 |
| | "国际军事比赛-2020" | 8月23日—9月5日 | 俄罗斯、白俄罗斯、亚美尼亚、阿塞拜疆和乌兹别克斯坦 | 中国、俄罗斯、白俄罗斯、亚美尼亚、阿塞拜疆和乌兹别克斯坦等30多个国家和地区的156支参赛队参加 |
| | "高加索-2020"战略演习 | 9月21—26日 | 俄罗斯阿斯特拉罕州 | 中国、俄罗斯、亚美尼亚、白俄罗斯、伊朗、缅甸、巴基斯坦等国 |
| 2021 | "和平-21"多国海军联合演习 | 2月15—16日 | 巴基斯坦卡拉奇 | 中国、巴基斯坦、俄罗斯、美国、英国等国 |
| | 中国与新加坡海军举行海上联合演习 | 2月24日 | 新加坡附近海域 | 中国、新加坡 |

续表

| 年份 | 名称 | 时间 | 地点 | 参加国家 |
|---|---|---|---|---|
| 2021 | "国际军事比赛-2021" | 4月15日、8月22日—9月4日 | 俄罗斯、白俄罗斯、乌兹别克斯坦、伊朗 | 中国、俄罗斯、白俄罗斯、埃及、乌兹别克斯坦、哈萨克斯坦、伊朗、委内瑞拉、越南、蒙古国、塞尔维亚、以色列、阿尔及利亚、卡塔尔、老挝、缅甸等国 |
| | 中国印尼海军举行海上联合演练 | 5月8日 | 印度尼西亚雅加达附近海域 | 中国、印尼 |
| | "金色眼镜蛇-2021"多国联合演习人道主义救援减灾演习 | 7月30日—8月2日 | 泰国罗勇府 | 中国、美国、泰国、日本、韩国、马来西亚、新加坡、印尼及印度等9国的40余名官兵 |
| | "西部·联合-2021"演习 | 8月9—13日 | 中国青铜峡 | 中国、俄罗斯共派出兵力1万余人 |
| | "和平使命-2021"联合演习 | 9月11—25日 | 俄罗斯奥伦堡州东古兹靶场 | 中国、俄罗斯、哈萨克斯坦、塔吉克斯坦、吉尔吉斯斯坦、印度、巴基斯坦、乌兹别克斯坦等8个上合组织成员国参演,总兵力约4000人 |
| | "共同命运-2021"国际维和实兵演习 | 9月6—15日 | 中国河南确山 | 中国、蒙古国、巴基斯坦、泰国等国1000余名官兵参演 |

附表2　我国主要对外演习情况

续表

| 年份 | 名称 | 时间 | 地点 | 参加国家 |
| --- | --- | --- | --- | --- |
| 2021 | "帕比-反恐-2021"的上合组织成员国主管机关联合反恐演习 | 9月21日—10月4日 | 巴基斯坦帕比市 | 中国、俄罗斯、哈萨克斯坦、吉尔吉斯斯坦、塔吉克斯坦、乌兹别克斯坦、印度和巴基斯坦8个成员国主管机关 |
| | 中俄"海上联合-2021"联合军事演习 | 10月14—15日 | 俄罗斯彼得大帝湾 | 中国、俄罗斯 |
| | 中俄2021年度联合空中战略巡航 | 11月19日 | 日本海、东海有关空域 | 中俄两军第三次联合空中战略巡航 |
| | 中越"和平救援-2021"卫勤联合演习 | 12月10—12日 | 越南广宁省芒街市 | 中国、越南 |
| 2022 | 第二次海上联合军事演习 | 1月18—20日 | 阿曼湾海域 | 中国、伊朗、俄罗斯三国（首次是2019年） |
| | 中俄反海盗联合军事演习 | 1月24日 | 阿拉伯海北部某海域 | 中国、俄罗斯 |
| | 中越两军开展第32次北部湾联合巡逻 | 6月22日 | 北部湾海域 | 中国、越南 |
| | 中巴"海洋卫士-2"海上联合演习 | 7月10—13日 | 上海附近海空域 | 中国、巴基斯坦 |

209

续表

| 年份 | 名称 | 时间 | 地点 | 参加国家 |
|---|---|---|---|---|
| 2022 | 中国老挝"和平列车-2022"人道主义医学救援联合演习 | 7月25—28日 | 老挝蓬洪 | 中国、老挝 |
| | "国际军事比赛-2022" | 8月13—27日 | 中国、俄罗斯、哈萨克斯坦、阿尔及利亚、乌兹别克斯坦、委内瑞拉 | 由中国、俄罗斯、伊朗、哈萨克斯坦、阿尔及利亚、乌兹别克斯坦、委内瑞拉等12个国家共同承办,共有37个国家(地区)军队的270余支队伍参赛 |
| | 联黎部队"天使救援"演练 | 8月15日 | 联黎部队东区 | 中国、西班牙、柬埔寨等7个国家的维和人员参与。中国第21批赴黎巴嫩维和医疗分队参加 |
| | "鹰击-2022"中泰空军联合训练 | 8月14日 | 泰国乌隆空军基地 | 中国、泰国 |
| | "东方-2022"演习 | 8月31日—9月7日 | 俄罗斯乌苏里斯克市谢尔盖耶夫斯基训练场 | 中国、俄罗斯、阿尔及利亚、印度、白俄罗斯、塔吉克斯坦、蒙古国等国参演总兵力超过5万人。中国参演兵力2000余人,各型车辆(装备)300余台,固定翼飞机和直升机21架,舰船3艘 |

附表2 我国主要对外演习情况

续表

| 年份 | 名称 | 时间 | 地点 | 参加国家 |
| --- | --- | --- | --- | --- |
| 2022 | "长城-2022"反恐国际论坛 | 8月30—31日 | 中国北京 | 中国、俄罗斯、巴基斯坦、巴西、意大利等30国同类部队的170余名代表应邀参会 |
| | "空中力量-2022"航展 | 9月2—3日 | 奥地利采尔特韦格机场 | 20个国家的200架军用和民用飞机参展。中国运-20参展 |
| | "和谐使命-2022" | 11月10—18日 | 印尼首都雅加达丹戎不碌港 | 和平方舟医院船赴印尼为期7天的医疗服务中，医院船共诊疗当地患者13488人次、实施手术37例 |
| | 中越两军开展北部湾第33次联合巡逻 | 11月24日 | 北部湾 | 联合巡逻是2005年中越签署《中越海军北部湾联合巡逻协议》后开展的第33次联合巡逻 |
| | 中俄"海上联合-2022"联合军事演习 | 12月21—27日 | 中国舟山至台州以东海域 | 中国、俄罗斯 |

注：以上数据来源于《中国军事百科全书》《解放军报》及国防部网站。截至2022年12月31日。

# 附表 3　我国主要维和行动情况

| 名称 | 时间 | 地点 | 备注 |
| --- | --- | --- | --- |
| 联合国停战监督组织 | 1990 年 4 月— |  | 中国首次派出 5 名军事观察员参加联合国维和行动 |
| 联合国伊拉克-科威特观察团 | 1991 年 4 月—2003 年 10 月 | 伊拉克-科威特 |  |
| 联合国西撒哈拉全民投票特派团 | 1991 年 9 月— | 西撒哈拉 | 派出军事观察员 |
| 联合国柬埔寨临时权力机构 | 1991 年 12 月—1993 年 9 月 | 柬埔寨 | 中国第一支整建制维和部队，共派工程兵 800 名，修复扩建机场 4 座，修复公路 4 条共 640 千米，修复和新架桥梁 47 座 |
| 联合国莫桑比克行动 | 1993 年 6 月—1994 年 12 月 | 莫桑比克 |  |
| 联合国利比里亚观察团 | 1993 年 11 月—1997 年 9 月 | 利比里亚 |  |
| 联合国阿富汗观察团 | 1998 年 5 月—2000 年 1 月 | 阿富汗 |  |
| 联合国塞拉利昂特派团 | 1998 年 8 月—2005 年 12 月 | 塞拉利昂 |  |

续表

| 名称 | 时间 | 地点 | 备注 |
|------|------|------|------|
| 联合国维持和平行动部 | 1999年2月— | | 派出军事观察员 |
| 联合国埃塞俄比亚和厄立特里亚特派团 | 2000年10月—2008年7月 | 埃塞俄比亚和厄立特里亚 | |
| 联合国刚果民主共和国特派团 | 2001年4月—2010年6月 | 刚果民主共和国 | |
| 联合国利比里亚特派团 | 2003年10月—2018年3月22日 | 利比里亚 | 2018年3月22日，联合国利比里亚特派团正式从该国退出 |
| 联合国科特迪瓦行动 | 2004年4月— | 科特迪瓦 | |
| 联合国布隆迪行动 | 2004年6月—2006年9月 | 布隆迪 | |
| 联合国苏丹特派团 | 2005年4月—2011年7月 | 苏丹 | |
| 联合国驻黎巴嫩临时部队 | 2006年3月— | 黎巴嫩 | 截至2023年12月，中国共派出22批赴黎巴嫩维和部队，由多功能工兵分队、建筑工兵分队和医疗分队组成，任务期一年。中国自2006年开始向黎巴嫩派出维和部队以来，迄今已累计派出维和官兵7000余人次，为维护黎南部地区和平稳定做出了重要贡献 |
| 联合国东帝汶综合特派团 | 2006年10月—2012年11月 | 东帝汶 | 中国累计派出15人 |

213

续表

| 名称 | 时间 | 地点 | 备注 |
| --- | --- | --- | --- |
| 联合国塞拉利昂综合办事处 | 2007年2月—2008年2月 | 塞拉利昂 | |
| 非洲-联合国达尔富尔混合行动 | 2007年11月—2021年6月 | 达尔富尔 | 截至2021年6月裁撤前,中国共派出16批赴苏丹达尔富尔维和工兵分队;截至2021年3月裁撤前,共派出3批直升机分队 |
| 联合国刚果民主共和国稳定特派团 | 2010年7月— | 刚果民主共和国 | 联合国刚果民主共和国稳定特派团(简称"联刚稳定团")的前身是成立于1999年的联合国刚果民主共和国特派团。鉴于刚果(金)局势进入新阶段,安理会2010年通过决议,从当年7月1日起将其更名为联刚稳定团。2013年3月,安理会决定在联刚稳定团内设置一支能主动采取进攻行动的军事干预旅。截至2023年9月,中国共派出27批赴刚果(金)维和医疗分队与工兵分队 |
| 联合国驻塞浦路斯维持和平部队 | 2011年2月— | 塞浦路斯 | 中国于2015年开始向联合国驻塞浦路斯维和部队(联塞部队)派遣维和警察,至今共有37名中国警察参与联合国在塞浦路斯的维和行动,承担着监督停火、维护缓冲区和进行人道主义救援等职责 |

续表

| 名称 | 时间 | 地点 | 备注 |
| --- | --- | --- | --- |
| 联合国阿卜耶伊临时安全部队 | 2011年7月—2023年11月 | 阿卜耶伊 | 阿卜耶伊地区面积约1万平方千米,是苏丹与南苏丹之间存在争议的地区之一。2011年6月,联合国安理会决定成立联阿安全部队,负责监督苏丹和南苏丹从阿卜耶伊地区分别撤出各自部队。每年11月底轮换,为期1年。截至2023年11月23日,中国派出4批赴阿卜耶伊维和直升机分队。该维和直升机分队下设1个飞行连、1个机务连、1个勤务连和1个一级医院,在联阿安全部队的统一部署下,重点担负兵力投送、空中巡逻、物资运输等任务 |
| 联合国南苏丹共和国特派团 | 2011年7月— | 南苏丹 | 每年1月轮换,为期一年,截至2023年12月,中国共派出14批赴南苏丹(瓦乌)维和部队 |
| 联合国叙利亚监督团 | 2012年4—8月 | 叙利亚 |  |
| 联合国驻马里维和部队 | 2013年12月—2022年8月 | 马里 | 每年8月轮换,为期1年。截至2022年8月25日,中国共派出10批赴马里维和部队。当前第10批马里维和部队共398人。其中,防卫步兵分队210人、工兵分队125人、医疗分队63人 |

续表

| 名称 | 时间 | 地点 | 备注 |
|---|---|---|---|
| 联合国驻南苏丹维和部队 | 2015年4月— | 南苏丹 | 每年12月轮换，为期1年。截至2023年12月，第10批赴南苏丹（朱巴）维和步兵营正在执行任务。步兵营共编制700名官兵，包括步兵、装甲兵、炮兵、工兵和医疗兵等 |

注：以上数据来源于《解放军报》及国防部网站。截至2023年12月31日。

# 附表4　我国援外和参加国际救援情况

| 名称 | 时间 | 地点 | 基本情况 |
| --- | --- | --- | --- |
| 援助阿尔及利亚等非洲国家医疗队 | 1963年至今 | 阿尔及利亚等非洲国家 | 60年里，中国已经向40多个非洲国家累计派出医疗队员约2.3万人次，诊治患者约2.3亿人次 |
| 中国援助埃塞俄比亚军医专家组 | 1974年至今 | 埃塞俄比亚 | 从1974年至今，截至2023年1月，中国已派遣23批援助埃塞俄比亚医疗队 |
| 中国援赞比亚军事医疗专家组 | 1984年至今 | 卢萨卡 | 截至2023年1月，已持续向赞比亚派出25批军事医疗专家组，共计约300人 |
| 指导扫雷人道主义培训 | 2003年3—6月 | 厄立特里亚 | 派出扫雷专家组18人赴厄立特里亚指导扫雷培训 |
| 阿尔及利亚地震救援 | 2003年5月22日 | 阿尔及利亚 | 2003年5月21日19时45分，阿尔及利亚北部地区发生里氏6.2级地震，2250多人死亡，1万多人受伤。5月22日至30日，中国救援队30名经验丰富的队员携带约4吨重的轻型救援装备和3条搜索犬，在阿开展国际救援行动。这是中国救援队首次参与国际地震灾害的救援行动。抗震救灾中成功搜救出一名12岁的小男孩 |

续表

| 名称 | 时间 | 地点 | 基本情况 |
| --- | --- | --- | --- |
| 伊朗地震救援 | 2003年12月26日 | 伊朗 | 2003年12月26日，当地时间凌晨5点27分，伊朗东南部克尔曼省巴姆地区发生强烈地震，造成大量人员伤亡。27日中国国际救援队及随行记者一行43人，从北京国际机场乘专机赴伊朗南部巴姆地震灾区执行救援任务。这是救援队第2次赴境外救援 |
| 苏门答腊地震海啸救援 | 2004年12月1日 | 印度尼西亚、斯里兰卡、泰国等 | 2004年12月26日印度洋地震海啸发生后，我国卫生部先后组派出4支卫生救援队，分赴泰国、斯里兰卡和印度尼西亚灾区开展救援工作。这是中国国际救援队第3次赴境外救援。中国救援队分两批总计70人赴印度尼西亚受灾比较严重的班达亚齐开展国际人道主义援救，历时近30天，共医治伤员1万余员 |
| 巴基斯坦地震救援 | 2005年10月 | 巴基斯坦 | 2005年10月8日上午，巴基斯坦北部地区发生强烈地震。中国政府向巴基斯坦政府提供包括现汇和物资在内的620万美元紧急人道主义救灾援助，并向巴受灾地区派遣搜救队。这是中国国际救援队第4次赴境外救援。由90名救援人员组成的中国救援队分两批抵达地震重灾区巴拉考特实施救援。这次救援行动至当年11月17日结束。中国救援队还首次担任了国际救灾行动的协调员，为在巴拉考特地区成功开展国际救援发挥了重要作用 |

附表4 我国援外和参加国际救援情况

续表

| 名称 | 时间 | 地点 | 基本情况 |
| --- | --- | --- | --- |
| 印度尼西亚地震救援 | 2006年5月29日—6月17日 | 印度尼西亚 | 2006年5月,印度尼西亚日惹和中爪哇地区发生地震,中国政府在提供资金、物资援助的基础上,派出中国国际救援队赴灾区实施人道主义救援任务,这是中国国际救援队第5次赴境外遂行救援任务。全队由44名队员组成,其中医疗救护队员20名,搜救队员10名,地震专家、通信后勤保障10名。此次救援行动为期18天,共救治伤员3015人,实施手术300多例 |
| 海地地震救援 | 2010年1月13—27日 | 海地 | 2010年1月12日下午,海地发生里氏7.3级地震。中国立即向震区派遣了一支50人的救援队。这是中国国际救援队第6次赴境外救援。中国救援队反应最快、到达最早,是第一个展开救灾行动的国家,也是第一个设立医疗点救护伤员的国家。在海地执行国际维和任务的中国维和部队也参加了地震救援。到1月27日行动结束,救援队共搜寻遇难者遗体20多具,救治伤员2500余人,其中重伤员500余人 |

219

续表

| 名称 | 时间 | 地点 | 基本情况 |
| --- | --- | --- | --- |
| 巴基斯坦洪灾救援 | 2010年7月和8月 | 巴基斯坦 | 2010年7月和8月,巴基斯坦遭遇历史罕见的特大洪灾,中国先后派出两批总计由116名队员组成的国际救援队和4架直升机救援队深入灾区参与救灾和医疗防疫工作。10月4日行动结束时,共医治伤员约25700人,这是中国国际救援队第7次赴境外救援 |
| 日本地震海啸救援 | 2011年3月13—20日 | 日本 | 2011年3月11日,日本发生大地震。3月13日,应日本政府请求,中国政府派遣中国国际救援队一行15人(6名来自地震局,9名来自武警医院和工兵团,人数受到日本政府的限制),乘坐中国国际航空公司包机前往日本,参加救援行动。这是中国国际救援队第9次赴境外救援。中国国际救援队此次携带搜索、营救等近4吨装备,并带有相关核泄漏探测仪器,能保证救援队伍自身安全。中国的救援队当地时间13日抵达日本受灾严重的岩手县大船渡市,于14日清晨7点从集合营地出发,与日本当地救援队一起展开搜救工作。这是地震发生后首支来到当地参与救援活动的国际救援队,21日圆满完成救援任务回国 |

续表

| 名称 | 时间 | 地点 | 基本情况 |
| --- | --- | --- | --- |
| 尼泊尔地震救援 | 2015年4月26日—5月8日 | 尼泊尔 | 中国国际救援队是第一支抵达尼泊尔地震灾区的国际重型救援队,由62名地震专家、搜救队员、医护队员组成,这是中国国际救援队第10次赴境外救援。中国国际救援队携带6条搜救犬和17吨搜救、医疗设备,于当地时间4月26日10时抵达加德满都特里布文国际机场后,立即投入搜救行动,先后救出两名幸存者,搜排18个工作区的430处建筑物废墟,巡诊6040人次,救治2729人次,抢救物资910余件。4月29日,联合国现场救援行动协调中心将加德满都市区划分13个工作区域,中国国际救援队负责G区,协调指挥俄罗斯、法国、西班牙等救援队共同开展搜救行动。5月1日扩大搜救范围后,中国国际救援队负责加德满都以西至博卡拉区域,协调指挥俄罗斯、土耳其、马来西亚、泰国和新加坡等救援队共同开展搜救行动 |
| 中国援摩医疗队 | 2015年—2019年10月 | 卡萨布兰卡 | 2019年10月6日这是2015年以来中国援摩医疗队在摩洛哥最大城市卡萨布兰卡举办第5次爱心义诊活动 |

续表

| 名称 | 时间 | 地点 | 基本情况 |
| --- | --- | --- | --- |
| 中国－老挝"和平列车"医疗服务活动 | 2017年—2022年8月 | 老挝 | "和平列车"活动开始于2017年7月,中国－老挝"和平列车－2017、2018、2022"医疗服务活动,中方共选派专家、卫生列车1列开展义诊活动 |
| "和谐使命－2018" | 2018年8月13日至今 | | "和谐使命－2018"任务先后访问汤加努库阿洛法港,格林纳达、多米尼克达罗索港、安提瓜和巴布达、多米尼加、厄瓜多尔瓜亚基尔港、智利瓦尔帕莱索港 |
| 中国援赠斯里兰卡海军的护卫舰P625 | 2019年7月8日 | 斯里兰卡 | 中国援助斯里兰卡P625护卫舰抵达斯里兰卡。该舰原为中国海军"铜陵"号,满载排水量2300吨,建造于1994年 |
| 中国援助孟加拉国抗疫物资 | 2020年3月26日 | 达卡 | 中国政府援助孟加拉国用于抗击新冠疫情的一批物资于3月26日下午运抵孟加拉国首都达卡 |
| 中国人民解放军援助巴基斯坦、缅甸、老挝三国军队核酸检测试剂盒 | 2020年4月24日 | 巴基斯坦、缅甸、老挝 | 应巴基斯坦、缅甸、老挝等国军队请求,经中央军委批准,中国人民解放军于4月24日派空军运－20飞机向上述三国军队紧急援助核酸检测试剂盒、防护服等疫情防控物资 |

附表4　我国援外和参加国际救援情况

续表

| 名称 | 时间 | 地点 | 基本情况 |
| --- | --- | --- | --- |
| 中国人民解放军援助柬埔寨军队核酸检测试剂盒 | 2020年4月25日 | 柬埔寨 | 应柬埔寨军队请求，经中央军委批准，中国人民解放军于4月25日派空军运-9飞机向柬军紧急提供核酸检测试剂盒、防护服等医疗物资 |
| 中国人民解放军援助黎巴嫩军队抗疫物资 | 2020年4月28日 | 黎巴嫩 | 应黎巴嫩军队请求，经中央军委批准，中国人民解放军向黎军提供了医用口罩、防护服等抗疫物资，上述物资于4月28日从港口启运 |
| 中国人民解放军援助越南军队抗疫物资 | 2020年4月28日 | 友谊关口岸 | 应越南军队请求，经中央军委批准，中国人民解放军于4月28日在中越边境友谊关口岸向越军捐赠核酸检测试剂盒、体温检测设备等抗疫物资 |
| 中国军队医疗专家组助力缅军建立新冠病毒检测实验室 | 2020年4月24日 | 仰光 | 中国军队派遣的抗疫医疗专家组一行6人于4月24日抵达仰光 |
| 中国国防部援助老挝国防部第二批抗疫物资 | 2020年6月2日 | 万象 | 中国国防部援助老挝国防部第二批新冠疫情防控医疗物资2日由中国空军伊尔-76飞机运抵老挝首都万象 |

223

续表

| 名称 | 时间 | 地点 | 基本情况 |
|---|---|---|---|
| 中国人民解放军援助20个国家军队抗疫物资 | 2020年6月2—5日 | 20个国家 | 中国人民解放军通过空军飞机等方式分别向埃塞俄比亚、莫桑比克、突尼斯、安哥拉、埃及、摩洛哥、坦桑尼亚、刚果（布）、刚果（金）、赤道几内亚、塞拉利昂、津巴布韦、赞比亚、喀麦隆、卢旺达、阿根廷、老挝、柬埔寨、沙特和孟加拉国等20国军队提供防护服、医用口罩等防疫物资 |
| 中国人民解放军援助白俄罗斯、塞尔维亚、匈牙利、保加利亚、北马其顿、特立尼达和多巴哥个国家军队抗疫物资 | 2020年6月13日 | 白俄罗斯、塞尔维亚、匈牙利、保加利亚、北马其顿、特立尼达和多巴哥 | 应白俄罗斯、塞尔维亚、匈牙利、保加利亚、北马其顿、特立尼达和多巴哥等国军队请求，经中央军委批准，中国人民解放军于6月13日通过铁路、海运等多种方式向上述6国军队启运防护服、医用口罩等防疫物资 |
| 中国政府援助苏丹抗疫物资 | 2020年6月18日 | 喀土穆 | 6月18日，中国政府援助苏丹抗疫物资运抵喀土穆国际机场，中国驻苏丹大使马新民、苏丹主权委员会主席布尔汉特别助理利德旺少将共同签署物资交接证书 |
| 中国国防部援厄瓜多尔抗疫物资 | 2020年9月3日 | 厄瓜多尔 | 中国国防部援厄瓜多尔抗疫物资线上交接仪式 |

续表

| 名称 | 时间 | 地点 | 基本情况 |
| --- | --- | --- | --- |
| 埃塞俄比亚撤侨 | 2020年11月11日—12日晚7时 | 亚的斯亚贝巴 | 2020年11月4日，埃塞俄比亚北部提格雷州当地武装与联邦政府军队突发武装冲突，埃塞俄比亚政府随即宣布该州进入6个月的紧急状态。在提格雷州首府默克莱及附近地区，有包括中国交建、中国能建葛洲坝等企业员工在内的400多名中国同胞被困。11月8日晚，使馆定于11日开始，将我被困同胞经阿法尔州撤至首都亚的斯亚贝巴，并到埃塞军队总部，协调派遣武装护卫事宜。对方派出特战队员全程武装护卫。至12日晚7时，全部中国同胞安全撤出 |
| 中国国防部援助阿根廷军队一座野战医院 | 2021年2月25日 | 布宜诺斯艾利斯 | 中国国防部援助阿根廷军队的一座野战医院的交接仪式于2月25日在布宜诺斯艾利斯市郊区五月兵营举行 |
| 中国人民解放军援助匈牙利军队新冠疫苗 | 2021年5月8日 | 匈牙利 | 中国人民解放军向匈牙利军队援助的一批新冠疫苗于5月8日交付匈方 |
| 中国人民解放军援助塞尔维亚军队新冠疫苗 | 2021年5月19日 | 塞尔维亚 | 中国人民解放军向塞尔维亚军队援助的一批新冠疫苗于5月19日交付塞方 |

续表

| 名称 | 时间 | 地点 | 基本情况 |
| --- | --- | --- | --- |
| 中国人民解放军援助几内亚军队新冠疫苗 | 2021年5月31日 | 几内亚 | 中国人民解放军向几内亚军队援助的一批新冠疫苗于5月31日交付几方 |
| 中国人民解放军援助莫桑比克军队新冠疫苗 | 2021年6月3日 | 莫桑比克 | 中国人民解放军向莫桑比克军队援助的一批新冠疫苗于6月3日交付莫方 |
| 中国人民解放军援助埃塞俄比亚军队新冠疫苗 | 2021年8月19日 | 埃塞俄比亚 | 中国人民解放军向埃塞俄比亚军队援助的一批新冠疫苗于8月19日交付埃塞方 |
| 中国人民解放军援助缅甸军队新冠疫苗 | 2021年8月22日 | 缅甸 | 中国人民解放军向缅甸军队援助的一批新冠疫苗于8月22日交付缅方 |
| 中国人民解放军援助越南军队新冠疫苗 | 2021年8月23日 | 越南 | 中国人民解放军向越南军队援助的一批新冠疫苗于8月23日交付越方 |
| 中国人民解放军援助柬埔寨军队第三批新冠疫苗 | 2021年8月23日 | 柬埔寨 | 中国人民解放军向柬埔寨军队援助的第三批新冠疫苗于8月23日交付柬方 |

续表

| 名称 | 时间 | 地点 | 基本情况 |
|------|------|------|----------|
| 中国人民解放军援助老挝军队第二批新冠疫苗 | 2021年8月23日 | 万象 | 中国人民解放军援助老挝人民军的第二批新冠疫苗8月23日搭乘中国空军运-20运输机抵达老挝首都万象瓦岱国际机场 |
| 中国人民解放军向斯里兰卡军队援助的新冠疫苗 | 2021年8月28日 | 科伦坡 | 中国人民解放军向斯里兰卡军队援助的一批新冠疫苗8月28日运抵科伦坡 |
| 援助孟加拉国军队新冠疫苗 | 2021年8月29日 | 孟加拉国 | 中国人民解放军向孟加拉国军队援助的一批新冠疫苗于8月29日交付孟方 |
| 中国人民解放军援助柬埔寨军队防疫物资 | 2021年11月23日 | 柬埔寨 | 中国人民解放军向柬埔寨军队援助的一批新冠疫情防控物资于11月23日交付柬方 |
| 中国人民解放军援助老挝军队防疫物资 | 2021年11月23日 | 老挝 | 向老挝军队援助的一批新冠疫情防控物资于11月23日交付老方 |
| 中国向柬埔寨无偿援助的第八批新冠疫苗 | 2022年3月29—30日 | 金边 | 中国向柬埔寨无偿援助的第八批新冠疫苗29—30日陆续运抵金边 |

续表

| 名称 | 时间 | 地点 | 基本情况 |
| --- | --- | --- | --- |
| 赴汤加运送救灾物资 | 2022年1月27—28日 | 汤加王国首都努库阿洛法国际机场 | 应汤加王国关于火山灾害救援的请求，中国军队派遣两架运-20飞机搭载食品、饮用水、净水器、帐篷、折叠床、个人防护设备和无线电通信设备等30多吨应急和灾后重建物资，于1月27日从广州白云机场起飞，北京时间28日早晨抵达汤加王国首都努库阿洛法国际机场 |
| 中国援助汤加火山爆发救援物质 | 2022年1月31日—3月21日 | 汤加 | 两栖船坞登陆舰五指山舰和综合补给舰查干湖舰组成的中国海军舰艇编队，从广州出发，启运第二批中国援助汤加物资。连续航行5200余海里抵达汤加后，编队官兵们经过137个小时连续卸载，将1400多吨救灾物资安全移交。3月21日上午，五指山舰和查干湖舰依次返回湛江。历时50天，航程12000多海里 |

注：以上数据来源于《解放军报》及国防部网站。截至2022年12月31日。

# 附表5 我国海军护航情况

| 批次 | 时间 | 参加国家 |
| --- | --- | --- |
| 第1批 | 2008年12月26日—2009年4月28日 | 海军第1批护航编队由"武汉"号（169）导弹驱逐舰、"海口"号（171）导弹驱逐舰、"微山湖"号（887）综合补给舰、2架舰载直升机以及数十名特战队员组成，编队共800余人。从海南三亚启航，共完成41批212艘中外船舶护航任务，解救遇袭船舶3艘，接护船舶1艘。在大洋上连续执行任务124天，开创了首次组织舰艇、舰载机和特种部队多兵种跨洋执行任务、首次与多国海军在同一海域执行任务并开展登舰交流和信息合作、首次持续高强度在远离岸基的陌生海域组织后勤、装备保障等海军发展史上多个第一 |
| 第2批 | 2009年4月2日—8月21日 | 海军第2批护航编队由"深圳"号导弹驱逐舰，"黄山"号导弹护卫舰和首批护航编队留下来的"微山湖"号综合补给舰，以及2架舰载直升机和部分特战人员组成，整个编队共800余人，从广东湛江启航，历时142天，查证和警告驱离129艘疑似海盗船只，护卫393艘中外商船 |
| 第3批 | 2009年7月16日—12月20日 | 海军第3批护航编队由"舟山"号（529）导弹护卫舰、"徐州"号（530）导弹护卫舰、"千岛湖"号（886）综合补给舰、2架舰载直升机以及数十名特战队员组成，编队共800余人。从海南三亚启航，共完成53批582艘中外船舶护航任务。回程途中访问马来西亚、新加坡。创造了首次和外军展开联合护航、首次在远洋和外军举行联合军演等多项新纪录 |

续表

| 批次 | 时间 | 参加国家 |
|---|---|---|
| 第4批 | 2009年10月30日—2010年4月23日 | 海军第4批护航编队由"马鞍山"号（525）导弹护卫舰、"温州"号（526）导弹护卫舰、"千岛湖"号（886）综合补给舰、"巢湖"号（568）导弹护卫舰（2009年12月21日抵达亚丁湾增援护航编队）、2架舰载直升机以及数十名特战队员组成，编队共700余人。从浙江舟山启航，共完成46批660艘中外船舶护航任务，成功解救3艘中外商船，接护获释船舶4艘。回国途中访问阿联酋、菲律宾，停靠斯里兰卡。创造了首次依法登临检查、首次接护获释台湾和外国商船等多项纪录 |
| 第5批 | 2010年3月4日—9月11日 | 海军第5批护航编队由"广州"号导弹驱逐舰、"微山湖"号综合补给舰，以及先期到达亚丁湾、索马里海域执行护航任务的"巢湖"号导弹护卫舰、2架舰载直升机和数十名陆战队员组成。从三亚启航，历经192个日夜，航程92495海里，先后查证驱离可疑船只85批370艘次，为41批588艘中外商船实施了伴随护航，总吨位超过3063万吨，刷新了海军护航编队护航船舶最多、吨位最重的纪录。回国途中访问埃及、意大利、希腊、缅甸4国，停靠新加坡 |
| 第6批 | 2010年6月30日—2011年1月7日 | 海军第6批护航编队由"昆仑山"号（998）船坞登陆舰、"兰州"号（170）导弹驱逐舰、"微山湖"号（887）综合补给舰，以及4架舰载直升机和部分特战队员组成，编队共1000余人。从广东湛江启航，是中国海军首次以船坞登陆舰和驱逐舰联合组成的编队。共完成49批615余艘中外船舶护航任务，实施解救行动3次。回国途中访问沙特阿拉伯、巴林、斯里兰卡、印尼4国。创造了我海军执行护航任务以来首次指挥护航兵力登船解救被海盗劫持商船、首次实施舰艇机兵力一体护航、首次进入波斯湾访问中东国家等多项第一 |

续表

| 批次 | 时间 | 参加国家 |
|---|---|---|
| 第7批 | 2010年11月2日—2011年5月9日 | 海军第7批护航编队由"舟山"号（529）导弹护卫舰、"徐州"号（530）导弹护卫舰、"千岛湖"号（886）综合补给舰组成。从浙江舟山起航，共安全护送38批578艘中外船舶，接护遭海盗袭击船舶1艘，营救遭海盗登船袭击船舶1艘，解救被海盗追击船舶6次9艘，查证和驱离可疑船只218艘次，并先后与北约508特混编队、欧盟465特混编队指挥官会面交流。远赴地中海为撤离我国驻利比亚受困人员船只实施护航，续写了人民海军执行护航任务的新篇章。返回顺访坦桑尼亚、南非、塞舌尔等非洲3国，停靠新加坡 |
| 第8批 | 2011年2月21日—8月28日 | 海军第8批护航编队由"温州"号（526）导弹护卫舰、"马鞍山"号（525）导弹护卫舰、"千岛湖"号（886）综合补给舰、2架舰载直升机以及80余名特战队员组成，编队共700余人。从浙江舟山启航，共完成44批488艘中外船舶护航任务，其中包括世界粮食计划署船舶3艘，接护被海盗释放船舶1艘，营救遭海盗登船袭击船舶1艘，解救被海盗追击船舶7次7艘，救助外国船舶2艘。3月7日，护航编队停靠巴基斯坦卡拉奇港，参加由巴方组织的"和平-11"多国联合军演。回国途中访问卡塔尔和泰国 |
| 第9批 | 2011年7月2日—12月24日 | 海军第9批护航编队由"舰武汉"号（169）导弹驱逐、导弹"玉林"号（569）护卫舰、"青海湖"号（885）综合补给舰、2架舰载直升机以及80余名特战队员组成，编队共800余人。从广东湛江启航，共完成41批280艘中外船舶护航任务。2011年7月5日至9日，武汉舰和玉林舰访问文莱，并参加在文莱举办的第三届国际防务展和国际舰队检阅等活动。回国途中访问科威特和阿曼，停靠新加坡 |

续表

| 批次 | 时间 | 参加国家 |
| --- | --- | --- |
| 第10批 | 2011年11月2日—2012年5月5日 | 海军第10批护航编队由"海口"舰、"运城"舰和"青海湖"舰组成。从湛江起航,历时186天,共完成40批240艘中外船舶护航任务。编队先后对莫桑比克、泰国进行了友好访问,返回时停靠香港昂船洲海军码头,邀请香港市民参观舰艇,举行特战表演 |
| 第11批 | 2012年2月27日—9月 | 海军第11批护航编队由"青岛"号导弹驱逐舰、"烟台"号导弹护卫舰和"微山湖"号综合补给舰组成,从青岛起航,护航结束后组成出访编队,穿越苏伊士运河进入地中海,对乌克兰、罗马尼亚、土耳其、保加利亚、以色列等5国进行访问。这是中国海军自2008年12月开展护航行动以来,首次由北海舰队组织执行护航任务 |
| 第12批 | 2012年7月3日—2013年1月19日 | 海军第12批护航编队"常州"号(549)导弹护卫舰、"益阳"号(548)导弹护卫舰、"千岛湖"号(886)综合补给舰、2架舰载直升机以及数十名特战队员,编队共800余人。从舟山港起航,共完成46批204艘船舶伴随护航任务,解救被海盗追击船舶1艘,为中外故障船舶提供海上安全警戒4艘次。回国途中访问澳大利亚和越南 |
| 第13批 | 2012年11月9日—2013年5月23日 | 海军第13批护航编队由南海舰队"黄山"号导弹护卫舰、"衡阳"号导弹护卫舰和"青海湖"号综合补给舰,以及2架舰载直升机和部分特战队员组成,编队官兵近800人。从广东湛江起航,总航程达999245海里,安全护送37批166艘中外船舶。护航任务结束后,编队先后赴马耳他、阿尔及利亚、摩洛哥、葡萄牙、法国进行了友好访问,共历时196个日夜,返回湛江军港 |

续表

| 批次 | 时间 | 参加国家 |
| --- | --- | --- |
| 第14批 | 2013年2月16日—9月28日 | 海军第14批护航编队由"哈尔滨"号导弹驱逐舰、"绵阳"号导弹护卫舰和"微山湖"号综合补给舰组成,编队含2架舰载直升机、数十名特战队员,共730余人。从青岛起航,共完成63批181艘中外船舶护航任务,其中护送联合国世界粮食计划署船舶2艘。其间赴巴基斯坦参加了"和平-13"多国海上联合演习,与美海军护航舰艇在亚丁湾举行了反海盗联合演练。回国途中访问塞舌尔、新加坡、泰国3国 |
| 第15批 | 2013年8月8日—2014年1月 | 海军第15批护航编队由"井冈山"号两栖船坞登陆舰、"衡水"号导弹护卫舰、"太湖"号综合补给舰,以及3架舰载直升机和部分特战队员组成,整个编队800余人。从湛江启航,圆满完成46批181艘中外船舶的护航任务,护送联合国世界粮食计划署船舶1艘,5次与欧盟508编队、美盟151编队、北约465编队等外军护航舰艇进行友好交流,首次与乌克兰海军护航舰艇进行指挥官互访和联合军演,并顺利完成对坦桑尼亚、肯尼亚、斯里兰卡3国的出访任务 |
| 第16批 | 2013年11月30日—2014年7月18日 | 海军第16批护航编队由"盐城"号和"洛阳"号导弹护卫舰、"太湖"号综合补给舰组成,从青岛起航,编队含2架舰载直升机和部分特战队员组成,共660余人,是海军舰艇编队执行亚丁湾、索马里护航任务以来人员数量最少的一次。共完成40批132艘中外船舶护航任务,首次与欧盟护航舰艇编队进行反海盗联合演练,特别是临时受命紧急派遣盐城舰赶赴地中海,出色完成了叙化武海运阶段性护航,并在索契冬奥会期间成功接受中俄两国元首视频慰问 |

续表

| 批次 | 时间 | 参加国家 |
| --- | --- | --- |
| 第17批 | 2014年3月24日—10月22日 | 海军第17批护航编队由"长春"号导弹驱逐舰、"常州"号导弹护卫舰和"巢湖"号综合补给舰组成，从舟山起航。任务期中，编队共完成43批115艘中外船舶护航任务，为17艘次船舶实施特殊护航，为1艘世界粮食计划署船舶护航，先后参与了搜救韩国海军舰艇失踪船员、营救意大利失火商船等行动。其间，第17批护航编队与欧盟海军465编队在亚丁湾海域举行了联合反海盗演练，并同美盟151编队指挥官进行了交流会晤。在搜救马航MH370航班失联救援行动中，编队临时受命，紧急启航，远程奔袭3500余海里，出色完成了印度洋海域搜寻任务。护航任务结束后，编队先后对约旦、阿联酋、伊朗、巴基斯坦4国进行了友好访问 |
| 第18批 | 2014年8月1日—2015年3月19日 | 海军第18批护航编队由"长白山"号两栖登陆舰、"运城"号导弹护卫舰以及"巢湖"号综合补给舰组成，从湛江起航，编队携带舰载直升机3架、特战队员近百名，任务官兵800多人。任务期间，护航编队先后与欧盟508编队、美盟151编队、北约465编队等外军护航舰艇指挥官进行了会面交流，与美国、法国、希腊3国海军展开了联合反海盗、国际人道主义救援等演练，不断积累遂行常态化远海任务的有益经验，提高了部队执行多样化军事任务的能力 |
| 第19批 | 2014年12月2日—2015年3月29日 | 海军第19批护航编队由"临沂"号导弹护卫舰、"潍坊"号和"微山湖"综合补给舰组成，从青岛起航，编队含两架舰载直升机、数十名特战队员，共700余人。2015年3月29日中午，中国海军第19批护航编队临沂舰抵达也门亚丁港，在中国驻亚丁总领事馆积极配合下，撤离了中国驻也门的首批122名中国公民，其中包括7名妇女和1名儿童。两名来自埃及和罗马尼亚的中企技术人员一同随舰撤离。之后，2015年5月4日，第19批护航编队进入黑海，与俄海军进行联合军演 |

续表

| 批次 | 时间 | 参加国家 |
|---|---|---|
| 第20批 | 2015年4月3日—2016年2月5日 | 海军第20批护航编队由导弹驱逐舰"济南"号、导弹护卫舰"益阳"号以及综合补给舰"千岛湖"号组成,从浙江舟山起航,编队携2架直升机,数十名特战队员,官兵共800多人。共安全护送了39批次90艘中外船舶,护航任务结束后,编队未经休整直接转入环球访问任务,横跨印度洋、大西洋、太平洋,先后访问苏丹、埃及、丹麦、芬兰、瑞典、波兰、葡萄牙、美国、古巴、墨西哥、东帝汶、印尼等16个国家,与埃及、丹麦、法国、美国、澳大利亚、印尼等6国海军举行了海上联合演习。创造了人民海军舰艇编队一次执行任务时间最长、航经海域最广、总航程最远、访问国家最多、中外联演最多等多项纪录 |
| 第21批 | 2015年8月4日—2016年3月8日 | 海军第21批护航编队由"柳州"号导弹护卫舰、"三亚"号和"青海湖"号综合补给舰组成。从三亚起航,安全护送36批65艘中外船舶,果断处置12批56艘次可疑海盗船艇,有效维护了战略通道安全。护航任务结束后,圆满完成了巴基斯坦、斯里兰卡、孟加拉国、印度、泰国、柬埔寨等亚洲6国访问任务,并参加了印度国际海上阅舰式 |
| 第22批 | 2015年12月6日—2016年6月30日 | 海军第22批护航编队由"大庆"号导弹护卫舰、"青岛"号导弹驱逐舰和"太湖"号综合补给舰组成,从青岛起航后,编队在亚丁湾、索马里海域完成了中外船舶护航任务,紧急救援中国渔船2批5名伤员,还访问了南非开普敦港、坦桑尼亚达累斯萨拉姆港和韩国釜山港。任务期间,编队常态性与外军护航兵力和南非海军举行了联合演习 |

续表

| 批次 | 时间 | 参加国家 |
| --- | --- | --- |
| 第23批 | 2016年4月7日—11月1日 | 海军第23批护航编队由"湘潭"号、"舟山"号导弹护卫舰以及"巢湖"号综合补给舰组成,携带舰载直升机2架、特战队员数十名,任务官兵共700余人。从浙江舟山起航后,圆满完成39批79艘中外船舶护航任务,发现并驱逐疑似海盗活动小艇7批41艘。期间,编队湘潭舰还首次代表中国海军赴德国参加"基尔周"活动,编队指挥员与美盟151编队、欧盟海军465编队指挥官进行了交流会晤。护航任务结束后,编队先后对缅甸仰光港、马来西亚巴生港、柬埔寨西哈努克港、越南金兰港进行友好访问,其中金兰港是中国海军舰艇首次到访 |
| 第24批 | 2016年8月10日—2017年3月8日 | 海军第24批护航编队由"哈尔滨"号、"邯郸"号和"东平湖"号组成。由青岛起航,圆满完成多批多艘中外船舶护航任务,发现并驱逐疑似海盗活动小艇8批15艘。派医疗救护人员紧急救治商船外籍船员。编队先后对沙特、卡塔尔、阿联酋和科威特进行了友好访问,并赴巴基斯坦参加"和平-17"多国海上联合演习 |
| 第25批 | 2016年12月17日—2017年7月12日 | 海军第25批护航编队由"衡阳"号、"玉林"号导弹护卫舰,"洪湖"号远洋综合补给舰组成。自广东湛江起航,执行护航任务历时208天,累计航程119768海里,共完成30批62艘次中外船舶护航任务,解救被追击船舶2艘,发现并驱离疑似海盗小艇13批82艘次,创造了首次成功武力营救遭海盗登船袭击船舶、首次成功抓获疑似海盗等多项纪录。在圆满完成护航任务,并顺访马达加斯加、澳大利亚、新西兰、瓦努阿图 |

续表

| 批次 | 时间 | 参加国家 |
|---|---|---|
| 第26批 | 2017年4月1日—12月1日 | 海军第26批护航编队由"黄冈"号、"扬州"号导弹护卫舰,"高邮湖"号综合补给舰组成。自舟山港起航,累计航程14.5万余海里,共完成为联合国世界粮食计划署船舶护航等42批护航任务。完成护航任务后,编队先后访问了比利时、丹麦、英国、法国 |
| 第27批 | 2017年8月1日—2018年3月18日 | 海军第27批护航编队由"海口"号、"岳阳"号、"青海湖"号组成,自三亚出发。历时230天,累计航程124962海里。护航任务结束后,先后访问了阿尔及利亚首都阿尔及尔港和突尼斯拉古莱特港 |
| 第28批 | 2017年12月3日—2018年5月2日 | 海军第28批护航编队由"盐城"号、"潍坊"号、"太湖"号组成。护航结束后,编队技术停靠西班牙巴伦西亚港,编队盐城舰抵达拉各斯港参加了尼日利亚国际海事会议暨地区海上演习任务,随后编队先后访问加纳特马港、喀麦隆杜阿拉港 |
| 第29批 | 2018年4月4日—10月4日 | 海军第29批护航编队由"滨州"号、"徐州"号、"千岛湖"号组成,自浙江舟山起航。携带舰载直升机2架、特战队员数十名,任务官兵共700余人。航行3.6万余海里,顺利完成26批40艘中外船舶护航任务,展示了我负责任大国形象,确保了重要海上战略通道安全。期间,编队还远赴欧洲参加了德国"基尔周"和波兰海军成立100周年庆典活动,技术停靠希腊、西班牙、法国、意大利,进一步深化了国际军事交流合作 |
| 第30批 | 2018年8月6日—2019年1月27日 | 海军第30批护航编队由"芜湖"号、"邯郸"号导弹护卫舰和"东平湖"号综合补给舰组成。自青岛起航,护航行动历时175天,航行3万余海里,累计完成31批59艘次中外船舶护航任务,先后参与了突尼斯海军成立60周年国际舰队检阅活动、护航直升机医疗后送训练等行动。编队结束护航先后抵达柬埔寨西哈努克港、菲律宾马尼拉港进行访问 |

续表

| 批次 | 时间 | 参加国家 |
| --- | --- | --- |
| 第31批 | 2018年12月9日—2019年7月11日 | 海军第31批护航编队由"昆仑山"号两栖船坞登陆舰、"许昌"号导弹护卫舰以及"骆马湖"号综合补给舰组成，携带舰载直升机3架、特战队员数十名，编队官兵共计700余人，从湛江起航。护航期间，编队舰艇先后赴巴基斯坦参加"和平–19"多国海上联演，赴阿联酋参加第14届阿布扎比国际防务展，并组织实施了3次救护我国伤病船员、1次紧急修复被护船舶动力系统等行动。编队共完成27批45艘次中外船舶护航任务。护航结束后，编队访问澳大利亚悉尼 |
| 第32批 | 2019年4月4日—10月29日 | 海军第32批护航编队由"西安"号导弹驱逐舰、"安阳"号导弹护卫舰以及"高邮湖"号综合补给舰组成，自浙江舟山起航，携带舰载直升机2架、特战队员数十名，任务官兵共700余人。护航期间，编队累计为30批42艘中外船舶全程护航，为124艘船只提供区域护航。任务期间，"西安"号单舰前出，参加了中法军事交流和俄罗斯"海军节"庆典活动。技术停靠葡萄牙里斯本港和埃及亚历山大港。任务结束后，先后对莫桑比克、马来西亚进行了友好访问 |
| 第33批 | 2019年8月29日—2020年3月25日 | 海军第33批护航编队由"西宁"号驱逐舰、"潍坊"号新型护卫舰和"可可西里湖"号大型远洋综合补给舰组成，携带舰载直升机2架、特战队员数十名，任务官兵共计600余人。自青岛起航，连续奋战210个昼夜，安全护送24批41艘次中外船舶。护航结束后编队抵达阿联酋阿布扎比哈利法港、孟加拉国吉大港、泰国梭桃邑港进行访问 |

续表

| 批次 | 时间 | 参加国家 |
| --- | --- | --- |
| 第34批 | 2019年12月25日—2020年6月10日 | 海军第34批护航编队由"银川"号导弹驱逐舰、"运城"号导弹护卫舰、"微山湖"号远洋综合补给舰以及直升机组、海军陆战队员组成。自三亚起航,任务历时171天,编队先后安全护送30批50艘次中外船舶,为17艘我国船舶实施特殊护航,处置迫近被护船舶疑似海盗快艇14艘。参加了中巴"海洋卫士-2020"联合演习。在新冠疫情全球肆虐的特殊时期编队连续96天未靠港补给休整 |
| 第35批 | 2020年4月28日—10月14日 | 海军第35批护航编队由"太原"号导弹驱逐舰、"荆州"号导弹护卫舰以及"巢湖"号综合补给舰组成,携带舰载直升机2架、特战队员数十名,任务官兵共690余人。从浙江舟山起航,全程170天不靠港休整,航行10万余海里,完成27批49艘中外船舶伴随护航等任务,刷新人民海军舰艇编队海上连续奋战时间最长纪录 |
| 第36批 | 2020年9月3日—2021年3月5日 | 海军第36批护航编队由"贵阳"号导弹驱逐舰、"枣庄"号导弹护卫舰和"东平湖"号综合补给舰组成,携带舰载直升机2架、特战队员数十名。从青岛起航,历时184天,航行11万余海里,共执行38批52艘中外船舶护航任务,并圆满完成"和平-21"多国海军联演和中新(加坡)海上联合演习任务。为落实疫情防控要求,编队全程未组织靠港休整,刷新了人民海军舰艇编队连续海上奋战时间最长纪录 |
| 第37批 | 2021年1月16日—6月29日 | 海军第37批护航编队由"长沙"号导弹驱逐舰、"玉林"号导弹护卫舰和"洪湖"号综合补给舰组成,携舰载直升机2架、特战队员数十名。从三亚起航,返回湛江港。圆满完成了40批64艘中外船舶护航任务。其中,为我国商船执行特护任务16批28艘次,为11艘过航商船提供了安全监控。任务全程,先后查证驱离15批24艘可疑小艇 |

续表

| 批次 | 时间 | 参加国家 |
| --- | --- | --- |
| 第38批 | 2021年5月15日—11月15日 | 海军第38批护航编队由"南京"号导弹驱逐舰、"扬州"号导弹护卫舰以及"高邮湖"号综合补给舰组成，携带舰载直升机2架、特战队员数十名。从浙江舟山起航，高效完成31批45艘中外船舶护航任务，为9艘过往船舶提供安全监控，历时185天，累计航行9万余海里，全程未靠港休整 |
| 第39批 | 2021年9月26日—2022年3月9日 | 海军第39批护航编队由"乌鲁木齐"号导弹驱逐舰、"烟台"号导弹护卫舰和"太湖"号综合补给舰组成。从山东青岛起航，历时165天，航程9万余海里，高效完成28批48艘中外船舶护航任务 |
| 第40批 | 2022年1月15日—7月5日 | 海军第40批护航编队由"呼和浩特"号导弹驱逐舰、"岳阳"号导弹护卫舰和"骆马湖"号综合补给舰组成，携舰载直升机2架、特战队员数十名，任务官兵共700余人。从广东湛江起航，历时172天，累计航行近9万海里，高效完成30批50艘中外船舶护航任务，并为1艘船舶提供医疗救助 |
| 第41批 | 2022年5月18日—11月5日 | 海军第41批护航编队由"苏州"号导弹驱逐舰、"南通"号导弹护卫舰和"巢湖"号综合补给舰组成。从浙江舟山起航，历时182天，累计航行近9万海里，高效完成30批38艘中外船舶护航任务，全程未靠港休整 |
| 第42批 | 2022年9月21日至今 | 海军第42批护航编队由"淮南"号导弹驱逐舰、"日照"号导弹护卫舰和"可可西里湖"号综合补给舰，携带舰载直升机2架、特战队员数十名。从山东青岛起航，护航任务结束后，2023年2月19日抵达南非理查兹湾，参加中国、俄罗斯、南非三国海上联合演习 |
| 第43批 | 2023年1月10日至今 | 第43批护航编队由"南宁"号导弹驱逐舰、"三亚"号导弹护卫舰以及"微山湖"号综合补给舰组成，携带舰载直升机2架、特战队员数十名，任务官兵共700余人，从湛江起航 |

注：以上数据来源于《解放军报》及国防部网站。截至2023年3月1日。

# 附表6 海外装备保障能力影响因素关系调研表

单位： 职称：

| 相互关系 | 影响程度 ||||||||||
|---|---|---|---|---|---|---|---|---|---|---|
| | 关系非常大 ||| 关系很大 ||| 关系一般 ||| 关系小 ||
| | 非常熟悉 | 基本熟悉 | 不熟悉 | 非常熟悉 | 基本熟悉 | 不熟悉 | 非常熟悉 | 基本熟悉 | 不熟悉 | 非常熟悉 | 基本熟悉 | 不熟悉 |
| 保障人员—海外装备保障设施设备 | | | | | | | | | | | | |
| 保障人员—海外装备器材弹药储供 | | | | | | | | | | | | |
| 保障人员—海外装备保障布局 | | | | | | | | | | | | |
| 保障人员—海外装备保障方式 | | | | | | | | | | | | |
| 保障人员—海外保障环境 | | | | | | | | | | | | |

续表

| 相互关系 | 影响程度 ||||||||||||
|---|---|---|---|---|---|---|---|---|---|---|---|---|
| | 关系非常大 ||| 关系很大 ||| 关系一般 ||| 关系小 |||
| | 非常熟悉 | 基本熟悉 | 不熟悉 | 非常熟悉 | 基本熟悉 | 不熟悉 | 非常熟悉 | 基本熟悉 | 不熟悉 | 非常熟悉 | 基本熟悉 | 不熟悉 |
| 保障人员—海外装备保障防护 | | | | | | | | | | | | |
| 保障人员—海外装备保障能力 | | | | | | | | | | | | |
| 海外装备保障设施设备—海外装备器材弹药储供 | | | | | | | | | | | | |
| 海外装备保障设施设备—海外装备保障布局 | | | | | | | | | | | | |
| 海外装备保障设施设备—海外装备保障方式 | | | | | | | | | | | | |
| 海外装备保障设施设备—海外保障环境 | | | | | | | | | | | | |
| 海外装备保障设施设备—海外装备保障防护 | | | | | | | | | | | | |

附表6　海外装备保障能力影响因素关系调研表

续表

| 相互关系 | 影响程度 ||||||||||
|---|---|---|---|---|---|---|---|---|---|---|
| | 关系非常大 ||| 关系很大 ||| 关系一般 ||| 关系小 ||
| | 非常熟悉 | 基本熟悉 | 不熟悉 | 非常熟悉 | 基本熟悉 | 不熟悉 | 非常熟悉 | 基本熟悉 | 不熟悉 | 非常熟悉 | 基本熟悉 | 不熟悉 |
| 海外装备保障设施设备—海外装备保障能力 | | | | | | | | | | | | |
| 海外装备器材弹药储供—海外装备保障布局 | | | | | | | | | | | | |
| 海外装备器材弹药储供—海外装备保障方式 | | | | | | | | | | | | |
| 海外装备器材弹药储供—海外保障环境 | | | | | | | | | | | | |
| 海外装备器材弹药储供—海外装备保障防护 | | | | | | | | | | | | |
| 海外装备器材弹药储供—海外装备保障能力 | | | | | | | | | | | | |

续表

| 相互关系 | 影响程度 ||||||||||
|---|---|---|---|---|---|---|---|---|---|---|
| | 关系非常大 ||| 关系很大 ||| 关系一般 ||| 关系小 ||
| | 非常熟悉 | 基本熟悉 | 不熟悉 | 非常熟悉 | 基本熟悉 | 不熟悉 | 非常熟悉 | 基本熟悉 | 不熟悉 | 非常熟悉 | 基本熟悉 | 不熟悉 |
| 海外装备保障布局—海外装备保障方式 | | | | | | | | | | | | |
| 海外装备保障布局—海外保障环境 | | | | | | | | | | | | |
| 海外装备保障布局—海外装备保障防护 | | | | | | | | | | | | |
| 海外装备保障布局—海外装备保障能力 | | | | | | | | | | | | |
| 海外装备保障方式—海外保障环境 | | | | | | | | | | | | |
| 海外装备保障方式—海外装备保障防护 | | | | | | | | | | | | |

附表6 海外装备保障能力影响因素关系调研表

续表

| 相互关系 | 影响程度 ||||||||||
|---|---|---|---|---|---|---|---|---|---|---|
| | 关系非常大 ||| 关系很大 ||| 关系一般 ||| 关系小 ||
| | 非常熟悉 | 基本熟悉 | 不熟悉 | 非常熟悉 | 基本熟悉 | 不熟悉 | 非常熟悉 | 基本熟悉 | 不熟悉 | 非常熟悉 | 基本熟悉 | 不熟悉 |
| 海外装备保障方式—海外装备保障能力 | | | | | | | | | | | | |
| 海外保障环境—海外装备保障防护 | | | | | | | | | | | | |
| 海外保障环境—海外装备保障能力 | | | | | | | | | | | | |
| 海外装备保障防护—海外装备保障能力 | | | | | | | | | | | | |

# 参考文献

[1] 于军,程春华.中国的海外利益[M].北京:人民出版社,2015:199.

[2] 梅世雄,等.2011年利比亚大撤侨[N].解放军报,2017-08-19(3).

[3] 肖维,张骁璐.中资公司在利比亚项目中的索赔[J].国际经济合作,2011(7):61.

[4] 商务印书馆辞书研究中心.新华字典[M].北京:商务印书馆,2002:715.

[5] 现代汉语辞海编辑委员会.现代汉语辞海[M].北京:中国书籍出版社,2003:789.

[6] 彼得罗夫斯基.普通心理学[M].龚浩然,孙晔,王明辉,译.北京:人民教育出版社,1981:485-486.

[7] DOD. Dictionary of Military and Associated Terms[M]. 2017:2.

[8] 全军军事术语管理委员会,中国人民解放军军事科学院.中国人民解放军军语[Z].北京:军事科学出版社,2011:543,545.

[9] 中国军事百科全书编审委员会.中国军事

百科全书：军事装备分册［M］. 2 版. 北京：中国大百科全书出版社，2014：944.

［10］夏征农，陈至立. 辞海［M］. 6 版. 上海：上海辞书出版社，2009：827.

［11］中国社会科学院语言研究所. 现代汉语大词典［M］. 6 版. 北京：商业印书馆，2012：913，1037.

［12］Pettyjohn. U. S. Global Defense Posture［R］. 2010：17 - 18.

［13］Buel W. Patch. American Naval and Air Bases［J］. Editorial Research Report，2010（7）：445.

［14］David W. Tarr. The Military Abroad［J］. Annals of the American Academy of Political and Social Science，Americans Abroad，1966（368）：33.

［15］徐瑶. 美国海外军事基地体系的演变［M］. 北京：时事出版社. 2018：45.

［16］樊高月，宫旭平. 美国全球军事基地览要［M］. 北京：解放军出版社，2014：1.

［17］张军，李伟刚，刘帅. 美军海外基地研究［M］. 北京：社会科学文献出版社. 2018：220.

［18］樊高月，宫旭平. 美国全球军事基地览要［M］. 北京：解放军出版社，2014：9 - 10.

［19］王绪智. 外军装备保障的启示［G］//中国造船工程学会修船技术学术委员会船舶维修理论与应用论文集第八集（2005—2006 年度）. 北京：中国国防科技信息中心，2006：374 - 378.

［20］U. S. Department of Defense. Base Structure Report - Fiscal Year 2014：A Summary of the Real Property Inventory［R］. Washington，D. C. ，2014.

［21］U. S. Department of Defense. Base Structure Report 2014. The Army generally uses post, camp, and fort; the Navy and Marine Corps mostly prefer installation, camp, base, and station; the Air Force like base［R］. Washington, D. C., 2014.

［22］大卫·韦恩. 美国海外军事基地：它们如何危害全世界［M］. 张彦, 译. 北京：新华出版社, 2016：36.

［23］王春生, 王睿. 俄海外军事基地只剩25家［J］. 环球军事, 2010（7）：17-19.

［24］胡波. 后马汉时代的中国海权［M］. 北京：海洋出版社, 2018：98.

［25］Christopher D. Yung, Ross Rustici, Scott Devary, Jenny Lin. Not an Idea We Have to Shun：Chinese Overseas Basing Requirements in the 21st Century［R］. Washington, D. C：National Defense University Press, 2014：9.

［26］罗铮, 邹菲. 首支维和直升机分队举行出征誓师大会［N］. 解放军报, 2017-05-20（4）.

［27］樊高月, 宫旭平. 美国全球军事基地览要［M］. 北京：解放军出版社, 2014：6.

［28］中华人民共和国国务院新闻办公室. 中国的军事战略［M］. 北京：人民出版社, 2015：6.

［29］中国社会科学院语言研究所词典编辑室. 现代汉语词典［M］. 7版. 北京：商务印书馆, 2017：1043.

［30］中国社会科学院语言研究所. 现代汉语大词典［M］. 7版. 北京：商务印书馆, 2012：1526.

［31］熊汉涛. 指挥军官能力建设论［M］. 北京：国防大学出版社, 2005：396.

[32] 朱斌, 栗琳. 伊拉克与阿富汗战争期间美军装备维修保障研究 [R]. 北京: 总装备部科技信息研究中心, 2013: 10.

[33] 李智舜, 吴明曦. 军事装备保障学 [M]. 北京: 军事科学出版社, 2009: 107.

[34] 邓小平. 邓小平文选: 第三卷 [M]. 北京: 人民出版社, 1993: 128.

[35] 蔡文军, 李晓松. 海军舰船装备保障能力评估理论与方法 [M]. 北京: 国防工业出版社, 2013: 15.

[36] 刘新华. 地理距离、距离衰减规律与海外军事基地 [J]. 军事科学, 2013, (3): 144 – 152.

[37] 许国志. 系统科学 [M]. 上海: 上海科技教育出版社, 2000: 49.

[38] 董子峰. 信息化战争形态论 [M]. 北京: 解放军出版社, 2004: 113.

[39] 任连生. 基于信息系统的体系作战能力概论 [M]. 北京: 军事科学出版社, 2011: 102.

[40] 史培军, 汪明, 胡小兵, 等. 社会——生态系统综合风险防范的凝聚力模式 [J]. 地理学报, 2014 (6): 863 – 876.

[41] 张芳. 当代中国军事外交: 历史与现实 [M]. 北京: 时事出版社, 2014: 179.

[42] 中国外交部网站 [EB/OL]. [2018 – 04 – 03]. http://www.fmprc.gov.cn/web/gjhdq_676201.

[43] 王金波. "一带一路" 经济走廊与区域经济一体化: 形成机理与功能演进 [M]. 北京: 社会科学文献出版社, 2016: 15.

[44] 冯升. 国防部新闻发言人答记者问 [N]. 解放军报, 2017 – 09 – 29 (2).

[45] 沈寿林. 美军弹药保障研究 [M]. 北京：军事科学出版社, 2010：2.

[46] 王才潮, 范玉波. 装备技术保障面临的难题及对策 [J]. 海军杂志, 2008 (7)：60.

[47] 陈传明. 美国海军海外母港的效益和成本 [J]. 军事文摘, 2016 (2)：50-51.

[48] 郭亚东, 江河. 美海军全球物资供应保障体系解析 [J]. 当代海军, 2014 (5)：32-35.

[49] 李强. 信息化理论与指挥信息系统：中国电子学会电子系统工程分会第十八届信息化理论学术研讨会论文集 [C]. 北京：电子工业出版社. 2011：35.

[50] 王斌. 国际战略博弈中的武器出口研究 [M]. 北京：国防大学出版社, 2016：259.

[51] 赵超阳, 魏俊峰, 韩力. 武器装备多维透视 [M]. 北京：国防工业出版社, 2014：31.

[52] 宋太亮, 王琴琴, 黄金娥. 基于能力的装备保障性能研究 [J]. 中国舰船研究, 2012 (3)：5.

[53] 魏国, 李东星. 他们从血火战场归来 [N]. 解放军报, 2016-02-19 (5).

[54] 冷伟峰. 新形势下装备保障发展战略研究 [D]. 北京：国防大学, 2016：29.

[55] 李向阳. 未来5~10年中国周边环境评估 [M]. 北京：社会科学文献出版社, 2017：110.

[56] 国防大学国防经济研究中心. 中国军民融合发展报告2014 [M]. 北京：国防大学出版社, 2014：74-81.

[57] 王荣辉. 制胜之道：对信息时代军事系统的若干思考

[M]．北京：新华出版社，2011：30－31．

[58] 胡向春．美国空军对海外部署地理位置的选择［J］．防务视点，2014（5）：9－11，15－17，18－20．

[59] 袁晓芳，袁玉道．转变远海器材保障模式的建议［J］．海军装备维修，2014（5）：14－15．

[60] 王洪成．从亚丁湾护航实践看远海防卫作战装备保障［J］．海军装备维修，2013（1）：16－17．

[61] 王艳芳，李树春．大力推进海军后勤装备创新发展［J］．后勤学术，2014（2）：84－85．

[62] 陈通剑．对海军遂行海外救援任务的思考［J］．海军学术研究，2014（1）：42－45．

[63] 杨泽军，沈勇燕，臧爱明．美军海外非战争军事行动主要做法及影响探析［J］．国际问题调研，2014（8）：32－35．

[64] 邢磊．从搜寻MH370航班看我军海外行动后勤保障［J］．后勤，2014（6）：15－16．

[65] 钱纪源．部队执行多样化军事任务装备保障实践与思考［J］．装备学术，2014（1）：7－9．

[66] 郭金星，李智韬，刘洋．中国海军海外保障基地联建共管模式探析［J］．后勤学院学报，2014（1）：75－77．

[67] 张波，贾庆峰，杜志超．陆军航空兵境外行动后勤装备运用问题研究［J］．后勤科技装备，2014（2）：42－44．

[68] 王孜，袁野，刘洪顺．美国海军航母编队装备保障探析［J］．装备，2013（9）：59－61．

[69] 桑明德．遂行远洋任务装备管理浅析［J］．海军学术研究，2012（4）：81－83．

[70] 马良，张林，刘新科．基于粗集和证据推理的海外基地

保障点选址评估 [J]. 指挥控制与仿真, 2014 (1): 88-93.

[71] 李栋, 贺建宾. 外国空军基地保障发展动向 [J]. 外国军事后勤, 2011 (2): 19-21.

[72] 杨进. 对开展海外非军事行动的战略思考 [J]. 军事学术, 2014 (4): 57-60.

[73] 周菲, 张淄. 美国海军基于性能的保障实践与启示 [J]. 国防技术基础, 2013 (1): 40-44.

[74] 特南克斯. 从张安薇事件论海外派兵 [J]. 尖端科技, 2014 (1): 96-100.

[75] 李璟. 战斗力解析 [M]. 北京: 国防大学出版社, 2013: 48-54, 106-116.

[76] 陈春良, 张仕新, 吕会强, 等. 装备维修保障概论 [M]. 北京: 国防工业出版社, 2022: 215-230.

[77] 夏文祥. 战场同步物流: 信息时代军事后勤转型重塑的探索 [M]. 北京: 金盾出版社, 2017: 126-133.

[78] 李建印. 高原高寒地区作战装备保障能力研究 [M]. 北京: 军事科学出版社, 2015: 15-29.

[79] 张景臣, 张炜. 外军装备保障 [M]. 北京: 装备指挥技术学院, 2006.

[80] Korea Research Institute for Strategy. 2017 East Asian Strategic Review [M]. The Republic South Korea: Dawa, 2017: 108-120.

[81] 李萌. 基于 HLA 的战役装备保障能力评估研究 [D]. 长沙: 国防科技大学, 2011.

[82] 尹晓丽, 毕俊峰, 裴威. 装备保障理论前沿问题与信息化技术研究 [J]. 科技与企业, 2012 (15): 222-223.

[83] 汪维余. 信息化战争哲理 [M]. 北京：国防大学出版社, 2011.

[84] 张明, 安欣. 军民融合式装备保障力量建设与运用 [M]. 北京：军事科学出版社, 2012.

[85] 曹玉芬, 等. 美国陆军数字化部队装备保障研究 [R]. 北京：总装备部装甲兵装备技术研究院, 2012：26, 77.

[86] 王孜, 刘洪顺. 对航母编队海上装备技术保障的几点思考 [J]. 海军军事学术, 2012 (4)：25 – 27.

[87] 任敏, 陈全庆, 沈震, 等. 备件供应学 [M]. 北京：国防工业出版社, 2013：298.

[88] 徐航, 陈春良. 装备精确保障概论 [M]. 北京：国防工业出版社, 2012：97 – 153.

[89] 舒正平. 军事装备维修管理学 [M]. 北京：国防工业出版社, 2013：87 – 104.

[90] 张涛, 郭波, 雷洪涛, 等. 面向任务的维修保障能力评估方法 [M]. 北京：国防工业出版社, 2013：1, 9.

[91] 美国陆军训练与条令司令部. 美国陆军概念能力计划 [R]. 北京：中国兵器工业集团第二一〇研究所, 2010：27.

[92] 杨拥民, 钱彦岭, 李磊, 等. 装备维修保障信息化体系结构设计概论 [M]. 北京：国防工业出版社, 2012：94 – 106.

[93] 宋华文, 孟冲. 装备维修保障经济学 [M]. 北京：国防工业出版社, 2011：245 – 271.

[94] 杨健, 朱立伟, 欧宗伟, 等. 电子对抗制胜新机理——失败问题研究 [M]. 北京：国防大学出版社, 2014.

[95] 海鹰战略, 海鹰情报. 国外武器装备综合保障情报研究 [R]. 北京：北京海鹰科技情报研究所, 2013.

[96] 翁国良. 基地化装备保障 [M]. 北京：解放军出版社，2009.

[97] 路志强，张占军. 论现代战争制胜机理 [M]. 北京：军事科学出版社，2014.

[98] 李俊，范怡，刘泽勋. 美军谋求制"能"权，确保"焦特"优势 [N]. 中国航空报，2017-03-18.

[99] 宋华文，耿华芳. 软件密集型装备综合保障 [M]. 北京：国防工业出版社，2011.

[100] 张东升，任世民，王晖. 外军装备保障概况 [R]. 北京：装甲兵工程学院，2006.

[101] 诺曼·弗里德曼. 网络中心战：海军在三场战争中战略战术的发展 [M]. 赵玉亭，戴超，车福德，译. 北京：航空工业出版社，2013.

[102] Paul T. Mitchell. 网络中心战与联盟作战 [M]. 邢焕革，周厚顺，周浩，等译. 北京：电子工业出版社，2013.

[103] 章文晋，郭霖瀚. 装备保障性分析技术 [M]. 北京：北京航空航天大学出版社，2012.

[104] 宋太亮，王岩磊，方颖. 装备大保障观总论 [M]. 北京：国防工业出版社，2014.

[105] 后勤指挥学院. 美军海外作战后勤保障发展历程及启示 [R]. 北京：后勤指挥学院学术研究部，2007.

[106] 李力钢. 海外军事行动后勤保障模式分析 [J]. 国防大学学报，2014（5）：93-95.

[107] 李友军. 搞好舰艇护航装备保障重在三个环节 [J]. 海军装备维修，2013（2）：15-16.

[108] 李晓敏. 非传统威胁下中国公民海外安全分析 [M].

北京：人民出版社，2011．

［109］刘斌．海军遂行海外多样化军事任务后勤和装备保障国际合作探讨［J］．海军学术研究，2011（4）：70－73．

［110］宋云霞，王全达．军队维护国家海外利益法律保障研究［M］．北京：海洋出版社，2014．

［111］殷彦谋，戴雨晨．部队执行海外护航任务后勤保障研究［J］．军事经济学院学报，2014（2）：9－12．

［112］刘晓静，柳锋，朱强，等．世界海洋军事地理研究［M］．北京：解放军出版社，2011．

［113］张承涛．海军装备体系建设基本理论与方法研究［M］．北京：海潮出版社，2016：29－31．

［114］赵巍仑．从执行"和谐使命"任务看舰载直升机海外飞行应解决的几个问题［J］．海军航空兵，2014（2）：33－35．

［115］盛靖，李剑．美军海外救灾行动特点与战略谋划［J］．海军杂志，2014（6）：69－71．

［116］黄靖，陈翔．保障"走出去"我军海外补给点建设倒计时［J］．后勤，2014（6）：13－14．

［117］斯蒂芬·范，埃弗拉．战争的原因——权力与冲突的根源［M］．何曜，译．上海：上海世纪出版集团，2014．

［118］戴维·莱克．国际关系中的等级制［M］．高婉妮，译．上海：上海人民出版社，2013．

［119］桑德勒，哈特利．国防经济学［M］．姜鲁鸣，罗永光，译．北京：北京理工大学出版社，2007．

［120］兹比格纽·布热津斯基．大棋局美国的首要地位及其地缘战略［M］．中国国际问题研究所，译．上海：上海人民出版社，1998．

[121] 肯尼思·沃尔兹. 国际政治理论 [M]. 信强, 译. 上海: 上海人民出版社, 2008.

[122] 芬得利, 奥罗克. 强权与富足 [M]. 华建光, 译. 北京: 中信出版社, 2012.

[123] 约翰·米尔斯海默. 大国政治的悲剧 [M]. 王义桅, 唐小松, 译. 上海: 上海人民出版社, 2014.

[124] 塞缪尔·亨廷顿. 文明的冲突和世界秩序的重建 [M]. 周琪, 刘绯, 译. 北京: 新华出版社, 2010.

[125] 托马斯·谢林. 军备及其影响 [M]. 毛瑞鹏, 译. 上海: 上海人民出版社, 2011.

[126] 罗伯特·基欧汉. 霸权之后——世界政治经济中的合作与纷争 [M]. 苏长和, 信强, 何曜, 译. 上海: 上海人民出版社, 2001.

[127] 杰弗里帕克. 地缘政治学: 过去、现在和未来 [M]. 刘从德, 译. 北京: 新华出版社, 2003.

[128] 斯德哥尔摩国际和平研究所. SIPRI 年鉴 2014: 军备·裁军和国际安全 [M]. 北京: 时事出版社. 2015 年

[129] 沃尔夫刚·格拉夫·魏智通. 国际法 [M]. 吴越, 毛晓飞, 译. 北京: 法律出版社, 2012.

[130] 托尔钦诺夫. 美国在国外的军事基地是对全世界人民和平和安全的威胁 [M]. 姚嘉政, 译. 北京: 新知识出版社, 1956.

[131] A.R. 雅科夫列夫. 俄罗斯、中国与世界 [M]. 孟秀云, 孙黎明, 译. 北京: 社会科学文献出版社, 2007.

[132] 埃尔赫南·赫尔普曼, 保罗·R. 克鲁格曼. 贸易政策和市场结构 [M]. 李增刚, 译. 上海: 上海人民出版社, 2008.

[133] 约斯特·鲍威林. 国际公法规则之冲突 [M]. 周忠海, 等译. 北京：法律出版社, 2005.

[134] 汪伟民. 联盟理论与美国的联盟战略：以美日、美韩联盟研究为例 [M]. 北京：世界知识出版社, 2007.

[135] 杜农一. 国际军贸论 [M]. 北京：军事谊文出版社, 1993.

[136] 李霖. 国际军火贸易 [M]. 北京：解放军出版社, 1998.

[137] 姚云竹. 战后美国威慑理论与政策 [M]. 北京：国防大学出版社, 1998.

[138] 时殷弘. 战略问题三十篇——中国对外战略思考 [M]. 北京：中国人民大学出版社, 2008.

[139] 马建光. 俄罗斯对外军事技术合作——现状与前瞻 [M]. 北京：国防工业出版社. 2013.

[140] 张云雾, 张霄霄. 美国军品出口分析及启示 [J]. 对外经贸实务, 2005（6）：50-52.

[141] 摩根·克莱门斯, 葛红亮, 庞伟. "海上丝绸之路"与中国海外军事基地建设评估 [J]. 印度洋经济体研究, 2016（1）：22-30.

[142] 黄如安, 罗革伪. 后冷战时代的世界军事工业与贸易 [M]. 北京：国防工业出版社, 2004.

[143] 秦亚青. 权力·制度·文化 [M]. 北京：北京大学出版社, 2005.

[144] 司玉琢, 袁曾. 建立海外军事基地的国际法规制研究 [J]. 东北大学学报（社会科学版）, 2018（2）：189-196.

[145] 李伯军. 论海外军事基地的国际法律地位问题 [J].

湖南科技大学学报（社会科学版），2016（4）：63-68.

[146] 孙德刚. 帝国之锚：英国海外军事基地的部署及其战略调整 [J]. 军事历史研究，2015（4）：67-75.

[147] 李庆四，陈春雨. 试析中国的海外港链基地战略 [J]. 区域与全球发展，2019（2）：123-137.

[148] 孙东琪，刘卫东，陈明星. 点-轴系统理论的提出与在我国实践中的应用 [J]. 经济地理，2016（3）：1-8.

[149] 孙德刚. 大国海外军事基地部署的条件分析 [J]. 世界经济与政治，2015（7）：40-67.

[150] 邢广梅，汪晋楠. 美国南海"航行自由行动"与军舰无害通过问题研究 [J]. 亚太安全与海洋研究，2020（1）：74-86.

[151] 孙德刚. 冷战后美国中东军事基地的战略调整 [J]. 世界经济与政治，2016（6）：22-48.

[152] 钟河. 美国海外军事基地的困境 [J]. 国际展望，1988（1）：30-31.

[153] 达巍. 美国在全球的主要军事基地及军事设施 [J]. 国际资料信息，2002（6）：6-10.

[154] 徐蓝. 关于1940年美英"驱逐舰换基地"协定的历史考察 [J]. 历史研究，2000（4）：97-109.

[155] 刘新华. 力量场效应、瓜达尔港与中国的西印度洋利益 [J]. 世界经济与政治论坛，2013（5）：1-18.

[156] 刘新华. 新兴国家海外基地建设模式探析 [J]. 国际观察，2018（5）：67-78.

[157] 李冠群. 中美印关系与所谓的"珍珠链战略" [J]. 当代世界与社会主义，2011（6）：105-110.

[158] 史春林,李秀英. 美国岛链封锁及其对我国海上安全的影响 [J]. 世界地理研究, 2013 (2): 1-10

[159] 张弛. 大国海外力量的布建模式及对中国的启示 [J]. 社会科学, 2018 (6): 15-26.

[160] Gurpreet S. Khurana. China's String of Pearls in the Indian Ocean and Its Security Implications [J]. Strategic Analysis, 2008, 32: 1-39.

[161] Center for Defense Information. The Global Network of United Military Bases [M]. Defense Monitor, 1989.

[162] Valerie Hansen. The Silk Road: A New History [M]. USA: Oxford University Press, 2012.

[163] Chalmers Johnson. The Sorrows of Empire: Military, Secrecy, arid the End of the Republic [M]. New York: Metropolitan Books, 2004.

[164] Anni P Baker. American Soldiers Overseas: The Global military Presence [M]. Westport, CT: Praeger, 2004.

[165] Alexander Cooley. Base Politics: Democratic Change and the U.S. Military Overseas [M]. Itliaca and London: Cornell University Press, 2008.

[166] Gurpreet S. Khurana. China's String of Pearls in the Indian Ocean and Its Security Implications [J]. Strategic Analysis, 2008, 32: 1-39.

[167] Bang Ho-Sam, Duck-Jong Jang. Recent Developments in Regional Memorandums of Understanding on Port State Control [J]. Ocean Development and International Law, 2012, 43: 170-187.

[168] William A. Callahan. China's Belt and Road Initiative and

the New Eurasian Order [J]. Norwegian Institute of International Affairs, 2016 (4).

[169] Busse M, Hefeker C. Political Risk, Institutions and Foreign Direct Investment [J]. European Journal of Political Economy, 2007 (7).

[170] Adam S. Chilton. Reconsidering the Motivations of the U. S. Bilateral Investment Treaty Program [J]. American Society of International Law, 2014, 108 (3).

# 后　记

掩卷定稿之际，回望自己二十余载从军历程，一路走来是诸多良师益友的指导帮助，是领导和同事的关心支持，让我最终完成了博士论文，心中百感交集。

对海外装备保障这一课题的兴趣，始于 2008 年我申报的一项研究课题，当时由于种种原因未获批准，但却在我的心中埋下了一粒种子。随后，我参加了多项对外联演联训，随着对外交流的不断增多，海外装备保障的重要作用日益凸显，这也促使我想深入研究这一课题，并由此萌生了考博的想法。正是带着这一课题报考了国防大学博士研究生，并有幸师从黄成林、陈军生教授开展学习研究。在两位导师的指导下，我将研究的课题转化为海外装备保障能力生成机理及应用模式研究，时至今日完成当年设想，已近十年。

十年终成一文，是两位导师悉心指导的结果。黄教授对我的论文选题、撰写进行了全面的指导，对论文进行了逐字逐句的修改，出差在外还时常打电话关心询问论文的撰写情况，使我亲身感受到一位将军导师的平易近人和亲切关怀，认真负责的科研精神是对我最好的言传身教，也让我永生难忘。陈教授带我三年的学习时光，从一门门课程学习到指导我论文进行海外装备保障能力生成机理研究的定位，使我从装备保障实践向理论研究迈进；陈教授用他一项项问题的追问引导我进行理论研究深化，一张张手画的图表帮我厘清逻辑关系，每看到一份相关的资料都帮我收集，每一次有益的课程和讲座都带我去听，正是细致的指导为我完成论文撰写奠定了坚实基础。匆匆三年，两位导师诲人不倦的为师之道、严谨细致的治学精神及开放平和的工作态度不仅使我顺利完成论文，也将使我日后受益匪浅。感激之情，岂是言谢能表！唯有铭记在心，砥砺前行！

本书在形成过程中得到了诸多良师益友的帮助，收到了宝贵的意见，不想把一本书变成感谢信，然这一切都将记在我的心中，让我一生去铭记、去感谢、去回报。在此向所有关心、帮助、支持我的人致以崇高的敬礼！

收笔之际，心情仍不能平静，如果说是如释重负，不如说是诚惶诚恐。认识与揭示海外装备保障能力生成机理是一个庞大的课题，需要深厚的理论功底和丰富的实践经验，本人学识与水平有限，虽已尽力去破解，但肯定疏漏犹存、难以如意。唯愿此篇拙文能为更多的学者提供一点小小的参考，不足之处还请各位专家批评斧正。